高校治理现代化视域下教师育人质量提升研究

姚　瑶　著

 中国商业出版社

图书在版编目（CIP）数据

高校治理现代化视域下教师育人质量提升研究 / 姚瑶著. -- 北京 : 中国商业出版社, 2024. 6. -- ISBN 978-7-5208-2980-9

Ⅰ. G645.16

中国国家版本馆 CIP 数据核字第 20244G7M03 号

责任编辑：滕　耘

中国商业出版社出版发行

（www.zgsycb.com　100053　北京广安门内报国寺1号）

总编室：010-63180647　编辑室：010-83118925

发行部：010-83120835/8286

新华书店经销

昌昊伟业（天津）文化传媒有限公司印刷

*

787毫米 × 1092毫米　16开　11印张　230千字

2024年6月第1版　2024年6月第1次印刷

定价：50.00元

* * * *

（如有印装质量问题可更换）

前　言

党的二十大报告明确指出，“教育、科技、人才是全面建设社会主义现代化国家的基础性、战略性支撑”，“我们要坚持教育优先发展、科技自立自强、人才引领驱动，加快建设教育强国、科技强国、人才强国，坚持为党育人、为国育才，全面提高人才自主培养质量，着力造就拔尖创新人才，聚天下英才而用之”。面对新时代、新发展、新要求，高校教师育人质量研究备受学术界关注。在高校治理现代化背景下，探讨如何提高教师育人质量，对于培养德智体美劳全面发展的社会主义建设者和接班人具有重大意义。

近年来，我国高校教师队伍整体素质不断提高，教师育人意识和育人能力也不断增强。在教育教学改革中，广大高校教师积极探索教学新方法、新途径，注重培养学生的创新精神和实践能力，为我国高等教育质量的提升作出了积极贡献。概言之，当前高校教师总体上政治素质过硬、业务能力精湛、育人水平高超，育人效果良好，育人成绩显著，但在教育教学的各个环节仍存在一些问题亟待解决。其一，部分高校教师的育人意识和责任感有待加强。在某些高校中，部分教师过于注重科研，忽视了教育教学和育人工作。其二，高校教师队伍的结构还需进一步优化。一些高校教师的教育背景、专业素质和教育教学能力还有待提高。其三，高校教师评价体系过于注重学术成果，对教育教学和育人工作的评价相对较弱。

为提升高校教师育人质量，本书采用多种学科交叉的研究手段，广泛收集相关研究资料，为研究提供扎实的学理支撑和技术支持。具体包括：通过文献综述法收集和整理相关领域的文献资料，了解高校治理现代化以及教师育人质量提升的理论和实践发展研究现状，为研究提供理论基础；通过案例分析法选择一些在教师育人质量方面表现突出的高校作为案例，分析其成功经验和做法，探讨其与高校治理现代化的关联；通过问卷调查法对部分高校教师、学生以及管理人员进行调查，收集他们对教师育人质量的看法和建议以及对高校治理现代化的认知和评价；通过访谈座谈法对部分高校教师、管理人员、教育专家等进行深入访谈，获取他们对提升教师育人质量的意见和建议，了解他们在实践中遇到的挑战和提出的策略；通过理论构建法构建高校治理现代化与教师育人质量提升之间的理论框架，提出相关的假设和模型；通过政策分析法分析现有的高校治理政策和教师培养政策，评估其对教师育人质量的影响，提出改进政策的建议。通过上述研究方法的综合运用，能够全面深入把握问题的实质和内因，为切实提高高校教师育人质量提供实证支持和理论指导。

总之，高校教师育人质量的提升是一个系统工程，需要高校、政府和社会共同努力。高校应充分发挥主体作用，坚持以人才培养为核心，深入推进教育改革，不断提升教师育人质量。政府应加强对高校的支持和指导，完善相关政策法规，为教师育人质量提升提供有力保障。同时，社会各界也应关注高校教师育人质量问题，积极参与和支持相关工作，共同为我国高等教育事业发展贡献力量。

本书在写作过程中，参考了大量文献资料，在此向所有作者致以诚挚的谢意。由于笔者水平有限、时间仓促，本书难免存在不足之处，敬请各位读者批评、指正。

目　录

第一章　高校治理现代化概述

第一节　高校治理现代化的当代话语表达

在高等教育规律、现代高校制度和依法治校的语境中，我国高校治理已步入了现代化的轨道，治理现代化的持续推进已然涉及中国社会发展的方方面面①。高等教育领域的治理现代化是高校自身提高治理水平的必然要求，与高校内涵式发展互为条件。

一、高校治理体系和治理能力现代化的提出背景

“高校治理体系和治理能力现代化”是“国家治理体系和治理能力现代化”这一总目标在高等教育领域的具体反映，从高等教育以及高校自身来讲，其提出则具有重大的现实意义。

（一）从英才教育到大众教育

高等教育是一种较为稀缺的资源，也需要非常大的投入，因而，很长一段时期以来，接受高等教育者往往是学业等方面的精英，甚至在历史上曾将高等教育作为培养社会精英的专门教育。20 世纪以来，世界各国均不断加大对高等教育的投入力度，除了开办高等教育机构外，也进一步扩展高等教育形式，为人们提供了更多的接受高等教育的机会，高等教育从精英化逐步走向大众化。我国自 20 世纪末 21 世纪初实行高校扩招以来，也逐渐地迈入了高等教育大众化时代。

面对如此庞大的大学生群体，如何在人数激增但资源有限的情况下保证高等教育质量，这将是高校共同面对的问题。21 世纪将是更加注重质量的世纪，由数量向质量

① 冯刚．治理视域下高校思政队伍专业化建设的理论与实践［J］．学校党建与思想教育，2020（9）：4－7．

的转移，标志着一个时代的结束和另一个时代的开始。① 从英才教育走向大众教育，既是提高全民科学文化素质、为社会培养高层次人才的需要，也是教育民主化以及“终身学习”理念之使然。尽管毛入学率是衡量英才教育与大众教育的一个显性指标，但大众教育并非仅仅指的是接受高等教育者数量的增加，更不是为了推进高等教育大众化而牺牲教育质量，否则，将无法达到通过高等教育以提高全民素质的目的。然而，不可忽视的一个现实问题是，一方面，高等教育资源的有限性决定着资源供给与需求之间存在着紧张关系，若需求增加，分配给个体的资源将会减少；另一方面，受教育者数量的增加，将会给教学管理、质量、效率等带来较大的挑战，一定程度上，这是无法通过增加高等教育资源的投入来解决的。

因此，在教育大众化时代，受教育者数量的增加，对高校的教育教学、日常管理、师资配备等带来了诸多新问题，考验着高校的人才培养能力以及与其他主体间的协调和协作能力。如果仍然停留在英才教育时代的高校管理模式，将无法解决教育大众化带来的这些新问题，这就需要高校从理念、制度、机制等方面进行全方位的转型，不断完善治理体系和提高治理能力。

（二）从人力资源大国到人力资源强国

人力资源雄厚是我国的一大优势，高等教育大众化的直接结果是为更多的人提供了接受高等教育的机会，使他们能够从接受基础教育迈向高等教育，掌握专门的专业技能。但从“人口大国”到“人力资源大国”再到“人力资源强国”，是需要经过多次的质变才能实现，而不仅仅是数量的变化。某种意义上，泱泱中华，亿万人口，若不具备一定的科学文化知识，就很难成为“人力资源”，而接受教育者若不具备“现代性”，则难以推动我国从“人力资源大国”向“人力资源强国”转变，因为人力资源的较量不仅体现在规模上，更重要的是人才的质量和综合素质。

为此，我国人才发展的指导方针是“服务发展、人才优先、以用为本、创新机制、高端引领、整体开发”，这为高校人才培养指明了方向。首先，人才培养应以服务地区的经济社会发展为导向，为发展提供高层次的智力资源，这是人才工作的出发点和落脚点；其次，高等教育不仅要培养专业人才，更要培养高层次的专业人才，“突出强调要培养造就善于治国理政的政治家、优秀企业家、世界一流科学家、科技领军人物和高水平的理论家、文学家、教育家等，充分发挥高层次人才在经济社会发展和人才队伍建设中的引领作用”；最后，高层次专门人才的培养需要创新机制，提供现代化的制度支持。通过技术、文化等的创新来创造出世界先进水平或一流的社会财富，这项重任落在高校的“肩”上，要求高校建立现代化的治理体系，不断提高治理能力，从传

① 薛成龙，邬大光．中国高等教育质量建设命题的国际视野——基于《高等教育第三方评估报告》的分析［J］．中国高教研究，2016（3）：4－14.

统的人才培养模式转向创新型人才的培养，为把我国建设成为人力资源强国，培养更多高素质人才。

（三）从外延式发展到内涵式发展

高等教育的发展模式对高校发展具有重要的影响。自 20 世纪末扩招以来，我国高校为适应大众化教育的需要，采取外延式发展方式，在扩大招生规模的同时，加大对教学楼、图书馆、学生宿舍等校舍设施的投资力度，呈现出高校高速发展的趋势。外延式发展与学生规模扩大具有直接关系，同时也受到政策的刺激，一方面，很多高校借此机会纷纷申请使用更多的土地，建立新的校区或进行校舍的整体搬迁，高校硬件面貌焕然一新；另一方面，21 世纪以来一些专科层次院校纷纷升格成为本科院校，并增设了一些新的专业，高校内部呈现出日益膨胀的趋势。然而，这种状况主要侧重于数量和规模。高校面临着日趋激烈的生源竞争，而且随着高考生对高校自主选择权的扩大，不仅是普通高校，名校的生源竞争也日益炽热化，当前我国多所名校通过自主招生以及招生宣传等方式广纳可塑之材即是例证。但这种方式只是一个层面，赢得生源的根本在于实行内涵式发展，切实提高教育教学质量，以更优质的人才培养质量来赢得高考生及家长以及社会各界的青睐。

如何提高人才培养质量，在激烈的竞争中保持优势，不仅需要下狠功夫将工作做细做实，更需要进行顶层设计，从根本上转变思想观念，创新治理模式，持续增强高校教书育人的能力。在当前语境下，高校进行顶层设计，就是要建立现代化的治理体系；创新治理模式，持续提高教书育人的能力，就是要不断推进治理能力的现代化。

二、从高校管理到治理现代化

所谓“治理”，是指“各种公共的或私人的个人和机构管理其共同事务的诸多方式的总和。它是使相互冲突或不同的利益得以调和，并且采取联合行动的持续的过程。这既包括有权迫使人们服从的正式制度安排和规则，也包括各种人们认同的、符合其利益的非正式的制度安排”。高校治理是指由与高等教育相关的多元主体，通过完善的治理体系对高校有关事项进行的协商治理，从而促进高校内涵式发展，并源源不断地培养适应国家和社会需要的高层次人才①。

（一）从高校管理到高校治理

长期以来，我国实行的是“高校管理”，主要包括两层含义：第一是国家对高校的管理，特别是在计划经济时代，包括政府部门、高校、企业等均直接受政府统管，它

① 蒋凯，王涛利．高等教育治理体系与治理能力现代化的关键问题和推进路径［J］．厦门大学学报（哲学社会科学版），2021（1）：105－114．

们的运行模式与政府部门具有同质性，其行动规则主要是政府发布的行政指令；第二是高校内部对教职工和学生的管理，以此来维护高校的日常秩序。随着市场经济的深入发展，利益价值多元化，单向度的、自上而下的、由权力主导的“管理”模式已经无法适应现代高等教育的要求。现实情况要求我国要从高等教育管理向高等教育治理转变，要由微观管理转向宏观管理，由直接管理转向间接管理，由办教育转向管教育，由管理转向服务。

（二）高校治理现代化

与“高校管理”相比，“高校治理”指的是多元主体基于共同的目标，对高校的办学活动进行的民主、科学、合作的协同治理。治理的要义在于多元参与、协商共治，在互联、互通、互动的网格化治理中实现利益共赢。① 现代化是一个动态概念，治理现代化要求治理行为必须与时代要求相适应，当今的中国正处于经济全球化、价值多元化、生活多样化、社会信息化的时代，高校治理现代化是运用现代治理理念，对高校办学活动进行的科学化、民主化、法治化的治理，使之与时代相适应。

首先，高校治理的科学化。高校治理必须遵循高等教育的发展规律，同时也应与大学生的自身特点相契合，以此为依据，探索高校教育教学的方式方法，促进高等教育的科学发展。教育治理科学化的本质是教育治理的正确性，而教育治理的规范化是实现教育治理正确性的有效途径，包括高校治理应坚持正确的办学方向，以提升教育教学质量为根本，创新方式方法，提高大学生的创新能力和实践应用能力，关键在于坚持系统论的观点对高校治理进行顶层设计，建立多元共治的网络。

其次，高校治理的民主化。“民主”是现代政治的一大特征，治理民主化要求将“管理”视域中的被管理者也作为共同的治理主体，广泛听取多元主体的意见和建议，最大限度地满足不同主体的需求，在充分协商的基础上形成科学的治理方案。高校治理民主化主要包括两个层面：一是高校举办者（政府）应进一步简政放权，广泛听取高校的意见和建议，充分保障高校的办学自主权；二是高校内部应拓宽师生表达意见的渠道和途径，避免单向度地发号施令。

最后，高校治理法治化。法治是治国理政的基本方式，依法治校是全面贯彻党和国家教育方针的根本保证②，也是高校治理现代化的根本保障，这就要求高校治理活动必须以法律法规为依据，建立健全以高校章程为核心的规章制度体系，做到治理于法有据，办学有章可循。

高校治理现代化包括高校治理体系现代化和治理能力现代化。高校治理体系，就是在党的领导下，管理高校的制度体系，包括教学、科研、服务社会、文化传承和党

---

① 范斌，郭蕊．高校治理能力现代化：内容与推进路径［J］．黑龙江高教研究，2017（8）：42－45.

② 王军．推进高校治理体系和治理能力现代化［J］．中国高等教育，2019（6）：25－27.

的建设等各方面的体制、机制和法律制度安排。而高校治理能力，则是指运用制度管理高校各方面工作的能力。

（三）高校治理体系现代化

治理体系现代化是一种“人为”的过程，人的主观意志参与是治理体系构建的重要保证，但同时也带来了不确定和出现偏颇的可能。因此，在高校治理体系构建过程中就有必要遵循一定的原则，以原则保证治理体系构建具有科学性、规范性和现代性①。高校治理体系现代化，重点是改革传统的制度体系，使之成为与现代理念和情境相适应的现代化制度体系。传统的高校治理体系实际上是“高校管理”语境下的一系列制度的总和，其特点是在权力集中的前提下，管理者通过制定规章制度，对被管理者实行单向度的行政指令的管理方式，而现代治理体系则要求法治化状态下的多元合作共治。因此，高校治理体系现代化，至少应包括以下层面。

一是治理的制度化和规范化。即建立一系列高校权力运行的制度，各方主体的权利义务关系以及权力职责等均有明确的制度依据，政府、高校、师生、社会（市场）等均严格按照制度安排有序、规范地行使权利和权力，并承担义务与责任。

二是制度体系具有“良法”品性。一方面，高校治理体系的形成应遵循正当程序原则，在保障各方主体的知情权、参与权和表达权的前提下，经充分的沟通协商，最大限度地达成治理共识；另一方面，各项规章制度应坚持社会主义办学方向，遵循高等教育规律，有利于培养适应中国特色社会主义现代化建设需要的高层次专门人才。如果制度体系不具有“良法”品性，“善治”就无从实现。

三是建立健全科学合理的组织结构。一方面，高校外部，应形成政府、高校、市场等的协调结构，使高校既具有独立的法人地位，又能够与政府和市场形成良性互动；另一方面，高校内部，应健全法人治理结构，形成高校与二级单位、行政权力与学术权利等责权利范围明确的运行结构。

四是高校治理体系的效率性。在社会政治生活中，治理是一种偏重于工具性的政治行为，效率是治理成效的重要尺度。高校治理体系的构建与运行应当以效率最大化为原则，能够利用有限的资源最大限度地为社会提供优质的教育服务和培养优质的人力资源；否则，即便建立了一整套完备的制度体系，但其运行效率低下，无法促进高校更好地实现教育目标，则同样表明高校治理体系的现代化程度较低。

（四）高校治理能力现代化

实现高校治理结构和治理能力的现代化，是深化高等教育管理体制改革的核心内

---

① 何健．高校治理体系现代化构建：原则、目标与路径［J］．国家教育行政学院学报，2017（3）：35－40.

容①。高校治理体系是治校制度、治校理念、行政结构、组织体系以及运行方式、程序构成按照一定秩序和关系整合而成的有机整体。高校治理能力则是制度、政策的创建与输出能力以及高校内部治理、调控的功能强度、营运状况和实际绩效。如果说，高校治理体系是一系列静态的制度化安排，高校治理能力则是对治理体系进行动态的创建、调动和调控的能力，是治理体系在高校治理实践中的实际运行状态。

高校治理能力的测量维度主要包括：一是高校是否具有源源不断地创造适应高校治理需要的治理体系的能力，既调适高校与政府、市场的关系，使高校在法律法规的范围内，结合自身发展需要和具体的治理目标，形成各方面互动、互促的良性关系，也包括高校内部适时地进行规章制度的立改废以及根据规章制度组建或撤销相应的组织机构，为高校治理提供良好的条件；二是高校能否充分地调动治理体系的诸多要素，使之围绕共同的目标进行高效的要素组合，形成高校治理的合力，从而为高校治理目标的实现提供有力的保障。高校治理能力的上述两个方面相辅相成，同时也与高校治理体系现代化密切相连：如果没有现代化的治理体系，则所谓的治理能力现代化就无从谈起，也就不存在治理现代化；相应地，如果高校治理能力孱弱，则无法进行治理体系的自我调适和完善，也就无法有效地运行现代化的治理体系。

三、高校治理现代化的基本原则

高校治理现代化大体上包括治理的科学化、制度化、民主化、法治化、规范化、程序化、高效化等，既体现在治理体系的构建和完善层面，也是治理能力强弱的重要尺度。因此，高校治理现代化应充分体现上述要求，并坚持民主治理、依法治理、科学治理等原则。

（一）民主治理原则

随着社会主义市场经济的发展，高校治理不再是二元主体下的单向度结构，而是多元主体参与下不同利益诉求的协调过程，如何协调多元主体的关系，既是高校治理体系构建的重点内容，也是衡量高校治理能力的关键。

改革开放以来，我国不断探索和推进高等教育的民主化。改革高校的招生计划和毕业生分配制度，扩大高校办学自主权，当前高等教育体制改革的关键，就是改变政府对高等教育统得过多的管理体制。在国家统一的教育方针和计划的指导下，扩大高校的办学自主权，加强高校同生产、科研和社会其他方面的联系，使高校具有主动适应经济和社会发展需要的积极性与能力，要建立和健全以教师为主体的教职工代表大会制度，加强民主管理和民主监督等。当前，高校民主管理取得了很大进展，但与多

---

① 牛风蕊．多中心治理理论视域下高校治理结构现代化的价值意蕴与完善路径［J］．教育评论，2019（4）：8－11.

元主体的民主治理尚存一定差距。为此，一方面，应加强民主治理教育，使各级主体深刻地认识到高校治理现代化的发展趋势，正确理解民主治理的实质，正当地行使自己的权利；另一方面，建立健全民主治理机制和组织结构，明确民主治理的主体、权利义务、程序要求以及责任，使民主治理走向制度化、规范化和法治化。

（二）依法治理原则

高校法治建设是实现高校治理现代化的重要手段和必要路径，高校法治机构是高校开展法治建设的重要组织载体①。依法推进高校治理体系和治理能力现代化是依法治校的内在要求，也是提高高校治理现代化水平的必要保障。改革开放以来，我国高等教育法治建设逐渐完善，出台了《中华人民共和国学位条例》《中华人民共和国教育法》《中华人民共和国教师法》《中华人民共和国职业教育法》《中华人民共和国高等教育法》《中华人民共和国民办教育促进法》等法律法规，为推进依法治校起到了积极的作用。但我国高等教育法治起步较晚，基础较为薄弱，在高校治理现代化的今天，仍然存在着诸多亟待解决的问题。

首先，高等教育法治资源供给不足，不能满足依法治理的需要。一方面，尽管当前实施的法律法规大多是改革开放以来制定的，但一些法律法规具有较大的滞后性和保守性，已无法适应市场经济体制下高校改革的需要，甚至成为高校法治化建设的障碍；另一方面，我国法治建设普遍存在着“宜粗不宜细”的立法倾向，高等教育法律法规大多对一般问题进行了原则性规定，对现实操作的指导不足，实践中出现了立法空白，而为了弥补这些空白，各地或高校自行制定了一些规范性文件，但由于这些文件的法律位阶不高或与立法存在不一致，造成高校法治化因地而异。

其次，高校法治的落实程度不一。主要表现为：一方面，一些管理者习惯于传统的管理思维，法治意识淡薄，遇到问题时擅长运用权力通过指令解决，而无法从法律层面分析问题，并按照正当程序予以解决；另一方面，也存在着选择性执法的现象，规章制度的规定与决策目标相一致时，会主动地援引制度规定，积极推进高校的法治化建设，而对于不相一致的事项，则可能采取各种方式变相地规避制度规定。

最后，依法治理的能力较为薄弱。出于法治资源供给、法治意识、制度落实等层面的原因，造成依法治校实践被打折扣，高校无法严格按照制度规范推进高校治理，或者尽管存在着较为完备的制度规范体系，但由于执法主体不明确、责任追究缺位等，依法治校尚且停留在治理体系建设层面，而未能完全过渡到切实提高依法治校的能力层面上来。

鉴于此，应当结合高等教育发展和高校治理实际，进一步完善法治资源的供给，及时对法律法规以及其他规范性文件进行立改废，使依法治校“有法可依”；同时，提

① 谢阳薇．制度、组织与文化：高校法治机构的运作机理研究［D］．上海：华东师范大学，2021.

高领导干部的法治意识，改变决策习惯，善于运用法治思维和法治方式进行高校治理，确保有法必依、执法必严和违法必究。

（三）科学治理原则

科学治理是指遵循高等教育发展规律，运用科学理念、科学思维和科学方法与手段处理高等教育体制机制问题。高校科学治理原则包括：首先，应尊重高等教育发展规律，特别是深刻认识到高等教育与基础教育的实质区别，采取有别于基础教育的、与高等教育发展相适应的治理理念、模式和方法，为社会培养高层次的专业人才；其次，高校治理应立足于高校特有的办学理念、宗旨和思路，实事求是，不断探索，凝练出特色化发展的办学模式和治理方法，形成自己独特的风格；最后，科学治理的关键在于切实地落实科学的治理体系，使包括论证、决策、执行等治理的各个环节均在科学理念、机制和制度的框架内，提高治理的有效性。

为此，推进高校的科学治理，根本在于树立科学精神，以严谨务实、实事求是、认真负责的态度，运用科学的方式方法，勇于和善于解决高校治理中出现的问题，着力破解制约高校治理现代化的深层次问题，提高现代化的治理能力。首先，应进一步解放思想，从思想深处解决计划经济体制下单向度的管理思维，自觉地克服思想观念落后、畏难情绪严重、改革亦步亦趋等障碍，根据高校办学实际，以现代思维敏锐地发现问题，以实事求是的态度研究原因，以十足的魄力推进高校治理现代化与改革。其次，创新多元共治的载体和方式方法，善于收集、分析和吸纳多元主体的意见和建议，特别是对不同的观点进行有效甄别和充分论证，提高决策的透明度和科学性。最后，应当着眼于高校治理体系的各要素，充分调动各种治理资源，形成治理现代化的合力，共同致力于提高高校治理现代化的能力和水平，朝着一流高校和一流学科建设的方向迈进。

高校治理能力和治理体系现代化是高校治理现代化的集中表达，是新时期对高校治理提出的新要求和新目标。随着高校扩招，我国已从英才教育迈向大众教育阶段，已从人口大国迈向人力资源大国，但与人力资源强国的要求还存在着较大差距，高校发展方式也从外延式发展迈向内涵式发展，其核心就在于不断提高高等教育质量，为国家和社会培养国际一流的、具有创新能力的高层次人才。在此背景下，传统的管理模式已不能适应高校人才培养的需要，需从高校管理迈向高校治理，正视、尊重和充分吸纳多元主体，共同致力于高等教育事业和高校发展，不断提高高校治理现代化的能力和水平。因应“国家治理体系和治理能力现代化”的时代话语，我国高校治理现代化的重点在于坚持民主治理、依法治理、科学治理的原则，切实完善高校治理现代化体系和提高治理现代化能力，保证高等教育事业健康有序地发展。

第二节　高校治理现代化的构成要素

自20世纪80年代以来，世界高等教育改革的重点之一即在于治理政策的调整，主要趋势表现为减少国家的管控，强化高校的自主，引进更多的市场力量，讲求绩效责任，并且期待高校与社会有更多的合作。以高校治理体系和治理能力现代化为切入点分析高校治理现代化，重点在于加强以高校章程为核心的规章制度建设，构建现代化的高校治理体系；积极吸纳利益相关者等多元主体，发挥它们在高校治理中的合力作用，实现多元主体参与下的协同治理；完善高校内部治理结构，形成有序的治理运行结构和机制；协调多元主体的权利义务关系，以高校治理中的权力运行为突破口，切实提高高校的治理现代化能力。

一、政策指导：以高校章程为核心的规章制度

高校治理现代化的实质是制度的现代化，即建立健全与市场经济体制、高等教育发展和高校办学实际相适应的现代化的制度体系，通过现代化的制度来推动和保障高校治理，形成现代化的治理模式。因此，高校治理现代化首先在于高校治理体系的现代化，而高校治理体系现代化则有赖于现代化的规章制度。

（一）制度规范与高校治理体系现代化

制度是文化中较为稳定的存在，是经过比较长时期的发展所凝练出来的共同的行为准则，具有稳定性、规范性、指引性和评价性作用。推进高校治理体系现代化，首要的是实现制度的现代化，其中至少包含两个层面的内容。一方面，必须确保治理的制度化，即解决治理的依据问题。“制度化”是人治与法治的重要分水岭，若无明确的制度，一切行为都听从领导者的个人意志和命令，就无法杜绝意志恣意现象的发生，也无法确保治理目标的一致性、治理行为的持续性和治理结果的连续性，将会出现追求“政绩工程”的“短视”行为或者因领导者的个人喜好而反复改变决策。另一方面，必须确保制度的现代化。现代化的制度与传统制度的主要区别在于，前者以市场经济体制下的治理理念为指导，积极构建多元主体的沟通话语，以期形成反映多元主体意志的、共识性的制度，制度的运行也不再是管理者单方面行动，而是多元主体的集体行动。因此，制度规范在高校治理中发挥着基础性作用，对于高校治理实践具有积极的引导意义，而治理现代化所需要的正是现代化的制度规范。

高校治理体系现代化首先指的是制度规范的现代化，具体包括以下三点。一是治

理理念的现代化。治理理念是制度的内核，统领着具体的制度规范，只有以先进的治理现代化理念为指导，才能从根本上突破传统理念的束缚，建立现代化的制度规范体系。二是治理的实体规范的现代化。长期以来，我国形成了以实体规范为主体的制度规范体系，无论是高等教育法律法规还是高校规章制度，均是以实体规范为中心，形成实实在在的行为准则。制度规范的现代化也主要指的是建立健全现代化的实体性制度规范，确定与治理现代化相适应的新型权利义务关系，以此来规制有关主体的行为。三是程序规范的现代化。长期以来，受“重实体轻程序”思想的影响，我国立法以及民众意识中均是以实体规范为中心，缺乏对程序的正确理解和必要关注，甚至过于夸大程序的工具性色彩，或者认为程序可有可无，只要能够达到实体结果就行。这种偏颇的观点，不仅与治理现代化的基本理念背道而驰，而且无益于依法治校和治理现代化。应当指出，正当程序原则是法治的基本原则，也是法治与人治、德治的重要区别之一，治理现代化包括依法治理原则，其重要表现之一就是坚持正当程序原则，一切治理行为均严格按照法律法规和其他制度规范规定的程序进行。因此，高校治理体系现代化应当以治理理念、实体规范和程序规范的现代化为重点，建立健全现代化的行为准则和程序运行规则。

（二）高校章程在高校治理体系中的地位

教育部颁布的《高等学校章程制定暂行办法》明确指出，“为完善中国特色现代大学制度，指导和规范高等学校章程建设，促进高等学校依法治校、科学发展，依据教育法、高等教育法及其他有关规定，制定本办法”。然后进一步明确了高校章程的地位，即“章程是高等学校依法自主办学、实施管理和履行公共职能的基本准则。高等学校应当以章程为依据，制定内部管理制度及规范性文件、实施办学和管理活动、开展社会合作”。因此，高校章程在高校制度规范体系中居于最高地位，是制定其他规范性文件的依据。

当前，根据《高等学校章程制定暂行办法》以及《全面推进依法治校实施纲要》等的要求，各高校已制定了高校章程，并报核准机关进行核准。与其他制度规范相比，章程具有自治性，是相关主体“合意”的结果，体现了它们的共同意愿，因而也具有独特性，最为典型的是公司章程。高校章程亦是如此，尽管高校作为事业单位法人，与公司法人具有较大的差别，但高校章程反映的是与高校办学具有密切联系的利益相关者的共同意志，同时也是对高校办学特色的集中规定，在高等教育制度规范和高校治理体系中起着“承上启下”的作用。一方面，高校章程是高等教育法律法规的具体化，它既不能与法律法规相抵触，又需要结合高校治理实践的需要，对高校的特有的事项予以规定，是高等教育法律法规在高校规章制度中的延伸；另一方面，高校章程在高校规章制度中处于最重要的地位，其他规章制度的立改必须以高校章程为依据。

从高校治理现代化体系建设的实践来看，尽管高等教育法律法规尚待进一步完善，但最紧要的是建立健全高校内部规章制度，确保制度规范的针对性、可操作性和实效性。高校章程在高校内部制度规范中居于核心地位，同时也是高校治理体系现代化建设的重心，应当以此为抓手，持续推进高校内部规章制度建设，为高校治理现代化提供丰富的制度资源。

（三）推进以高校章程为核心的治理体系建设

以高校章程为核心推进高校现代化的治理体系建设，需要以高质量的高校章程为前提。为此，《高等学校章程制定暂行办法》对高校章程制定的一般事项进行了较为细致的规定。例如，高校制定章程应当以中国特色社会主义理论体系为指导，以宪法、法律法规为依据，坚持社会主义办学方向，遵循高等教育规律，推进高校科学发展；应当促进改革创新，围绕人才培养、科学研究、服务社会、推进文化传承创新的任务，依法完善内部法人治理结构，体现和保护高校改革创新的成功经验和制度成果；应当着重完善学校自主管理、自我约束的体制、机制，反映高校的办学特色。高校的举办者、主管教育行政部门应当按照政校分开、管办分离的原则，以章程明确界定与学校的关系，明确学校的办学方向与发展原则，落实举办者权利义务，保障学校的办学自主权。尽管规定是以“高校章程”为直接对象，但也较为全面地概括了高校治理现代化的基本要义，凸显了包括依法治校、科学治理、民主治理、自主办学、多元共治等治理现代化体系的基本要求，这也与高校章程在高校规章制度中的地位相适应。

高校治理涉及包括教学、科研、人事、财务、后勤、管理等方方面面，以高校章程为核心建立现代化的高校治理体系，总体层面应当吃透治理现代化的基本理念、原则和要求，并将之贯彻到具体的规章制度中。首先，应当对现有的规章制度进行审查清理，对于不符合治理现代化要求的文件或条款予以集中清理，确保规章制度顺应新时期高校治理的发展趋势，增强规章制度的有效性。其次，以治理现代化为参照，认真核查现有的规章制度是否充分，高校治理能否做到“有章可循”，如存在制度规范的“空白”，应及时按照高校章程规定的程序制定相应的规章制度。最后，对于各部门自行制定的规章制度进行审查并备案，特别是对于为了落实高校规章制度而制定的实施细则或自行制定的创新性规范，应认真审查它们与高校章程的宗旨是否相符，与高校其他规章制度是否协调，从而确保高校内部规章制度的协调性，形成以高校章程为核心的、协调有序的治理现代化体系。

二、主体要素：高校的多元共治

从主体的角度来讲，高校治理现代化不再是政府对高校以及高校对师生的单向度管理，而是包括举办者、办学者、高校、教师、学生、校友、家长、市场、用人单位等在内的利益相关者的多元共治，这些主体通过不同方式，不同程度地影响着高校的治理实践和效果。

（一）多元共治的理论基础

对于高校治理而言，无论是公办还是民办高校，存在的目的是为社会培养高层次的专门人才，具有公益性。同时，政府对高校负有管理和监督的责任，是保障高校坚持正确办学方向的重要监管者；而高校作为一个独立的实体，也需要享有较为充分的自主权，才能确保高校的办学理念、宗旨和目标的实现；高校领导层是高校治理的直接推动者，无论是校级还是二级单位的领导层，对其范围内的治理状况负有领导责任和推动责任；高校教师是教育教学、科学研究、社会服务和文化创新的直接参与者，他们的行为直接决定着相关事项的质量和效果；广大学生是高校治理的重要参与者，也是高等教育的直接受众，高校治理行为与其利益息息相关；此外，学生家长、校友、用人单位等主体，也与高校办学具有密切联系。因此，高校治理现代化应将上述主体作为共同治理的主体，对于重大决策事项和与有关主体相关的事项，通过合适的方式向其公开或征求意见，从多元主体中寻求智慧、理解和支持。

（二）高校的共治行为

教育治理是多元主体共同管理教育公共事务的过程，它呈现出一种新型的民主形态。① 根据利益相关者与高校的密切程度不同，把高校的利益相关者划分为以下四个层次：第一层次是教师、管理人员和学生；第二层次是校友和财政拨款者（以及民办高校的资金提供者）；第三层次是与高校有契约关系的当事人，如科研经费提供者、产学研合作者、贷款提供者等；第四层次是当地社区和社会公众等。这四个层次的主体在高校治理中既具有共性角色，也存在着个体差异。

首先，教师、管理人员和学生是高校中的基本主体，属于核心利益相关者，高校治理现代化离不开这些主体的参与，同时这些主体也受到高校治理的规制。其一，高校教师是代表高校对学生进行高等教育的直接主体，一方面，高校治理体系的完善程度和治理能力强弱对教师的积极性具有较大的影响，进而影响到高校教师自身业务素质的提升、教学态度以及教学质量；另一方面，教师也是高校治理现代化的促进者，对提升高校治理现代化水平具有促进作用，两者只有在相互作用中形成良性循环，才能形成致力于共同目标的合力。其二，管理人员尽管不直接从事教育教学活动，但他们是高校规章制度的执行者和治理要素的协调者，长期以来，管理人员习惯于“高校管理”，但在高校治理现代化语境下，应当转变思路，认真地对待师生以及其他主体在高校治理中的地位和作用，善于吸纳多元主体参与高校治理实践。其三，学生不再是单纯的“被管理者”，高等教育的目的在于改造“人”，而衡量高等教育质量的直接对

---

① 褚宏启．教育治理：以共治求善治［J］．教育研究，2014，35（10）：4－11．

象也是“人”——学生，只有立足于学生的特点和需求，高校治理才能取得良好的效果，才能更好地实现教书育人的基本职能。

其次，校友和财政拨款者（以及民办高校的资金提供者）是高校治理的重要利益相关者。校友是高等教育的“产品”，毕业生的个人素养、就业质量、发展成就等，与高校的培养密不可分，是衡量高校教育质量的基本参照，而校友在社会上的影响力，既可以提高高校的知名度和竞争力，也可借助母校的无形资产（包括声誉、影响力、社会关系网等）获取更多的发展资源，为个人发展奠定基础。此外，越来越多的校友走上工作岗位后，利用各种机会回报母校，包括为母校提供资金和奖学金、开办讲座、提供实习岗位等，是高校自己培养的源源不断的资源。因此，高校的治理现代化应当加强与校友的联系，既向校友继续提供力所能及的资源，帮助校友成就辉煌业绩，同时发挥校友的聪明才智，为人才培养和高校建设贡献献策。财政拨款者（政府）和民办高校的资金提供者为高校发展提供了雄厚的物质条件，对于政府而言，既是高等教育的宏观管理者，也是最大受益者，高校培养的人才走向工作岗位以后直接服务于地方的经济社会发展，因而，政府有权力对高校治理行为进行适度参与，既确保资金投入的实效，也促使高校尽可能地培养适应经济社会发展需要的人才。民办高校的资金提供者为准公共产品的高等教育提供了不可或缺的资金支持，也有权力参与高校的决策、管理和监督并获得相应的回报。

再次，与高校有契约关系的当事人是高校治理的间接利益相关者。例如，科研经费提供者、产学研合作者、贷款提供者等，他们通过签订合同的方式，为高校提供资金支持或成果转化的机会等，高校的办学活动与其具有间接的利益关系：一方面，这些主体为高校发展提供了便利条件，他们在其参与的事项范围内，对高校治理享有一定的知情权、参与权和决策权；另一方面，高校的发展既可能为他们输送专业人才，也可能通过合作等方式使其受益。因此，高校与这些主体之间以契约为纽带，使这些主体成为共同治理的重要主体。

最后，当地社区和社会公众等是高校治理的边缘利益相关者。尽管这些主体与高校无常态化的直接联系，但一方面，当地社区和社会公众共同构成了高校存在的外部环境，诸如高校周围的餐馆等服务业，为师生日常生活提供了便利，同时也可能产生治安管理等纷争；另一方面，随着高校社会服务职能的不断增强，当地社区和社会公众将成为高校提供社会服务的重要对象，高校将会通过契约等方式与之展开合作。因此，这些主体在高校治理中同样扮演着利益相关者的角色。

由此可见，高校治理不再是单一主体或有限主体主导下的封闭过程，而是多元主体共同参与下的合作式治理。但这些主体与高校的关系距离存在差异，它们在高校治理的利益诉求也各不相同，这就决定着它们在高校治理中的所关注的内容以及行为方式。

三、组织依托：高校的治理现代化结构

治理结构是指有关机构的设置、权力分配及其运行关系。该概念最早适用于公司治理领域，是指公司的意志机关（股东会或股东代表大会）、执行机关（董事会）和监督机关（监事会）以及公司内部成立的各个职能部门和下属分公司之间关于权力运行的结构性安排。高校作为事业单位法人，其意志的表达与执行需要依赖相应的机构，这些机构之间形成的实体设置以及权力关系即高校的治理结构。

（一）高校治理结构的现代化

高校治理结构现代化是指以现代治理理念为指导，理顺高校治理中有关主体的权利和权力关系，优化组织机构设置，建立多元共治的治理格局。这是顺应高校治理现代化的需要，对传统的一元化、单向度的管理结构的改革。传统的一元化、单向度的管理结构，从机构设置的角度来看，尽管与治理现代化结构无多大区别，以高校内部治理结构为例，大多采取的是“高校—职能部门、院系”的二级结构，职能部门在其职责范围内负责高校的特定事务，并对全校范围内的院系行使权力，而院系则主要以学科为单位，负责该学科的教学科研等工作，但从权力配置和运行的角度来看，上下级之间主要是以行政指令的方式进行统合管理，高校从外部承接政府的指令，然后将之分解给各个职能部门，由职能部门传达给院系，院系负责具体执行，并将执行结果“原路返回”，依次经职能部门上报给高校和政府。这种治理结构的意志较为单一，权力较为集中，从最高指令的发出到最终执行，几乎排除了其他主体的意志，形成的是一种集权化的权力配置和运行体系。在执行上级部门的指令过程中，即便对该指令存有异议，也只能按照请示的方式提出，而不得以此为理由拒绝执行，否则将要承担相应的责任。

与传统的管理结构相比，治理现代化结构则是以多元主体的共同治理为显著特点，外在形式上表现为机构的设置，而治理结构的实质在于权力配置，一方面，为相关主体参与高校治理提供相应的载体和途径；另一方面，形成职权分明、各负其责、相互配合、监督制约、协调运行的权力结构。因此，高校治理结构的现代化，包括机构设置的现代化和权力结构的现代化，权力与机构具有依附关系，无机构则无权力载体，而无权力则机构设置无意义，但相比而言，机构设置具有外在性，高校治理的核心在于形成现代化的权力关系，因而，从我国高校治理结构来看，基本上形成了“高校—院系”或“高校—学院—系”的层级结构，这种机构组织形式，无论是单一化的高校管理结构还是多元化的高校治理结构中均适用，其关键在于重新配置各层级的权力关系，形成多元共治的权力格局。

（二）高校外部治理结构

高校外部治理结构包括高等教育管理体制和高校的社会关系两个方面。传统的高

校外部关系主要是指高校与政府之间的关系，此即高等教育管理体制。由此可见，高校外部治理结构已由传统单一的高等教育管理体制转化为法律意义上的举办者、办学者、政府部门等多元主体间的权力关系。其创新意义在于：一方面，将高等教育管理体制中的政府与高校的关系法律化，构建以行政管理关系和投资关系为主线、以与此相适应的法律称谓（举办者、办学者等）为特点的治理现代化关系；二是将高校外部治理结构从单一的高等教育管理体制延伸到包括其在内的高校与外部主体之间的一切社会关系。

因此，现代化的高校外部治理结构是基于利益相关者理论建构的新型的、多元化的合作治理结构。在坚持"两级管理、以省级统筹为主"的高等教育管理体制的前提下，高校与政府之间仍然存在着管理与被管理的关系，但一方面，此种"管理"属于宏观管理，充分尊重和保障高校的办学自主权；另一方面，高校与政府的关系因不同的办学形式而存在差异性，对于公办高校而言，政府既是高等教育的宏观管理者，也是主要投资者，行政管理主体与投资主体合一，而对于民办高校而言，政府只是行政管理主体，投资主体为举办者，但无论属于哪种办学形式，政府与高校的关系因事项属性而异。高校与其他主体间的治理结构与权力关系，根据利益相关者与高校的密切程度，主要包括校友、有契约关系的当事人（如科研经费提供者、产学研合作者、贷款提供者等）以及当地社区和社会公众，他们参与高校治理的事项大体上可分为两类：一类是涉及社会公共利益的普遍事项，高校应向社会公开，这些主体有权利表达自己的意见和建议；另一类是与上述主体直接相关的具体事项，高校应保障他们通过适当的途径参与涉及该事项的一般规范的讨论以及对于具体问题的协商和决策。

（三）高校内部治理结构

高校内部治理结构是指高校内部机构设置以及权力配置及运行关系，这是高校治理现代化的核心，也是促进高校治理能力现代化的关键，但最根本的在于不断完善高校的内部领导体制。高校领导体制主要指的是高校举办者、办学者的权力和职责关系，党委和行政部门间的关系，以及高校行政系统与学术系统之间的关系等一些基本关系范畴，而高校内部领导体制则是指除了高等教育管理体制之外的、高校内部的各机构及其权力关系。在以高校章程为核心推进高校治理现代化和促进高校治理体系与治理能力现代化的新时期，根据《高等学校章程制定暂行办法》的规定，高校内部治理结构现代化改革的根本在于始终坚持和不断完善党委领导下的校长负责制，即章程"应当依据法律及其他有关规定，健全中国共产党高等学校基层委员会领导下的校长负责制的具体实施规则、实施意见，规范高校党委集体领导的议事规则、决策程序，明确支持校长独立负责地行使职权的制度规范"以及"应当明确校长作为学校法定代表人和主要行政负责人，全面负责教学、科学研究和其他管理工作的职权范围；规范校长办公会议或者校务会议的组成、职责、议事规则等内容"。

在牢固坚持党委领导下的校长负责制的前提下，建立健全现代化的高校内部治理结构，主要包括两个层面。

其一，坚持高校的学术性特质，理顺行政组织机构与学术机构的关系。我国高校内部的行政组织机构采取的是科层制，是一种权力依职能和职位进行分工和分层，以规则为管理主体的组织体系和管理方式，也就是说，它既是一种组织结构，又是一种管理方式，也是对人实现强制控制的最合理的已知手段，它在精确性、稳定性、纪律的严格性和可靠性方面都优于其他任何形式，解决的不仅是单个雇佣者的生产效率，而是组织方面的特殊问题——如何最大限度地进行合作与控制，并由此提高组织的效率。因此，高校内部的行政层级以及内设机构之间的行政组织结构是不可或缺的，是协调和保证高校各项事务顺利进行的重要载体。同时，高校是以学术为特色的专门机构，无论是教育教学活动还是科学研究，均是以传播和创新文化为使命，专业化的行政管理应服务于以教学和科研为主的学术活动，特别是在教师管理、职称评定、课堂教学、学术研究与评价等方面，均应遵循学术活动的基本规律，为广大师生提供宽松的学术探索环境，鼓励学术争鸣与探索创新。为此，应按照教授治学、民主管理的原则，充分发挥学术委员会、学位评定委员会以及各专门委员会的作用，保障学术组织在高校的学科建设、专业设置、学术评价、学术发展、教学科研计划方案制订、教师队伍建设等方面充分发挥咨询、审议、决策作用，维护学术活动的独立性。

其二，充分发挥高校内部民主管理和群众性组织的作用。主要包括以下两点。一是通过以教职工代表大会、学生代表大会等为代表的高校内部民主管理组织，广开言路，吸纳广大教职员工和学生的意见，特别是在信息化的今天，应广泛关注师生通过新媒体表达的意见、建议和反映的问题，通过专人进行收集整理，对于个别问题予以及时回复，对于重大事项或共性问题，提交有关部门进行决策处理。二是将工会、团委以及学生社团等组织作为高校服务师生、思想引领和凝聚共识的重要阵地，充分发挥它们在服务广大师生以及高校思想政治教育的作用，比如通过举办文化活动、宣传典型事迹、开展文化交流等，增进广大师生对校园文化的认知、理解和认同，不断提升高校治理现代化能力，有效传递校园文化正能量。高校治理体系和治理能力现代化是通过制度现代化和“人”的现代化（包括由此组成的治理结构）来实现的，只有以现代化的治理理念为指导，建立健全现代化的高校治理规章制度，才能形成现代化的高校治理体系；而高校治理能力实际上是以“人”为核心的统合协调能力，首先应当将与高校治理相关的主体均纳入治理范畴中，实行多元主体的合作治理，而这种治理模式依赖科学、现代化的治理结构，包括机构设置和权力配置。因此，分析高校治理现代化程度如何，应当以制度建设为观测点，重点考量内外部治理机构的设置、参与人员及其权力配置状况，看是否真正破解了一元化、单向度的管理格局，建立了多元化、多向度的协同治理模式。

第三节　高校治理现代化的现实困境

近年来，随着依法治校等理念的发展，高校逐渐步入了治理现代化的轨道，但由于深受计划经济体制以及其他因素的影响，我国高校治理现代化存在着诸多障碍和问题，较严重地制约着高校治理体系和治理能力的现代化。因此，应以统筹推进世界一流高校和一流学科为契机，着眼于高校核心竞争力培育，切实推进高校的治理现代化。

一、高校治理现代化的主要障碍

高校治理现代化是各种权力协调运行下的高效率治理，是以实现高校的特色化发展为重要导向的治理，但我国高校仍存在着行政化倾向较严重、特色不突出、低层次重复等问题，成为高校治理现代化的主要障碍。

（一）管理行政化

高校管理行政化是指不顾教育规律和学术规律，完全依靠行政权力，按照行政手段、行政方式、行政运行机制管理教育、管理学术①。无论是传统的高校管理还是治理现代化，行政组织、行政权力、行政人员以及行政工作是高校不可回避的问题，如何协调高校行政与教学、科研的关系以及高校与政府之间的关系，是衡量高校是否实行治理现代化的重要标准之一。

在传统的“高校管理”语境下，政府及其部门对高校负有管理责任，高校办学行为很大程度上以政府的行政指令为主，办学自主权较小，在逐渐落实高校办学自主权的过程中，重大决策以及具体管理的一些事项仍由政府决定或规定；高校内部亦是如此，高校及其职能部门对教学、科研、师资队伍建设、学生管理、后勤等实行单向度的管理。由此造成的后果主要体现在以下两点。

一是资源分配的行政化。与高校管理的行政科层结构相比，高校管理行政化的最大弊端在于各类资源分配，包括课题项目申请、职称评定、经费使用等与教师息息相关的事项，在行政化管理体制下，很大程度上根据行政权力而确定。例如，在政府向高校放权并不断扩大办学自主权的过程中，出现了“跑部钱进”的异常现象，而高校内部的各类资源往往优先考虑具有行政级别的人员或由其负责分配，造成资源分配过于集中，但这些人员可能因为时间、精力有限等，获得资源后无法亲自开展工作，只

---

① 杨德广．关于高校“去行政化”的思考［J］．教育发展研究，2010，30（9）：19－24．

能进行“二次分包”。

二是高校评价机制单一化。学术性是高校有别于其他组织的重要特点，学术评价是最基本的评价，是对广大教师的教育教学质量以及科学研究能力与水平的认定。但学术评价标准的制定以及评定工作的开展等主要由行政组织负责，忽视学术活动的当事人——教师的参与不足，政府设定的各类评奖活动也采取的是单一化的评价标准，尽管具有较高的公信力，广大教师的参与积极性也高，但不享有一定社会资源的青年教师很难入围，因而无法充分地发挥评奖的激励作用。

（二）办学同质化

凝练办学特色、实现高校的特色化发展是我国高校治理现代化的重要目标之一。但从我国高校的发展来看，“千人一面、千篇一律”现象仍较突出。无论是本科、专科、高职等不同层次的高校，还是同一层次中的众多高校，专业设置、培养方案、教材选用、教学方式等均存在着同质化倾向，无法体现出高校自己的特色。当然，这种现象也因社会对同专业人才的规格要求具有一定联系。但一方面，高校的办学特色首先体现为独特的办学理念和高校精神，而我国的很多高校离此目标尚存在较大差距。另一方面，除了学科性较强的高校外，很多高校的人才培养沿袭着“大众化”的发展道路，未能与高校的特色学科相融合，而不同层次的高校也未能充分地体现人才培养的基本要求，比如专科高校重在培养以实践应用能力为导向的应用人才，但教材编排以及教学环节均未能很好地体现实践性要求。

（三）运行低效化

在推进高校现代化管理的过程中，传统的高校行政管理思维尚未完全根除，现代化的治理理念以及治理机制尚未完全确立，导致高校运行的低效化。主要表现为以下三点。

一是高校人才培养的效度欠佳。人才培养存在着同质化倾向，未能充分地体现市场对人才的需求，而人才培养的知识结构和个人能力也未能真正地体现“宽口径、厚基础、强能力”的复合型人才的需求。这种情况反映在就业层面，则集中表现为大学生的竞争力不强，特别是尚处于上升期的高校以及出现供给“过剩”的专业，大学生因不具备特色的个人潜质，与名牌高校的毕业生相比，存在着较明显的竞争劣势。

二是高校管理的低效化。一方面，传统的行政管理模式无法适应现代高校的管理需要，无法充分地调动广大师生的积极性。较突出的体现是，对于高校及其职能部门发布的规章制度，即便是涉及个人的切身利益，一些人员也“不在乎”，表现出冷漠的态度，造成高校管理工作难以推进。另一方面，尽管以师生为主要主体的利益相关者参与高校治理的诉求和积极性均较高，但由于尚未建立完善的参与机制以及这些主体的民主参与意识不强，导致民主治理要么流于形式，要么纠缠于细节而影响治理效率。

三是高校教学与科研的低效化。主要表现为两个方面。一方面，在课堂教学中，大多数老师仍沿用传统的讲授模式，学生的主体作用未能充分地发挥，而若将课堂教学的主导权交给学生，以学生为中心进行讨论式等现代化的方式教学，则又难以控制教学秩序和进度，无法保障教学的效率和效果。另一方面，高校科研也存在着低效化问题，包括科研成果的创新性不足，很多成果属于低层次的反复；未形成产学研一体化的格局，科研成果的市场转化率较低；很多教师将科研作为职称评定的一项“任务”，缺乏从事科研的积极性、主动性和自觉性；等等。

二、高校治理现代化的实践困境

高校治理现代化面临的这些障碍并非一朝一夕形成的，如何破除这些障碍，既需要时日，需要在高校治理的顶层设计下分步进行、稳妥推进，也需要不断加强高校治理现代化体系和治理能力建设，切实改革高校治理现代化中的实践难题。

（一）高校的治理现代化体系有待完善

高校治理现代化体系包括法律制度、治理结构以及与之相适应的文化认同等。我国高校治理体系存在的问题主要包括以下几点。

一是高校法治资源供给不足。法治化是高校治理现代化的基本原则，其前提是必须具有与之相适应的法治资源，即确保“有法可依”。我国高校治理的法治资源不足主要体现为：首先，尽管已经建立了高等教育的基本法律法规，但大多停留在宏观层面，缺乏可操作性，而即便是制定了相应的“实施细则”，也仍然无法与高校的治理实践紧密结合；其次，21 世纪以来，高校处于快速发展期，特别是投资主体多元化以及“互联网 +”“大众创业、万众创新”等新时期，高校的人才培养等理念发生着变革，也涌现出一些新的改革措施，但法律法规对此尚无明确规定，导致高等教育综合改革的某些措施缺乏明确依据；最后，从高等教育法律法规到以高校章程为核心的高校规章制度，规范性文件层级多、种类杂，存在着规定不一等问题。

二是高校治理现代化结构不完善。一般而言，高校治理结构主要是指高校内部的法人治理结构，即是否具备完善的组织机构以及权力运行体系，但高校现代化的治理结构并不限于此。从主体角度来讲，高校治理现代化是包括政府、市场、社会等在内，对高校的多元治理。长期以来，政府在高校治理中的地位和作用较为凸显，但市场、社会则存在缺位。引入公平竞争机制，为完善地方高校内部治理结构有效传导压力①。现代意义上的市场是指法规和现代管理意识下的自由、公平、开放的竞争的市场，但高等教育发展并未引入充分的市场竞争机制，市场的介入主要体现在毕业生就业环节，

① 陈世伟，俞荣建．“双一流”建设背景下地方高校内部治理体系和治理能力现代化研究［J］．黑龙江高教研究，2019，37（2）：12－15.

具有滞后性等。此外，由于我国社会组织的培育较晚，其参与高校治理的意识、能力、方式、途径以及机制等均未完全建立，即便是近年来建立的为高校提供专业服务的社会组织，大多具有半官方性，其独立性和权威性仍有待加强。

三是高校治理现代化体系的运行基础薄弱。任何制度的运行均依赖民众的社会意识，我国高校治理现代化体系的构建与运行也须以与之相适应的社会意识为基础。相比而言，包括法治资源、组织结构等显性的治理现代化体系中的显性因素的构建与变革较为容易，但这并不意味着行为规则的改变必然带来人们思想意识和行为的调整。相反，行为规范的调整依赖内在的认知，是制度内化的产物，思想观念跟不上治理现代化的要求，必然导致制度运行的低效，而规范性制度要素、文化——认知性制度要素本身所具有的“慢动性”特征与规制性制度要素的“快动性”特征之间的摩擦也加剧了这种角力的程度。

（二）高校的治理现代化能力有待提升

高校治理现代化能力实际上指的是高校充分调动治理现代化体系的各种要素的统合能力，是运用制度、权力、结构、人员等资源，将与高校治理有关的因素整合起来，形成朝着办学目标共同奋斗的凝聚力、统合力以及由此表现出的强大效能。提升管理效能，把握好高校治理的支撑体系，需克服高校治理现代化能力不足的主要表现①。

一是权力运行不畅。高校治理大体上包括以下方式：第一种是以常态化的组织机构为依托，建立的组织化的权力运行体系，包括纵向的垂直管理体系和横向的权力分工制约、协调运行体系；第二种是以“事项”为模块，整合各个部门而形成的“块状”组织结构和权力机制。上述两种权力运行均不同程度地存在着不顺畅现象，如纵向的垂直管理体系很容易异化为行政管理模式，受到基层单位的抵触；而横向的权力运行要么存在着“分工有余”但“配合不足”，各自为政、相互掣肘的问题，要么制约虚化或流于形式，对于某一牵头部门提出的方案，其他部门则“例行公事”；以“事项”为模块的权力运行，也或多或少地存在上述问题。

二是凝聚人力资源的能力有待加强。高校治理现代化不仅体现为治理体系现代化层面，还体现为制度执行层面，主要是“人”的现代化，而治理能力现代化则指的是具有现代治理理念的治理者凝聚人力资源的能力。因此，作为治理者的“人”，是否有现代治理理念和意识，对于提升高校治理现代化能力起着关键作用，也决定着他们能否充分地利用各类现代化的治理资源来凝聚人心，形成共同治理的合力。当前，我国高校治理能力不足直接体现为无法充分地调动广大师生员工以及社会主体参与高校治理的积极性，或无法为他们参与高校治理提供适当的渠道和机会，使他们积极地为高

① 张维维，夏菊萍．高校治理体系和治理能力现代化：内涵与途径［J］．北京航空航天大学学报（社会科学版），2022，35（4）：155－160．

校发展献计献策。

三是教育手段和方式方法不足。高等教育的对象是大学生，高校治理的最终目的在于提高高等教育质量，这直接体现为大学生的培养质量。随着价值观念多元化以及“00 后”成为在校生的主流，无论是课堂教学还是实践教学，“00 后”具有自身独特的特质和诉求，创新教育教学手段和方式方法，充分调动大学生学习探索的积极性和主动性，提高教学质量和效率是提升高校治理现代化能力面临的又一重大问题。

第二章　新时代高校治理现代化改革

第一节　高校治理现代化改革的原则

高校治理现代化改革必须遵循一定的原则，从总的原则来说必须做到“三个有利于”，即有利于坚守高校的本质（有利于人才培养、有利于科学研究、有利于服务社会）、有利于经济发展、有利于资源配置。从具体做法来看必须做到“一个平衡”，即共性与个性的平衡：规律性与实践性相结合、稳定性与灵活性相结合、方向性与多样性相结合。

一、高校治理现代化改革的“三个有利于”原则

（一）有利于坚守高校的本质

从高校的运行角度分析认为，高校的本质是学术自由，即高校的一切都是围绕学术自由展开，高校应有独立的思想，自由发展。高校要追求“独立探索真理，不计较功利，为学术而学术”。从高校的组成要素看，高校就是人的集合。从多元发展的角度，高校是多元的，无法用一种本质去进行概括。高校的本质是学术自由，体现了从成立之初到现在高校发展的重点；高校的本质是人和机构的集合，可以让我们在高校改革中做到以人为本；高校是多元的，可以让我们从多角度分析高校的发展。但是这三个观点在我国的高校治理现代化改革的背景下也有各自的缺陷，过分强调学术自由有可能让高校发展脱离社会现实；只强调高校内部的人和机构容易导致高校在改革过程中忽视我国经济、政治等的外部环境；从多元的本质看待高校又失去了改革的重心。因此，为了能够更好地指导高校治理现代化改革，我们可以从高校的功能角度界定高校的本质。

高校产生之初，一些教师致力于为社会培养精英，于是高校有了最初的人才培养

的功能。随着科学的发展，高校利用自身拥有精英的优势开始进行科学研究，高校的科研的功能出现。到了当代又强调高校的开放性，高校的服务社会功能开始显现。高校的功能就是这样随着社会的发展不断调整，但是科学研究与社会服务功能实际上都在人才培养的目标下衍生出来，高校的核心功能仍然是人才培养。高校是学问的中心，致力于保存知识、教授知识、延续文明，为社会培养高素质专业人才。

（二）有利于经济发展

我国经济进入新发展阶段，高质量发展是全面建设社会主义现代化国家的首要任务。由于高等教育存在的相对封闭性和滞后性，因此在发展过程中落后于经济调整，这导致高校在发展过程中出现适应性不强等问题，因此要进行高校治理现代化改革，必须从经济调整的情况入手，从有利于经济高质量发展的原则出发。

首先，高校改革必须和产业结构调整相适应。产业结构调整必然对人才的需求和人才知识结构要求发生变化，高校改革必须感应到这种变化，调整人才培养的模式、创新人才培养机制，做到整个高等教育都是以市场需求为导向的，高校所培养的人才是符合社会需要的，从而实现高校价值，促进高校的可持续发展；适应社会发展的人才需求，促进创新型国家建设。

其次，高校改革必须具有市场思维。无论是高校内部改革还是外部关系的调整，都需要具有市场思维。一方面，政府应给高校更多的自主权，充分发挥市场在高校资源配置中的决定性作用。在国家资源投入有限的情况下，高校应从自身优势出发，实行产学研结合，引入社会与市场资金为高校发展服务。另一方面，高校内部的人事、劳动、分配等制度的改革也必须要讲究效率，健全激励机制、完善评价体系，在学校内部运用市场手段营造尊重知识的氛围，提高教师的积极性。通过改革，促进科技与经济的结合，为我国经济高质量发展服务。

（三）有利于资源配置

高等教育的资源配置可以分成两个层次：宏观层次的教育资源配置是指教育资源如何在不同地区、不同高校的分配，微观的教育资源配置是指高校内部如何合理分配和利用资源。但教育资源总是有限的，因此无论从哪个层次来说，高等教育的资源配置是否合理对于高校发展意义重大、对高等教育事业发展至关重要，甚至会影响到我国社会的发展进程。而资源配置无非两种方式，计划方式和市场方式。两种方式各有优缺点。计划配置资源，从宏观上能够保证高等教育资源的配置从国家整体利益出发，将高校发展与国家总体发展相协调；从微观上能够保证高校集中人力、物力、财力进行重点建设。但是计划配置资源容易限制社会、市场和高校在高等教育发展中的积极性。计划配置高等教育资源容易出现高校发展筹资渠道单一、资源浪费现象严重、高校人员活力不足等问题。市场配置资源，能够实现教育投入的多元化、激发社会、市场参与高校管理的积极性，提高高校资源利用率，增强高校发展的活力。但是市场配置资源容易出现资源分散、忽视高校发展的主导功能、不能保证公平等问题。综上所述，高校发展的资源配置必须发挥市场的决定性作用，更好发挥政府作用，既要改变计划经济时代的一切以计划为主，也要矫正高校发展的产业化趋势。高校治理现代化的改革也必须从有利于资源配置的角度出发，保证各项改革在国家宏观调控下稳步推进。

二、高校治理现代化改革的“一个平衡”原则——共性与个性的平衡

高校作为特殊的社会组织，其类型多样，既有公立高校，又有民办高校；既有省属、市属的高校，又有归属教育部的高校；既有单科性高校，又有综合性高校。高校治理现代化的改革需要在符合我国教育发展规律的基础上针对不同类型的高校采用不同的方法。因此，必须把握高校治理现代化改革的共性与个性的尺度，在两者之间寻求一种平衡。

（一）规律性与实践性相结合

高校治理现代化改革必须符合高等教育发展的规律。世界高等教育在发展过程中呈现了一定的规律。人们在不断地探求其规律后，将其总结为以下三点：专才教育和通才教育相结合；注重对学生学习能力的培养；坚持高质量要求，实行淘汰制。掌握这些规律便有助于有针对性地掌握整个高教良性发展的主线索。我们应该制定符合我国高等教育发展规律的方针、政策，以避免高校治理现代化改革出现偏颇。

教育问题并不是独立存在的，它必然与政治问题、经济问题、文化问题等共同存在，因此我国高等教育的发展规模、发展模式也必须与社会发展状况相适应。在实践中，高等教育必须为政治、经济和社会发展服务，高校教育必然会随着政治、经济和社会发展而进行调整、增强适应性。在遵循高等教育发展客观规律的基础上，适应时代的发展，并积极推进历史前进，这才是高校治理现代化改革需要追求的目标。

（二）稳定性与灵活性相结合

高校治理现代化改革必须形成常态，因为任何一项改革都是建立在深入的调查研究和充分论证的基础上的，都是具有科学依据的。我国进行高校治理现代化改革是符合我国政治、经济、社会发展要求的，是符合高等教育发展规律的，因此在实践中必须坚持把这项改革进行到底，从而解决我国高校发展中遇到的各种难题。当然，在改革的过程中，我们也会遇到各种各样的问题，改革的具体措施必须随着客观情况的变化进行适当的调整。高校治理现代化改革若缺乏稳定性，必然会造成混乱，影响高等教育的稳定发展；若缺少灵活性，也难以满足社会发展的需求，影响改革的效果。

（三）方向性与多样性相结合

高校治理现代化改革必须符合我国社会主义的办学方向，必须坚持党的领导。要

在全国形成高校治理现代化改革的氛围、要有统一的高校治理现代化改革的规划。高校不能盲目地发展，必须是从整体利益出发，符合我国创新社会治理体制的要求，坚持我国社会主义市场经济的发展方向。高校治理现代化改革的方向是任何时候、任何高校都必须严格遵守的。但各高校可以根据自身的情况，进行多样化的尝试。只有在国家“掌舵”的基础上，各个高校用不同的方法朝一个方向“划桨”，才能创造出具有个性的高校，培养出社会所需的优秀人才。

第二节　高校治理现代化改革的现实

一、高校治理现代化改革符合时代要求

中华人民共和国成立以后，我国就在不断地进行高校管理改革。改革开放以后，随着社会主义市场经济的发展和社会的深刻变革，我们同样在不断推进高校改革。我们在理论上和实践中始终摸索着适合我国高校发展的管理方法。在宏观管理方面，基本打破了过去中央集权的管理，建立了以中央和省两级政府办学为主、社会广泛参与的办学格局；相对应的拨款体制上也进行了调整，不同层次、不同类型的高校采用不同的拨款机制。高校的自主权加大，在招生、就业问题上拥有了更多的权利，招生方面高校可以进行自我调节，就业方面逐渐采取自主择业的就业制度。

为了适应中国国情与时代的要求，我国开始构建政府、学校、社会之间的新型关系的调整。政府简政放权，将管理高校的权力交给社会和高校。高校在招生方面可以制订招生方案，进行自主招生，调节招生比例；在学科设置方面，高校有权依法自主设置和调整学科、专业；在教材建设方面，高校可以根据自身情况选择合适的教材并鼓励教师自编教材；在机构设置方面，高校可以自主确定内部各部门的设置和人员配置；在人事管理方面，高校有权按照国家有关规定，评聘教师和其他专业技术人员。此外，在海外交流、机构设置、财产自主管理等方面，也拥有了更多的自主权。高校发展也需要社会力量的参与和监督，政府从政策上提倡社会参与。在实践中，政府也在搭建和拓展社会参与的平台与渠道。各高校也根据自己的情况开展社会合作。有的高校探索建立高等学校理事会或董事会，有的高校积极开展高等学校与行业、企业密切合作共建的模式，有的高校推进高等学校与科研院所、社会团体的资源共享机制，有的高校实施了校外专家论证制度和群众听证会制度。

总之，从中华人民共和国成立以来，我国高校管理体制经历了比较大的调整。在调整中，部门办学和权力分配问题已经得到有效的解决，但是政府与学校的关系问题、

学校内部管理体制的调整问题仍然有待进一步完善，高校管理体制改革任重道远，高校治理现代化改革任务艰巨。

二、高校治理现代化改革的成就

为了实现高校治理现代化，我们必须双管齐下，将高校治理的外部调整和内部改革相结合。从高等教育法治化的发展、高等教育管理观念的转变、政府职能的重构、社会参与力量的强化，到高校章程的建立、高校内部管理体制的调整、高校内部管理内容的更新，都是构成高校治理现代化改革的重要内容，我们需要逐一地将这些问题解决，才能真正实现高校治理现代化。

（一）外部成就

1. 高等教育法治化的发展

随着依法治国的观念深入人心，高等教育法治化已经成为高校治理现代化改革的重中之重。高校的本质就是育人，即为国家培养高级人才，一旦这一本质出现问题，必然会给国家、给社会带来不可估量的损失；我国提出要建设创新型国家，高校管理质量的好坏直接决定了这一目标能否实现；我国的经济建设也需要高校的发展作为助力。总之，高校管理的规范化、高等教育的发展是我国社会主义现代化建设事业的重要内容。而为了规范高校管理行为、发展高校治理事业，我们必须完善我国高等教育立法，让法律为高校的发展保驾护航。

我国的高等教育法治化仍然存在薄弱环节，这严重影响了高校治理现代化建设。首先，高等教育法治化的完整性还有待提高，尽管我们已经形成了高等教育法律法规体系，但随着高等教育改革的不断深化，有关的法律却没有完全跟上，例如，在社会参与高校管理方面的立法就相对缓慢，使得我们在进行这些改革时缺乏法律依据。其次，现行的法律规定中原则性的东西过多、程序性的规范较少，这导致根据现行的法律，人们明白该如何去做，但具体去做的时候又不知道从何做起。再次，高等教育法律法规体系存在自身矛盾的地方。由于我国的有些教育立法内容比较模糊、用语不够严谨，使得教育行政部门、各地方政府、各高校在制定相关规范时出于理解上的不同就出现了矛盾的规定。最后，高等教育的立法存在“厚此薄彼”的现象。高等教育的主体有政府、高校、教师、学生，我国的高等教育立法对政府的法律调整比较多，而对于高校、教师、学生的法律调整就相对较少。尤其是学生，法律规定中大多调整的是学生的义务——学生应该做什么，不应该做什么；而对于学生的权利规定甚少，这与以学生为教学主体、应充分发挥其主观能动性的理念明显相悖。

在高校治理现代化改革中，我们必须转变观念，实现高等教育法治化与高等教育发展的完美融合。针对以上问题，可以从以下几个方面采取措施应对。首先，继续完善高等教育法律法规体系，根据我国政治、经济、社会、市场以及高校内部新情况的变化及时更新高等教育立法，制定适应新时期、新需要的高等教育法以及相关配套法律法规，从而保证高等教育有法可依，为实现以法治教提供基础保障。当然，立法并不是简单的事情，我们可以根据国外的先进管理经验，参照国外高等教育立法，再结合各地方的具体实践，从制定地方规章开始逐渐上升到出台国家基本教育法。其次，强化高等教育法程序立法。程序观念强，程序规则多且完备，是一个成熟法治国家的重要标志。宣言式的权力规定固然重要，如果没有程序规范作为保证，任何权力不可能自动实现，程序规范能够保证权力的实现，保证法律的真正贯彻落实。再次，清理现行教育法规，规范教育法。应根据《中华人民共和国高等教育法》，对现有的教育法规进行清理，有缺失的就立法，有冲突的进行修改，有错误的就要废止，从而保证高等教育法律体系的一致性。教育界与法律界人士应通力合作，利用各自的优势，规范高等教育方面的立法，保证用语规范以及不出现任何歧义，提高高等教育立法质量。最后，在高等教育立法中应增加对高校、教师、学生权利的规定。从宏观上应明确高校有哪些自主权，高校如何保障自己的自主权；从微观上来说，在法律上应明确规定教师和学生拥有哪些权利，同时又承担哪些义务，以体现以人为本的治校理念。

2. 高等教育管理理念的转变

高等教育管理理念关系到整个高等教育的发展水平，先进的理念必然能够引导高等教育朝着正确的道路前进，因此，高校治理现代化改革需要先进的管理理念作为指导。我国传统的管理理念容易忽视人的因素，而随着高等教育由精英化转变为大众化，“人”在高等教育发展中的地位越来越重要，一味地固守传统的高等教育管理理念必然会成为高等教育事业改革的桎梏，“以人为本”的高等教育管理理念进入人们的视野，成为学者争相研究的问题。

在高校治理现代化改革中必须做到以下几点。首先，重视高等教育管理理念的建设。政府、社会、高校都应该充分认识转变高等教育管理理念，树立“以人为本”的管理原则，对高校发展有重要的意义。既然强调“以人为本”，高校的一切管理工作就会围绕“人”展开，这有助于建设以人为本的和谐校园。“以人为本”强调教师和学生的主体地位，一方面能够让教师安心本职工作，提高教育质量；另一方面能够给予学生更多的自主权和更多的锻炼机会，调动学生参与学校管理的积极性。通过双方的努力，高校基于“以人为本”的教育理念进行管理能够将传统的人才培养模式打破，在一定程度上促进创新型人才的培养。其次，加强宣传工作，让高等教育相关者掌握“以人为本”的精髓。“以人为本”具体到高等教育领域，就是要“以学生为本”“以教师为本”，它肯定了教师和学生在高等教育发展中的主体地位，高校管理的起点与终点都应该是教师和学生。最后，高校的具体管理过程中真正做到“以人为本”。高校的一切政策的制定都应从教师和学生的利益出发，提高教师的积极性，促进学生的个性发展；改革高校管理内部体制，通过学术委员会、教职工代表大会、学生代表大会等机构扩大教师和学生的知情权，赋予教师和学生更多发表意见的机会，让教师和学生参与决策。

总之，高校治理现代化改革中需要贯彻“以人为本”的高等教育管理理念，只有坚持“以人为本”，才能够把高等教育目标内化为教职工和学生认可的理想，把高校管理的要求内化为教职工和学生的思想，调动教职员工和学生的积极性，共同完善高校管理、实现高校治理现代化的目标。

3. 政府职能的重构

政府有广义和狭义的界定。狭义的政府指的是行政机关，广义的政府包括立法、行政、司法机关。本书在此主要是从广义的政府概念界定的角度分析政府在高校治理现代化改革中的职能。政府主要具有两种职能：一种是政治职能；另一种是社会公共职能。高等教育管理属于社会公共职能范畴，在当前全面深化改革的大背景下，随着高校改革的不断深入，如何更好地调整政府的高等教育管理职能是高校治理现代化改革中面临的巨大挑战。

总之，通过政府职能重构，逐渐改革单纯依靠行政命令、计划调控的管理方式，综合运用立法、拨款、规划等管理手段，推进高校治理现代化改革，促进高校教育发展。

4. 社会参与力量的强化

高校的社会服务功能日益重要，高校除了要满足政府、高校管理者、教师和学生的需求外，也应该满足社会的需求，而社会力量要求参与高校管理的呼声也越来越高。随着治理理念、利益相关者理论等理念的深入人心，高校实施多中心治理已是大势所趋，如果政府和高校仍然坚持过去的一对一的关系，必然会影响高校的发展，也不利于高校治理现代化的改革。因此，除了政府以外，社会力量参与高校管理是社会发展的必然。

在高校治理现代化改革中，针对社会参与存在的问题，我们可以从以下几个方面采取措施强化社会参与。首先，转变观念，强化社会参与意识。高校需要转变观念，认识到高校管理不仅是教育工作者的事情，而且是全社会的事情，高校需要主动“走出来”，加强与社会的沟通和合作；民众需要转变观念，认识到高校管理不仅是政府、学校的事情，而且是关系到每个公民切身利益的事情，民众应积极主动地参与高校管理；社会力量已经比较强大，能够解决很多难题，政府应转变观念，重新审视政府在高校治理现代化改革中的作用。其次，健全社会参与制度，为社会参与创造良好的环境。再次，大力发展高等教育中介组织。中介组织能够反映社会各方面对高等教育的需求和利益，因此我国应高度重视中介组织的发展。在高校治理现代化改革中，需要政府加大中介组织建设的力度，明确规定中介组织的性质、运行机制，为中介组织发展提供财政、政策、审批上的便利，使中介组织能够带着社会各阶层的呼声最大限度地为高等教育的发展服务，为高校管理治理现代化建设服务。

（二）内部经验

1. 高校章程建设

与高等教育法治化相对应，高校内部管理也必须实现法治化。为完善中国特色现代大学制度，应指导和规范高等学校章程建设，促进高等学校依法治校、科学发展。由此可见，一般的高校章程包括学校的基本情况、学校的管理内容、学校的管理体制、教师和学生的权利与义务。这些内容是我们进行高校治理现代化改革必须关注的。只有高校章程建设好，落到实处，才能保障高校管理的民主化、科学化与规范化，完成高校治理现代化改革。

尽管高校章程建设取得了一定的成绩，但是问题也比较突出。我国高校章程并不是在高校成立之初制定的，而是在教育法、高等教育教法出台之后，尤其是国家中长期教育改革和发展规划纲要颁布以后，国内的很多高校才如火如荼地开展高校章程的制定工作，因此，我国高校章程的建设起步比较晚。我国高校章程的法律地位尚不明确，我国高校章程采用的事后弥补的办法，在避免与已有的外部法律以及本校制度冲突的基础上制定，导致其内容过于宽泛，可操作性降低；同时，高校章程的制定与修改程序不完善。高校管理面临的主客观环境会不断地变化，因此，高校章程也必须适时地作出调整。为了避免修改的随意性，必须制定严格的修改程序。我国的高校章程的制定与修改程序只有原则上的规定，没有具体的操作程序，也没有时间上的规定，对于各制定和修改主体的法律地位界定非常模糊，而且制定和修改高校章程后都要报教育部备案，这无疑在一定程度上限制了高校在制定高校章程中的主动性和创造性。此外，高校章程的内容不明确。高校理应明确规定高校内部管理体制运作形式，各主体的权利义务、高校内部权力的分配、协调与行使的制度等。然而在目前国内高校制定的高校章程中，这一方面的内容并未结合高校自身特点，形成一些具体操作方法的说明。

在高校治理现代化改革中，我们可以从以下几个方面完善高校章程的建设。首先，完善高校章程的法律规定，以法律的形式将学校章程的规定具体化。为推进高校章程的制定与实施，应将高校章程中重要的基本的问题以国家教育法律的形式予以明确规定和确认。其次，更新观念，提高对高校章程作用的认识。政府应积极协助和引导高校制定高校章程，并按照高校章程管理高校；高校内部管理者作为章程的执行者和管理者，对高校章程的制定的目的、作用的发挥、具体的内容等要有深入的认识，引导广大教职员工学习和理解高校章程，以支持高校工作，维护自身利益。再次，建立规范、明确的高校章程制定和修改程序。在制定章程过程中要集思广益，集中反映广大教职工与学生的意见和要求；要科学论证，保证高校章程的可行性；要民主管理，充分调动教职工代表大会、学术委员会等机构的作用。在章程修改程序的规定上要明确修改时间、修改程序、修改主体、修改的责任等，对于内容不适当、不能准确反映实际情况或者与国家法律法规不符的章程内容，应该及时予以修改或撤销，以保证高校章程能够适应不断变化的主客观条件，始终体现公平、公正和公开的要求。最后，明确高校章程的具体内容。在章程中，应结合高校自身的特点明确党委领导下的校长负责制、学术委员会制和教职工代表大会制等相关内容，明确各机构的权力分配和运行机制、教师和学生的权利义务等相关内容，从而保证高校管理真正做到“有章可依”。

2. 高校内部管理体制的调整

高校作为特殊的社会组织，其本质就是生产“学术产品”。当前高校行政化现象严重，使高校的学术功能出现偏差，这一问题能否解决，关系到我国高校能否培养出社会所需的创新型人才、能否完成高校的基本使命、能否实现治理现代化。高校在外部改革中通过政府职能的重构解决了高校外部行政化问题，相应地，高校内部也必须改变目前的行政化状态，调整管理体制，只有解决好这一问题，我国高等教育才能快速发展。

3. 高校内部管理内容的更新

高校内部管理内容的更新指的是高校师生积极主动、富于创造性地开展工作。在强调高校外部社会参与和高校内部管理体制改革后，高校内部管理内容的更新就被提到高校治理现代化改革的日程上。在高校的管理体制中，教职工与学生应是主体，高校治理现代化必须保证他们的主体地位。

高校教职工参与高校管理具有法律依据。《中华人民共和国教师法》规定，“教师具有‘对学校教育教学、管理工作和教育行政部门的工作提出意见和建议，通过教职工代表大会或其他形式参与学校民主管理’的权利”。《中华人民共和国高等教育法》规定，“高等学校通过以教师为主体的教职工代表大会等组织形式，依法保障教职工参与民主管理和监督、维护教职工合法权益”。

综上所述，在高校治理现代化改革中必须保证高校教职工和学生的参与权，实现高校的民主管理。

第三节　高校治理现代化改革的展望

一、高校治理现代化的实现路径——高校综合改革

高校改革始终没有间断过，但是在高校治理现代化视域下，这种单兵作战的方式

无法形成合力，不符合高校治理现代化的要求。因此，高校必须进行综合改革，综合改革是实现高校治理现代化的有效路径。

（一）创新人才培养机制

1. 构建以学生为中心的人才管理机制

高校学生管理的方式有教育、管理以及服务。过去，高校学生管理都是以教育和管理的内容为主，采取统一、封闭的管理方式，然而从全面质量管理出发，更强调一切以消费者为中心，尽管高校对应的“消费者”具有复杂性（学生、家长、社会和政府都是高校的“消费者”），但其中学生是高校最主要的“消费者”，其他“消费者”也是通过学生跟高校发生“消费”关系，因此，在全面质量管理理念下的高校学生管理要以学生为中心，强调服务的内容。学生管理工作要树立一切以学生为本，一切为了学生、为了一切学生、为了学生的一切的意识，维护学生的合法权益，充分尊重学生的个性，保护他们的积极性和创造性。为学生提供全面发展的平台，尽最大努力满足学生成长成才的需要。

2. 推行以自主学习为中心的人才培养方法

高校学生的学习管理就是增强学生自主学习的积极性。科学家发现，人类储存在脑内的能力大得惊人，人平常只发挥了极小部分的大脑功能。可见，学生自主学习是有很大的发展空间的。传统学习管理多是“填鸭式”教学，这导致学生学习比较被动，而且积极性不高。这种“满堂灌”“满堂问”“满堂练”的学习方式，教师和学生都比较辛苦，但是效果并不理想，学生的学习潜能没有得到真正的发挥。通过自主学习，能够调动每个学生学习的积极性，引导学生去自主地思考问题、解决问题，使学生能真正主动学习并理解自己所学的知识。尤其是对一些自主性比较差的学生，如果单纯地被动学习，必然会打击他们的积极性。通过自主学习，他们在学习中体验到了成功，从而增强他们学习的希望和信心。

3. 提高学生胜任力

教育规划纲要明确提出，“坚持以人为本、全面实施素质教育是教育改革发展的战略主题”。但从高校进行素质教育的实践效果来看，大学生究竟应具备哪些方面的核心能力与素质却不够清晰、明确。大学生胜任力的缺失，是目前大学生素质教育缺乏针对性和实效性的原因之一。

要提高高校学生的胜任力，首先要实现高校与学生、社会之间的有效互动，高校必须关注专业课程的个性特征，强调教师和学生的相互合作、同步发展。高校应以胜任力理论为基础，优化现行的专业人才培养方案，对人才的培养目标、专业和课程改革、教学方法、职业规划等都进行全面而深入的思考。同时，重新组织实施具体课程，根据不同专业的社会需求目标实施教育，把胜任力的理念深化其中，从而培养学生的就业竞争力。

总之，人才培养机制的创新是提高大学生综合能力的必然途径，这种综合能力包括自我认知能力、人际关系能力、沟通能力、创新能力和解决问题的能力。高校应改变传统人才管理机制，转变人才培养方法，创新教学理念，顺应时代发展需求，树立科学发展的教育观念。

（二）加快人事制度改革

1. 树立以人为中心的管理理念

高校人事管理要借鉴现代人力资源管理理论，做到以人为中心。选人的时候以人为中心，要找到适合空缺职位的人才，从源头上就做到为人才负责；用人的时候要以人为本，人才引进后，要把其作为一项重要的资源进行开发，根据教师个人情况和组织发展状况，为其设计最合适的职业发展规划和最适宜的培训，根据其发展情况不断进行岗位和职能的调整，从而做到开发其潜能，充分发挥教师的能力，激发教师的活力。总之，如果高校人事部门能够做到以人为中心，摆脱过去以事为中心的传统思想，必将能充分发掘出教师的潜力，做到人事相宜、人尽其才，从而最大化地提高学校管理的办事效率、发展速度等。

2. 提高人事管理工作人员的素质

人事管理工作人员应具有先进的人力资源管理理念、现代人力资源管理的素质、高瞻远瞩的人力资源管理能力。这能使其摆脱传统的办事思路，树立人才资源是高校第一重要资源的理念。在工作中既要做到善于用人，又要做到培育扶植新人；既要重视学术带头人，也要重视普通的中青年教师；既要锦上添花，也要雪中送炭，为人才的发展创建一个公平竞争的环境，努力做好人事管理工作。人事管理部门要改变过去高高在上的工作作风，加强和各院系的合作，因为各院系是最了解广大教师的优势和需要的，最有可能进行有针对性的管理。而人事部门和其他管理部门应该侧重于制定合理的人事政策和协调机制，给各院系足够的自主权，引导基层的人才管理实践。

3. 规范高校人事管理改革办法

高校人事管理的改革要立足教师这一主体，将学校的实际情况与未来发展相结合，走多样化的发展道路。教师毫无疑问是高校人事制度的主体，高校制定的各种改革措施都要考虑教师的感受和发展问题，因此，高校人事管理的改革要认真研究高校教师的特性、发展规律，研究高校人事管理的方法与技巧，讲究工作艺术，在研究本校的实际情况和高校未来可能的发展思路的基础上制订适合本校的改革方案，这样的改革方案才能真正付诸实施。在社会需求多样化的今天，高校人事管理改革也应该走多样化的道理，而不是一味地借鉴其他高校或名校的做法。

二、高校治理现代化目标——高校“双一流”建设

（一）“双一流”建设与高校治理现代化

教育部印发的《统筹推进世界一流大学和一流学科建设的总体方案》（以下简称《“双一流”建设方案》）和《关于深入推进世界一流大学和一流学科建设的若干意见》对我国多年来实施的“211 工程”“985 工程”以及“优势学科创新平台”“特色重点学科项目”等对于高等教育整体水平提升和经济社会持续健康发展的重要贡献予以充分肯定的同时，深刻地认识到，“重点建设也存在身份固化、竞争缺失、重复交叉等问题，迫切需要加强资源整合，创新实施方式”，建设世界一流高校和一流学科（以下简称“双一流”建设），是党中央、国务院作出的重大战略决策，对于提升我国教育发展水平、增强国家核心竞争力、奠定长远发展基础，具有十分重要的意义，并将“双一流”建设作为实现我国从高等教育大国到高等教育强国的历史性跨越的重要引擎和推动力。由此可以预见，我国高等教育综合改革与发展的总体趋势将是立足于世界，致力于推进“双一流”建设，这将成为衡量高等教育发展以及高校办学质量的新目标和新标准。

为此，《“双一流”建设方案》明确提出以推动一批高水平大学和学科进入世界一流行列或前列，加快高等教育治理体系和治理能力现代化，提高高等学校人才培养、科学研究、社会服务和文化传承创新水平为总体目标，坚持以一流为目标、以学科为基础、以绩效为杠杆、以改革为动力的基本原则，提出建设一流师资队伍、培养拔尖创新人才、提升科学研究水平、传承创新优秀文化和着力推进成果转化的建设任务，以及加强和改进党对高校的领导、完善内部治理机构、实现关键环节突破、健全社会参与机制和推进国际交流合作的改革任务。这些新提法和新举措，既高度契合了高校现代化的治理理念，也对高校推进治理现代化、完善治理现代化体系和提升治理现代化能力提出了更高的要求。

具体而言，通过治理现代化推进高校“双一流”建设，应至少从以下层面入手：一是治理理念上，应切实打破单向度的行政管理模式，真正坚持多元主体的合作治理；二是治理目标上，“创新”“拔尖”“一流”成为衡量高校办学水平的核心词，应以“世界一流”为目标，以高校的教育质量为突破口，努力培育高校的核心竞争力，增强高校学科优势和综合实力；三是建立健全有助于实现高校“双一流”建设的治理现代化体系，包括坚持党委领导下的校长负责制，完善内部治理结构，构建社会参与机制以及师资队伍建设、拔尖人才培养、科研水平提升、成果转化等制度体系，特别是“强化绩效、动态支持”和“多元投入、合力支持”等措施，不仅充分地体现了高校治理现代化的基本理念和要求，也是高校治理体系改革的进一步深化，为提升高校治

理现代化能力确立了新的思路；四是合力配置和充分调动高校治理现代化体系的各个要素，服务于高校的学科建设，构建和发挥绩效的杠杆作用，使人、财、物等治理资源协调运行，以高校现代化的治理能力推动高校的“双一流”建设。

（二）高校治理现代化与“双一流”建设的关键问题

《“双一流”建设方案》明确指出，“重点建设也存在身份固化、竞争缺失、重复交叉等问题”，这些问题尽管主要针对的是高等教育资源在高校间的分配与使用，但从高等教育发展的层面来讲，这也同时折射出我国高校治理层面存在的管理体制单一、治理结构不完善以及治理能力低效化等问题。因此，以高校治理现代化助推“双一流”建设，应着重解决以下问题。

一是高校的“行政化”与“去行政化”。毋庸置疑，组织化的机构和权力运行机制，既是确保一种组织体具有主体性的必要条件，也是提升组织效率的重要依托。作为事业单位法人，高校也是一种组织体，高校各类组织（包括行政机构、学术机构以及有关社团等）分别承担着不同的组织职能，“管理”便成为组织体运行的重要手段，但若以行政权力为主导，“管理”便会趋向行政化，学术组织亦不例外。因此，一方面，高校内部各类组织以及高校与政府之间的组织化关系的存在是一种客观现象，以“去行政化”的名义否定组织化管理，实际上是对高校治理现代化的误读；另一方面，组织化管理具有异化为行政化管理的倾向，只有改革行政权力在调动治理资源调配中的主导地位，实现权力运行和治理资源分配的制度化以及高校评价机制的社会化、多元化，才能从根本上根除高校治理的行政化困境。

二是高校的“同质化”与“特色化”。从社会需求的角度来讲，学科建设的“同质化”意味着该学科的人才培养规格相同，比如不同高校的会计学专业，无论是属于高校内设的哪个学院或系，毕业生的知识结构应大体趋同，这也是用人单位从学科和专业的角度识别人才的简便方式，因而具有一定的合理性。但从高等教育资源配置和高校发展的角度来讲，“同质化”即意味着高校“千篇一律”，毫无特色，这与高校“双一流”建设的目标相去甚远。因此，高校应正确理解“同质化”与“特色化”的关系：首先，在宏观层面，不同层次的高校在学科建设、专业设置、人才培养方案等方面，应以高校的办学宗旨、方针和目标为导向，集中精力办好与高校发展愿景相一致的、自己有能力办且能够办好并办出特色的学科，切记追求“大而全”或盲目随大流，唯此，才能有可能朝着“一流”的目标迈进；其次，在中观层面，高校应积极探索与其办学特色相适应的教育教学手段和方式方法，建立特色化的制度体系；最后，在微观层面，高校的课程教学应紧紧围绕学校的特色化发展方向，在讲授专业基础知识的同时，尽可能寻求与高校所处的特定行业、特色专业等相融合，培养具有特定行业背景、专业基础扎实的高层次人才。

三是高校的“低效化”与“高能化”。高校治理体系和治理能力现代化指向的正是传统管理模式下高校运行低效化问题，因而，应通过完善现代化的治理体系和提升治理现代化能力，不断提高高校治理的效能。首先，课堂教学应以学生为中心，实行启发式教学和合作式教学，着重培养学生的学习能力和创新能力，提高教学质量和学生的素质；其次，通过现代化的治理体系以及方式，增强高校统合各类资源要素的能力，提高高校的治理能力和水平；最后，加大科研管理体制改革，建立与科研特点相适应的激励机制，特别是以科研成果的转化为重点，激励广大师生将科研活动与服务于经济社会发展紧密相结合。

（三）高校治理现代化与“双一流”建设的宏观思路

总体来看，推进“双一流”建设，关于在于具有“一流”的意识、“一流”的制度和“一流”的能力，高校治理现代化是相对于传统的高校管理而言，对治理理念、体系和能力的基本要求，其目标在于实现高等教育和高校治理的整体与个体的现代化，继而朝着“双一流”的目标不懈努力。在宏观层面，高校治理现代化与“双一流”建设应着眼于治理体系和治理能力，建立现代化的治理模式和机制。

一是治理理念的现代化。高校治理理念的现代化应抓住“多元主体”与“合作治理”这两个关键词，无论是高校规章制度建设、重大决策还是具体事务，均应有意识地考虑到利益相关者，尊重其主体性地位，拓宽其表达诉求和参与决策的途径，通过充分的沟通协商，寻求各方诉求的“最大公约数”，达到多元主体参与下的合作治理。

二是治理体系的现代化。首先，在现有高等教育法律法规的框架内，建立以法律法规为根本、以高校章程为枢纽、以高校管理制度为基础的高校治理法制体系，并积极探索实践经验，将之适时地上升为法律法规，达到法治体系的稳定性与高等教育综合改革相适应；其次，优化高校治理结构，在现有的组织层级和机构的基础上，恰当平衡高校及其职能部门与二级单位的权力，确保权力协调、顺畅地运行；最后，高校治理现代化不仅需要建立现代化的治理体系，更重要的是通过有效途径大力培育现代治理理念、意识和思维，特别是从领导干部和管理人员入手，促使他们转变观念，提高现代治理的理论认知，夯实高校治理现代化体系的运行基础。

三是治理能力的现代化。高校治理现代化体系建设的目的在于转变和提高高校的治理能力，使之满足高校治理现代化的需要。首先，应立足于权力运行实践，深刻分析各类权力运行中存在的问题及其原因，进而对治理结构和权力配置予以重新安排，确保权力运行的畅通有序；其次，教师是高校中的重要主体之一，高等教育事业以及高校的发展离不开教师，应通过制度的正反向激励作用，增强高校凝聚人力资源的能力，将广大教师凝聚到高校发展这一共同目标上来；最后，充分关注大学生的特点和诉求，创新课堂教学和学生管理的方式方法，调动学生的积极性，通过学生内在的自省与自觉，提高人才培养质量。

高校行政化、同质化、低效化是制约高等教育事业和高校发展的主要障碍，反映在高校治理实践中，则集中表现为高校的治理现代化体系不够完善和治理能力不足，这不仅与高校治理现代化存在一定差距，而且无益于我国推进“双一流”建设目标的实现。因此，应以着力解决高校治理的行政化、同质化、低效化问题为突破口，通过实现高校治理理念、治理体系和治理能力的现代化，实现多元主体的合作治理，不断提升高校的治理现代化水平，朝着“双一流”建设目标迈进。

第三章　当前高校教育教学现状分析

第一节　高校专业建设的基本情况

中华人民共和国成立以来，中国高等教育走过了从专业化、精细化的精英教育，到努力探索具有中国特色、全面实施素质教育的大众化教育的历程。无论是人才培养目标，还是课程设置与教学方法，都离不开专业的导向，专业与学科体系、知识结构、专业能力与素质相关联，也成为高级专门人才知识、能力、素质的象征。所以，我国高等教育改革多次触及专业设置和专业调整问题，专业建设始终是高校教学不可忽视的重大事项。

一、专业建设的原理

（一）学科与专业的概念

1. 学科

学科是按学问的性质而划分的门类，是一定的科学领域或一门科学的分支。实施学科主题学习有助于更好地为学生的学科学习服务，发展学生的学科素养。学科素养是指“学生通过课程或学科学习应达到的必备的知识基础、基本思想、关键能力和学科经验等方面的总和”①。

2. 专业

专业可表述为高校根据社会分工需要而划分的学业门类。一般可以从广义、狭义和特指三个层面来理解专业。广义的专业是指某种职业不同于其他职业的一些特定的劳动特点。狭义的专业，主要是指某些特定的社会职业。这些职业的从业人员从事的

---

① 郭元祥. 论学科育人的逻辑起点、内在条件与实践诉求［J］. 教育研究，2020，41（4）：4－15.

是相对高级、复杂、专门化程度较高的脑力劳动。一般人所理解的专业，大多就是指这类特定的职业。所谓特指的专业，即高校中的专业。课程的不同组合形成不同的专业。

3. 学科与专业的关系

首先，从学科与专业的区别来看，两者决定了高校在学科建设与专业建设方面应有各自的工作任务。学科建设的主要内容包括学术队伍建设（学术带头人和学术骨干的数量、水平、学术梯队的结构等）、科学研究、人才培养质量以及图书资料、实验设备等物质条件的改善和管理工作的提高等。学科建设，不仅要注重知识体系的完整性、前沿性和发展趋势，更要注意高校内部不同学科之间在内容、方法上的相互支撑、渗透，形成高校内部整体学科建设的优势，发挥学科群的系统功能。要注意保持学科建设的相对稳定性和连续性。因为高校的学科建设是一个学科优势积累的过程，学科方向、师资队伍、基地建设、学科组织建制等必须保持相对的稳定性和连续性。要注意学科建设的层次性，区分重点建设的学科和一般建设的学科。确定高校的重点学科，不能只根据高校学科建设的现状进行，不仅要将目前有一定基础的学科确定为重点，更要根据高校的办学思想，明确高校发展目标，并根据发展目标来扶持、加强重点学科的建设。另外，高校除有培养人才这个任务外，还有科学研究的任务，因此，高校的学科建设也可以超脱高校的专业特色，从而形成科学研究方面的特色。

专业建设涉及多方面的内容，主要包括制定专业培养目标和规格、确定专业设置的口径、制订专业人才培养计划等，具体表现在专业的教学内容、课程体系、教学方法上。第一，专业的教学内容，既要注重内容的科学性、系统性，又要注重内容的适应性、发展性。要密切关注市场经济发展过程中的热点问题，使教学内容与经济建设的需要有机地结合起来，既有该专业的基础理论，又有解决问题的具体方法。第二，课程体系是专业建设中的一个重要内容，必须从多方面着手构建适应学生个性发展需要的课程体系：提炼基础课程，突出知识点，使之结构化、简约化，以适应压缩课时、拓宽知识面的需要；提高专业课起点，内容精练但能反映科技与学科发展的前沿；开设通识课程，促进文理渗透与学科交融，拓宽学生的知识视野；加大选修课比重，鼓励学生“自我设计”，尽可能为学生形成自己满意的知识能力结构，提供自由选择的机会；增开科研活动课，引导学生积极参与科研活动、社会调研活动，培养学生的创新意识、创新能力和社会责任感；加强实践课，培养学生的知识应用能力与实践操作能力。第三，在教学方法上，要把培养学生接受新知识的能力，分析问题、解决问题的能力和创新能力作为改进教学方法的出发点和归宿。专业的设置和专业的招生规模，必须根据社会需求的变化而变化，因此，专业建设应是动态的、柔性的。

其次，从学科与专业的联系来看，两者决定了高校要将学科建设与专业建设紧密联系起来。学科建设是专业建设的基础。学科建设为专业建设提供的基础包括高水平的师资队伍、教学与研究的基地、学科发展最新成果的课程教学内容等。从人类的认识活动来看，只有进行科学研究，把社会实践经验总结成理论体系，才有可能进行各专业的教学。从这个意义上说，学科是“源”，专业是“流”。从人才培养质量来看，毕业生的发展潜力，在较大程度上取决于学科建设的效果；而毕业生在工作岗位上的知识转化程度（知识转化率）在很大程度上由专业建设的效果决定；如何防止毕业生的知识陈旧，既与专业建设中的教学内容、课程体系和教学方法的改革有关，又与学科发展中的学术成果转化为专业建设的有效资源密切关联。专业建设是学科建设的基地，即专业为学科承担人才培养职能提供基地。在现代社会里，高校的主要职能是人才培养、科学研究和社会服务，学科的建设就是对各种职能的具体承担。高校中的学科最初就是为人才培养而设立的，而人才培养是专业建设的出发点和归宿，因此，学科发展中的高水平的师资队伍、教学与研究基地，包括学科发展最新成果的课程教学内容等建设也就与专业建设有着密切的联系。

（二）专业建设的原则

1. 校本化原则

首先，专业特色必须与高校的办学特色相一致。高校的办学特色应渗透到专业人才培养的各个方面，并引导专业特色的形成。其次，专业特色的发展必须依托专业的发展历史与基础。专业特色的定位要以长期形成的办学理念及其在人才培养方面的积累为基础，在对专业的发展历史进行分析和梳理的基础上凝练特色。最后，专业特色的定位不能脱离高校实际，要对其他高校特别是相同层次高校相同专业的建设情况进行差异性分析，识别高校和专业建设所具有的独特优势或长处，了解自己的资源和能力状况，掌握本专业在区域或全国高校中的地位、作用和特点。

2. 地方化原则

专业特色的定位应结合高校所服务区域的特点，与地方经济、科技、社会、文化等外部环境要素紧密结合起来，以避免高校之间专业的“同质化”和人才的“趋同化”。我国是一个幅员辽阔的大国，社会经济发展不平衡，各个地区在生产力发展水平、产业结构、地理环境、发展战略及优势、发展方式和途径上都存在差距，而这种差距必然会导致各地对高校人才培养的规格和质量要求存在差异。专业特色的定位应根据高校所在区域和高校的服务面向来确定，要对高校所处的地理、社会环境有一个清晰、明确的认识。

3. 行业化原则

专业特色的定位还应该与相关行业结合起来，办出特色。随着经济社会的发展，社会对人才的需求呈现出多样化、多层次化的趋势，高校唯有把握住这种需求特点和变化趋势，有针对性地培养人才，才能实现高校和社会的双赢。我国高校专业目录是由高等教育主管部门设置的，专业定位多年保持不变，专业的培养目标也较为宽泛，难以反映出社会对人才在专业方向的知识、素质、能力等方面的需求变化。这就要求高校在专业建设过程中，应根据其需求变化调整自己的专业方向、特色和定位。

（三）专业规划与建设

1. 专业规划依据

（1）满足专业办学条件。专业办学条件是保障专业教育质量的基础，没有良好的物质条件的支撑，就无法提高特色专业的办学水平。图书资料、网络信息平台是学生拓宽视野、获取信息、进行自主学习的平台；实验室、实习基地是对学生进行综合训练、培养学生实践能力的平台，在提高学生实践能力、创新能力和综合素养方面具有重要作用。高校要进一步加大对学科专业建设的经费投入，特别是要加大对重点学科、专业建设经费的投入，为深化教学改革、改善教学条件提供物质保证。其中，重点投资的对象是：国家与地方经济社会发展迫切需要的学科；已有深厚的基础、较强的实力，并具有明显的特色与优势的学科；能代表和反映学科主流方向，符合现代科技、经济、社会发展趋势的学科；国家及省级重点实验室等。

（2）构建专业培养目标体系。高校要根据总体发展战略规划、学科专业发展目标和办学特色定位制定科学的特色专业建设总体规划。同时，要建立院级、校级、省级和国家级特色专业培育、建设和管理机制，定期组织特色专业建设点的遴选和验收工作。各高校一方面要根据高校特色专业建设总体规划制定本高校的特色专业建设规划；另一方面要科学制订具体专业的培育和建设方案，统筹处理好教学团队、教学名师、精品课程和规划教材等不同类别建设项目之间以及它们与专业特色培育和建设的关系。

2. 专业建设依据

（1）以社会需求为导向。专业建设的首要依据就是以社会需求为导向，即以人才市场需求为导向。专业是与职业相联系的，培养的人才要适合社会的需要，专业设置主要取决于学者和管理者对专业的社会需求的价值判断。高等教育的竞争，在很大程度上表现为人才培养质量的竞争。高校，特别是应用型本科院校能否生存与发展，取决于其人才培养的质量，取决于毕业生能否满足社会需求，能否顺利就业。“就业是硬道理”，如果高校的学生就业率太低，高校就会办不下去。因此，高校的专业结构、专业设置要以人才市场需求为导向。高校学科专业建设，在完善专业结构和设置专业时要充分分析社会人才市场需求，特别是地方、区域经济文化建设发展的实际需要，要考虑高校的学科专业优势，要考虑生源状况及学生家长的意愿。

（2）以学科发展为基础。如果专业所依托的学科具有较好的基础，形成了一定的优势，则优势学科的科研成果可以转化为教学内容，有效促进专业教学内容的更新，成为课程建设、教材建设、教学方法改进的基础。优势学科培养的高水平学科团队可以促进教学名师和教学团队的成长，有利于优化专业师资队伍结构，提高专业师资队伍水平。学科的重点实验室与研究基地等，可以改善实验实践教学条件，为学生提供课程设计、生产实习、毕业论文设计等实习实践平台。

（3）以能力培养为重点。专业建设以能力培养为重点就必须培养应用型人才。我国社会职业技术岗位的分工不同，行业和地区之间存在的不平衡性，决定了人才需求的多层次、多类型、多规格。按层次不同，人才大体可以分为学术型人才和应用型人才。地方高校根据自身的办学基础和办学条件，应该以培养应用型人才为主、培养学术型人才为辅。在学科专业建设中，提高专业水平，首先要确定人才培养的目标。应用型人才培养的目标主要体现为：具有良好的人格、扎实的理论基础，较强的实践能力、组织管理能力和人际协调能力。应用型人才培养模式应以知识为基础，以能力为重点，以服务为宗旨，注重知识、能力、素质协调发展，学习、实践和职业技术能力相结合。培养应用型人才，要着力培养学生的实践能力、组织管理能力和人际协调能力。高校在学科专业建设时，在课程体系中要增加实习、实训课程的比例，加速校内实验、实训基地的建设，扩大与社会各方面的联系。

3. 专业建设的主要内容

（1）制订与优化人才培养方案。制订与优化人才培养方案是专业设置的首要环节，也是重点和难点。其主要途径就是创新人才培养模式。要建立适度开放的人才培养方案修订机制，依据社会经济需求及时调整人才培养方案、优化课程设置。要能够根据市场需要灵活设置专业方向或开设相关模块课程，根据特色人才培养需要及时开发、设置特色课程。培养目标是解决培养什么样的人的问题，明确人才培养目标是确保人才培养质量的基本前提，它规定了专业所要培养的人才应达到的基本素质和业务规格。对于特色专业来说，人才培养目标必须根据高校办学定位、人才服务面向、专业办学理念和特色进行明确定位，要在知识、能力、素质等方面增加特色内容，在实践能力、创新能力和社会适应能力培养方面体现专业特色。

（2）积极推进课程建设与改革。课程建设是学科专业建设的核心。学生学完专业的全部课程，就可以形成一定的知识与能力结构，获得该专业的毕业证书。在学科专业建设中，课程建设是核心，必须积极推进课程建设与改革。课程建设是学科专业建设的重要内容和手段，要根据高校学科专业总体布局，基于学科专业建设基本规格要求，充分发挥高校学科专业优势，本着培养“宽口径、厚基础”的富有创新精神的高级专门人才的人才培养目标，按照学分制教学管理模式改革要求，合理规划设计各个专业课程教学内容体系。

（3）寻求专业建设的特色点。高校应努力在专业建设上寻找创新点，发掘特色专业建设资源，依据高校实际条件和地方历史文化资源打造独一无二的特色专业，做到“你无我有”，从而在激烈的高校竞争中寻找立足点。一方面，高校要创新办学思路，不断提升办学理念、开阔思路、锐意创新。通过品牌专业和特色专业的建设，进一步优化高校专业结构，提升高校专业建设的整体水平，提高高校人才培养的质量、效益和高校的整体竞争力。另一方面，特色的确定对于专业建设领域出现的“同质化”“趋同化”现象能起到很好的遏制作用。

（4）加强师资队伍建设。师资队伍是专业建设的重要保障。高校要优化师资队伍结构，建设一支以学术带头人和教学名师为骨干，教学和科研综合水平高、效果好，结构合理的优秀教学队伍。要把加强中青年教师队伍的建设放在重要位置，不断完善学科带头人制度，加强骨干教师队伍的建设，有计划、有目的地培养中青年教师，逐步形成一支年龄、学历、职称结构科学合理，具有发展潜力的教师梯队。积极采取措施，鼓励教师不断提高教学科研能力，扩大教学科研成果。要完善相关激励机制，鼓励和倡导专任教师到相关产业和领域一线学习交流，获取与专业相关的行业从业资质，吸引社会行业优秀人才参与高校教学活动，形成一支既有理论知识，又有实践经验，了解社会需求，懂得专业教学的专兼职结合的“双师型”教师队伍。要重视实验教学师资队伍的建设，在充实实验教学师资队伍数量和提高质量的基础上，使教授、副教授等专业骨干教师活跃在实验教学课堂、亲临实践场所。要梳理教师队伍的研究领域和专长，以专业特色建设为目标，确定各自的研究方向，调整与重组研究团队，积极开展特色鲜明的科学研究，以科研促进教学。要培养专业带头人和主干课程教学团队，组建课程开发和建设团队。

（5）改革与创新教学管理制度。高校要建立专业建设工作责任制，制定鼓励教师积极参与教学的政策措施，建立推动大学生参与科研创新实践活动的长效机制，构建科学、合理的管理体系和评估机制，确保专业建设取得实际成果，为国内同类型专业和校内其他专业建设起到示范作用。

二、专业设置的现状与存在的问题

（一）专业设置的同质化

一方面，本科以上不同层次高校专业设置的同质化现象较为严重。在当今中国高等教育体系中，既有研究型高校和教学研究型高校，又有教学型本科院校和高职高专等院校。在这些不同层次和类型的高等院校中，本科高校在专业设置上重复现象较为严重。甚至有些高校为了获取经济效益而扩大招生规模，不顾社会需求重复设置某些专业。

另一方面，新建教学型本科院校专业设置的同质化现象尤为突出。教学型本科院校大多是在高等教育大众化的浪潮下，为了更好地满足不同阶层人接受高等教育的需求，由原来地方性专科高校升格而来的高等院校。这些院校承担了高等教育大众化进程中的大部分任务，为我国高等教育大众化作出了巨大贡献。但是，值得深思的是，在这些院校中普遍存在着和研究型高校、教学研究型高校“攀比”的状况。部分院校不顾自身原有的学科专业基础和办学实际力量，不考虑专业设置良性发展的内在逻辑和自身与社会良性互动的外在要求，在专业设置上盲目地追求“大”而“全”，不经过合理论证就盲目上马一些在研究型高校已经开始被理性地逐步淘汰而对于学生而言也几乎无业可就、对高校自身发展而言也没有竞争力的专业。

（二）专业设置的滞后性

高等教育在转入内涵发展阶段后，一些高校的专业建设仍处在无序状态。部分院校在专业设置上全局性规划不强、特色不鲜明，仍然滞后于内涵发展的要求。其中，有的院校只是简单地根据市场的短期需求设置专业，社会需要什么职业岗位，高校就创造条件办一些与其匹配的专业，短期行为十分明显。等到人才培养出来后，高校却发现原来对应于职业岗位而培养的专业人才在市场上已经饱和，学生所学的知识和技能无法适应用人单位的实际需求。例如，许多高校曾经争相设置的财政、金融、电子商务、外贸等商科类热门专业，在世界经济形势的变化下，这些专业的毕业生的就业就变得相对困难，而且这种情况可能会延续较长一段时间。由此可见，如果不能前瞻性地设置专业，不解决专业设置滞后的问题，很容易造成毕业生的就业困难。

（三）专业内涵不深

内涵建设是提升人才培养质量的重要保障，更是专业建设的必然要求。但是，近年来很多高校的专业建设往往追求增加数量和扩大规模，没有很好地按照高等教育的发展规律和要求开展专业内涵建设，产生了诸多问题：一些专业与社会职业岗位（群）虽然接轨但不紧密，而品牌专业所占比例很小；课程体系针对性不强、系统性不够，无论公共课程、专业基础课程，既不及时更新课程教材内容，也没有针对专业的人才培养规格进行有效的教学设计；实践教学体系不完善、管理制度不规范，硬件与软件的配置都不能很好地满足培养应用性高技能人才的需要，实训基地的利用率也不高，实训基地的资源优势和功能没有充分发挥。这些问题直接影响了高校人才培养的质量，突出表现为毕业生职业能力与用人单位要求之间存在严重脱节，进入市场的毕业生只能称为“半成品”。这些问题如果得不到解决，就无法从根本上缓解毕业生就业难问题。

第二节　高校课程建设的基本情况

课程相对于高校教育而言，是指高校学生所应学习的学科总和及其进程与安排。当然，这种解释只是反映课程的一种表象，并未深刻揭示课程的本质和内涵。课程是知识的源泉，是一种文化的传承与创新，是高校造就人才的基础性教育元素。在高校，课程是专业的主干，是构筑学科专业发展的核心要素，因此，无论是在精英教育阶段，还是在大众化教育阶段，课程建设无不成为高校促进教学水平提升的重要举措。课程资源是教学资源中的灵魂，从某种意义上说，没有课程就没有教育，没有专业内涵与知识体系的课程教学也不能称为高校教育。

一、高校课程建设概述

（一）高校课程的内涵

1. 高校课程的概念

我国高校课程以多门课程组合的形式进行建设，至今已有十余年的历史。1990 年，北京理工大学基于“在课程建设中应当以教学计划的整体优化为目标”，提出要注重“课群”（课程群的早期称谓）的研究与建设①。高校课程作为一个有层次的结构体系，宏观上是指高校为培养一定的人才而制订的培养方案（课程计划或课程模式），微观上是指每门具体学科课程的课程目标、课程内容、课程实施和评价方式。

2. 高校课程的特征

高校课程的特征主要体现于课程内容上。课程内容是围绕知识与经验的选择、组织、实施而展开的，知识与经验构成课程的核心要素。现代课程内容演进是课程与知识、经验对立统一的过程。高校课程内容在高校课程体系中体现出开放性、动态性、多元性、涨落性等特征。所谓开放性，即人类活动是一个完全开放的过程，这就决定了人类知识结构具有开放和发展的特性，因此，由人类知识组成的高校课程内容也就必然保存着对外的开放性。所谓动态性，是指高校课程内容不是一成不变的，知识系统的变动必然带来课程内容选取上的变动。所谓多元性，是指高校在组织课程内容时要考虑学生在生活技能方面的多样性以及他们个人生活经验的差异性，建构满足学生多元需求的课程内容。此外，高校教师在教育活动中，由于专业素养、知识结构、个人价值、信仰等方面的差异，他们对课程内容进行重新筛选，依据个人经验来传递，这就使得教育活动因教师的不同而出现丰富多彩的形式。所谓涨落性，是指高校课程内容来源于人类的知识系统，知识系统的发展受社会生产力水平、经济结构等因素的影响而出现涨落。高校保持学生对课程的选择权利，学生便可以自由地选修符合自己发展需要的课程内容，来构成自己的课程体系，建构自己发展所需要的知识体系。

（二）高校课程的类型

随着人们对高校课程认识的深化和研究的不断深入，高校课程的外延在宏观和微观课程中又出现了许多中观层面上的课程类型，如理论课程和实践课程、必修课程和

---

① 李慧仙．论高校课程群建设［J］．江苏高教，2006（6）：73－75.

选修课程、专业课程和通识课程、显性课程和隐性课程等。

1. 理论课程和实践课程

理论课程是指有关专业的那些具有迁移性、适应性、概括性和能让学生了解与掌握该专业所必需的原理、规律及方法等知识的课程，它包括基础理论课程和专业理论课程。基础理论课程的实施在于使大学生掌握该专业所必需的基础理论、基础知识和基本方法，为大学生学习学科知识和进行科学研究奠定扎实而宽厚的理论和技术基础；专业理论课程的实施在于通过专业理论及知识的讲授，使大学生掌握本学科的专业知识和方法，了解本专业范围内最新研究成果和发展趋势。

实践课程是为培养大学生具有实践性或应用性知识和能力的课程，它不仅以训练大学生的动作技能为任务，更重要的是能发展大学生的实践智慧，形成大学生的实践能力。实践课程包括实验、见习、实训、课程设计、毕业论文（设计）、社会调查及社会实践等。实践课程内容指向实际问题的解决，关注大学生的生活世界和个体体验，注重精神道德境界的提升和促进大学生的终身发展，其任务在于培养具有实践智慧的问题解决者、具有专业精神和持续的专业发展能力的敬业者。

从理论与实践的关系来看，理论课程与实践课程并非二元对立，就大学生知识的获得方式及过程而言，并非理论知识总是先于实践知识，从这个层面上说，理论课程中渗透着实践的因素，而实践课程也蕴含着理论的成分。因而，高校课程建设应注重理论课程与实践课程的有机融合，以避免两类课程在时空上的分离与脱节。

2. 必修课程和选修课程

按照课程的管理方式或修读要求，一些是大学生必须学习的，另外一些则可以由大学生自由选择，这样，高校课程又形成了两大类别：必修课程和选修课程。必修课程是指某个专业、某些专业乃至所有专业的大学生都必须学习的课程。必修课程属于那种基础性、统一性、稳定性强的课程。在高校，凡是那些对于构成具体的人才培养规格具有基础性、统一性的课程，一般均以必修形式向大学生提供。必修课程的实施在于保证某学科专业所培养的人才必须掌握的知识和技能。选修课程是指在必修课程范围之外，允许大学生自由挑选一些与专业培养目标直接或间接相关、与个人个性化发展直接或间接相关的课程。理论上讲，大学生选修的空间可以发生在课程体系的任何一个角落。具体而言，选修课程可以是本专业的高深理论，也可以是相近专业的相关课程，还可以是跨专业、跨学科门类、跨院和跨校的公共课程。在高校里，凡是那些对构成特定的人才培养规格具有独特性、灵活性、自由性、交叉性的教学内容，一般均以选修课程的形式向大学生提供。选修课程既能照顾大学生个人兴趣、爱好和特长，又能满足个性发展需要，其开设的目的在于扩大学生的知识面，发展大学生在某一方面的专长，使高校人才培养满足社会经济发展对多元化人才的需求。

必修课程和选修课程对于高校的人才培养来讲是相互促进、互为补充的。必修课程从根本上规定和保证了人才培养的方向与需要，而选修课程则能增加高校课程设置的灵活性，可更好地对大学生进行因材施教，以适应现代社会经济发展和科学技术进步的需要。高校要满足大学生个性化发展需要，扩大学生的自主学习空间，促进大学生在知识结构上的交叉与渗透，就必须有目的、有计划地增大选修课程的比例，增强课程的弹性。

3. 专业课程和通识课程

从课程的育人价值上来看，高校课程可分为专业课程和通识课程。专业课程是指根据国家教育行政部门规定的专业划分，为大学生提供专业基础理论、基本知识和基本技能的课程，有的也称为专业核心课程。设置专业课程的目的是让大学生掌握本专业的基本知识和技能，成为该专业领域的高级专门人才。专业课程在促进大学生的专业素养发展方面有着重要的作用。

通识课程是为大学生提供的一种共同的、综合的、非专业性的、非职业性的、非功利性的、不直接为职业做准备的知识和态度的基础性课程。这类课程旨在培养大学生既具有广博知识又具有高尚人格，既具有深厚文化底蕴又具有反思批判等科学精神，既具有工作和生活的能力与意趣又具有关爱他人、社会及自然的人文情怀和通达共识的境界。通识课程和专业课程表面看来是两个部分，实际上两者是紧密联系、不可分割的统一整体。割裂通识课程和专业课程之间的关系，会导致大学生的片面发展，从而背离时代的要求及大学生的全面发展。高校课程的建设与实施应注重对两类课程的统整，以使大学生在掌握“以何为生”的知识和本领的同时，更要领悟“为何而生”的人生意义和生存价值。

4. 显性课程和隐性课程

从课程内容的呈现方式来看，高校课程可分显性课程和隐性课程。显性课程亦称为正式课程，是指为实现一定的教育目标而在高校课程计划中明确规定的学科及有目的、有计划、有组织的教学活动，按照预先编订的课程表实施。显性课程是一种理性教育课程，具体表现为按学科逻辑结构建构起来的各种学科专门知识，通过这类课程的实施能形成大学生的认知、技能体系，培养大学生的理性思维能力。

隐性课程是指高校政策及课程设计中未明确规定的、非正式和无意识的高校学习经验。隐性课程是一种非理性教育课程，在高校中由隐性的校园环境、校园氛围、高校风格组成，甚至还包括高校多年积淀形成的教师治学态度和精神。隐性课程以间接的、内隐的方式呈现，其在培养大学生的非理性能力，如情操、意志等方面具有重要的作用。就大学生的受教育过程而言，理性教育与非理性教育往往是水乳交融的，不可能泾渭分明地将两者截然分开，因为，促进大学生的认知、技能、情操和意志的协调发展是高等教育的终极目的。因此，显性课程和隐性课程也是高校课程系统中的两个不可或缺的有机组成部分，显性课程能促进学生的认知和技能的发展，隐性课程有利于陶冶大学生的情操和意志，它们共同完成教育的终极目的，以培养全面协调发展的人。从这个视角来看，高校的课程建设要有机地促进两类课程的和谐统一。

二、高校课程建设的必要性和可行性

（一）高校课程建设的必要性

1. 建设高等教育强国的需要

要建设高等教育强国就必须拥有现代化的高等教育，而现代化的高等教育应当具有现代化的教学内容，这是对高校的课程及其体系的必然要求。面对人类社会现代化的进程和建设高等教育强国的需要，反观高校现行的教学和课程体系，部分内容陈旧、整体功能狭隘、结构变革滞后，存在明显的与现代化、与社会生产和职业需求变化不相适应的问题。因此，高校的课程建设应当成为两个“结合点”，并且发挥其教学功能。一是成为“知识创新、科技进步、文化繁荣”新成果与教学的结合点。在这些新成果中，蕴含着可观的极富教学价值的内容，对这些内容进行挖掘、筛选和系统化，整合成新课程，促进现代化的教学内容源源不断地进入高校的教学过程，提升教学内容现代化的功能，从而更加有效地促进教学现代化和提高教学质量。二是成为社会生产新发展与教学的结合点。现代化所带动的产业结构、技术结构的升级和生产方式、职业需求的变更，也要求高校的课程不断“推陈出新”，切实提升教学内容的社会适应性功能。

2. 提高高校教学质量的重要途径

建设高等教育强国必须拥有令人信服的、高水平的教学质量。通过高校课程建设和新课程开发，在高校所有学科专业和人才培养层次的教学中，引入人类认识与实践的新成果，其建设内容才能更加新颖和丰富、功能更加优越和完善、体系更加先进和完备的现代化课程体系，为更有效地提高教学质量创造条件。

教育部已经推出的“精品课程计划”，有效促进了高校的课程建设，成效明显，是高校课程体系的重要创新。“精品课程计划”强调对现有课程的建设，以“精益求精”为主导优化现有课程的品质，突出的是课程的“精”，但是未能涵盖对具有新颖性内容的课程的开发与建设。高校承担培养高层次现代化人才和促进社会现代化的重任，提高教学质量是其中的要务，它的课程不仅要为人才的发展打好必要的基础，而且应该成为传授现代化的新知识、新理论、新方法的教学内容载体。通过开发新课程，实现教学内容创新，使学生的知识体系更加现代化。如果不开发新课程，那么现代化的教学内容完全有可能难以及时、系统和高质量地进入高校的教学过程，就有可能降低高校教学质量的预定标准。

我国高校对开发新的教学内容有一定的实践基础，主要有三种做法：一是在某些课程的教学中适时补充一定的“前沿性、适应性”内容；二是开设专题讲座，扼要讲授新内容；三是开设少量的新课程。但是，这些实践是有显著局限的。前两种做法在“新知识、新理论、新方法”等内容的教学上缺乏系统性，有时只是“冰山一角”，离稳定的、系统的现代化教学内容这一要求有较大差距，因此教学成效不稳定、不显著。对第三种做法人们的认识尚不充分，实践不多且有一定的困难与风险，也缺乏政策激励与制度保障。开发新课程就是要突破这些局限，将具有新颖性的内容系统化，成为稳定的课程。新课程最突出的特点是“新”，它与精品课程的“精”共同构成高校课程及其体系最核心的品质。

（二）高校课程建设的可行性

在高校所有学科专业和人才培养层次的教学中，通过引入人类“知识创新、科技进步、文化繁荣”的新成果和适应社会生产、职业变化的新内容来进行课程建设，不仅是必要的，而且是可行的。高校具有“人才密集、知识与智力成果密集、信息密集”等优势，为课程建设提供了必要和充分的条件。

高校拥有优秀的人才群体，具备开发新课程的人才资源。通过各种“人才强校计划”，高校引进和稳定了一大批优秀人才，有效地改善了人才群体的知识结构、学历结构和学术结构，并在此基础上，组建了各种科研团队、教学团队。这些人才资源凝聚着课程建设的知识之源和智力之源。

高校集聚着强劲的“知识创新、科技进步、文化繁荣”的能力和丰硕的成果，具备课程建设所需要的充沛的科研资源和学术资源。高校的科研与学术活动具有显著的创新价值，其成果为前沿性课程建设提供了充分的可加工材料，是保证这类课程内容新颖性的充分条件。高校与社会联系紧密，具有课程建设所需的广泛的社会资源。高校建立了与社会广泛的组织联系，具备获得现代产业结构、技术结构、生产方式、职业需要变化信息的广泛的社会资源。产学研联盟、董事会和校友会等是高校与社会联系的成功的组织形式。通过这些组织形式，社会的成果需求、人才需求、职业需求方面的信息能够较快地进入高校，成为高校创新适应性课程的重要源泉。

而且，开发新课程的物质资源投入不高。开发新课程主要依靠高校现有人才、知识、信息、学术和科研成果密集的优势，将“知识创新、科技进步、文化繁荣”的成果中富有教学价值的新颖性内容，按照教学要求进行筛选、移植和整合，就能形成新课程。开发新课程对物资、经费等投入的依赖性很低，开发的成本不会很高，因而是效益十分明显的教育和教学创新。

三、高校课程建设的核心要素

（一）师资队伍建设

师资队伍建设是课程建设的先导，其建设内容主要是优化师资队伍的学历结构、年龄结构、职称结构和学缘结构，以及学术水平、教学水平、教育理论和思想素质等。要建设具有一流水平的课程，首先要有一支一流的学术水平、丰富的教学经验、深厚的教育理论功底、扎实的教学技能、严谨的治学精神的师资队伍。

（二）教学内容和教学质量建设

教学内容和教学质量建设是课程建设的核心与主体，也是衡量课程建设质量的主要标准，其内容主要包括教学思想的改革与建设、知识内容建设、教学水平建设、教材建设、教学资源建设，以及结合专业特点积极开展教学改革与教学研究等内容的建设。

（三）教学方法和教学手段建设

教学方法和教学手段建设是实现课程建设目标的主要途径与基本保证，在课程建设中，要紧紧围绕提高教学质量、加强素质教育和培养学生能力等，结合专业特点、教学内容积极开展现代化教学方法、教学手段的研究与建设，确保课程建设快速发展。

（四）教学条件建设

教学条件建设是课程建设的重要保证，主要包括课堂教学的基本设施、实验和实习等实践教学条件、教学环境和教学氛围等建设。

（五）教学管理建设

教学管理是课程建设的组织保证，主要包括科学、规范、系统和配套的教学管理规章制度、教学质量评价体系、教学档案资料和教学激励机制等内容的建设。随着课程建设的发展和提高，不断提高教学管理水平，才能及时、科学地评价教学质量，确保课程建设的各项内容健康发展。

四、高校课程资源开发与利用

（一）高校教材的开发与利用

1. 教材建设的内涵

教材建设是高校教学基础建设的重要组成部分，是深化高等教育教学改革，全面推进素质教育，提高教学质量、师资水平，反映教学改革成果，培养创新人才的重要保证；是高校学科建设的重要组成部分，是教学管理的重要内容，是巩固教学内容、优化教学成果的集中表现。高校教材建设工作主要包括教材规划、组织编写、出版流通、教材研究、教材评价、选取使用等几个方面。要依托课程改革和建设，努力建设能体现学科专业特色和学科水平、反映最新科学技术发展、得到国内高校同行认可的优秀教材。教材建设是教学管理的一项重要任务，是一项长期的、经常性的艰苦而复杂的基础工作。

2. 教材建设的意义

（1）教材建设提升师资队伍建设水平。教材质量水平在一定程度上反映编著者在其学科专业的学术水平，教材建设对提升教师业务水平有十分重要的作用。教材作为科研成果的结晶，应当吸收最新科技成果和学科知识。但教材的内容不是知识的简单堆积，而需要编著者对知识进行系统阐发和论证；教材的编写过程是一个再创造过程，也是提升与培养教师能力的过程。同时，教材又是教学经验的结晶。教材的编写过程，是促使编著者系统总结成功教学经验和方法的过程。在教材建设中充分发挥教学经验丰富、学术水平高的教师的作用，促进师资队伍的建设，特别是通过组织编写队伍，可促进与培养高水平的教学团队。在教学团队与专业、名师工程、规划教材等“高校教学工程”项目建设中，许多高校积极鼓励高水平教师编著教材，提高了高校与相应专业的学术地位和知名度，带动了年轻教师队伍的成长，提升了师资队伍的教学水平。

（2）教材建设奠定提高教学质量的基础。高校的教学质量，是教和学两方面的综合反映。要提高教学质量，必须抓好教材建设。教材是体现教学内容和教学方法的知识载体，是教师进行教学的基本依据，也是学生系统地获取知识的主要载体。优秀的教材，为教师备课、讲授、指导学生阅读参考书和作业提供了重要的客观依据；教材中描述的新知识和新方法，既有利于教师的讲授，也有利于学生的学习与拓展，成为提高教与学质量的可靠保证。在课堂教学中，教与学主要围绕教材进行，抓好教材建设成为提高教学质量的最基础性的环节。为达到人才培养目标和教学目的，教师必须按教学大纲编写的教材开展教学。要使学生系统地、高效地、循序渐进地获取相关专业知识，必须有专为一定专业与年级学生编写的、经过去伪存真和去粗存精的教材，尽管大学生可从参考书、杂志、参考文献中获取知识，但教材仍是他们获取系统知识的最重要载体。优秀教材建设是有效提高教学质量的助推器。

（3）教材建设促进精品课程建设与改革。高校精品课程的建设与实践，大大提升了课程建设整体水平。许多高校和编著者根据精品课程建设的需要与课程改革要求，编写出了高质量的教材。一方面，对不能满足课程改革需要的旧教材要推陈出新，对教材体例、内容和教学方法进行改革创新；另一方面，在课程改革中，由于课程体系的改革与调整，一些不适应当代经济社会发展需要的旧课程被取消，一些新课程会随之应运而生，根据课程改革建设后的需要必须进行新教材的建设。近年来，随着教育教学改革的深入，许多高校加强了人才培养的实践教学环节，增强实验课程的层次性及其与理论课程的匹配性，加强专业实验系列课程的整合建设，优化课程实验项目，特别是提高了综合性、设计性实验的比例，探索研究性实验教学的新方法。所有这些实验课程与实践教学的改革探索，都需要构建与之相配套的教材体系。实验教材的建设可在根本上巩固实验教学改革的成果，促进精品课程的建设与改革。

（二）高校精品课程的开发与利用

1. 精品课程的内涵

精品课程是指具有一流教师队伍、一流教学内容、一流教学方法、一流教材、一流教学管理等特点的示范性课程。精品课程建设是教育部“高校教学质量与教学改革工程”的重要组成部分。精品课程资源可划分为数字化显性课程资源、非数字化显性课程资源、数字化隐性课程资源、非数字化隐性课程资源四种类型。其中，数字化显性课程资源包括电子教案、教学录像、网上习题、网络链接等资源；非数字化显性课程资源包括教材、教学大纲、教学管理制度等资源；数字化隐性课程资源包括学生基于网络学习的经验、基于网络协同学习的经验等资源；非数字化隐性课程资源包括教师或教学团队的教学思想和教学理念、教学方法、教学经验等资源。

2. 精品课程建设面临的问题

（1）精品课程培育与申报规划缺失。高校精品课程建设面临的首要问题是合理规划，即在精品课程建设规范的指导下，根据自身的优势和特色有计划地培育和申报建设不同学科专业的课程，保障课程在全国范围内的优质性和竞争力。这也应该成为精品课程建设的基本要求。反观目前一些高校的实际情况，在精品课程建设的培育和申报规划方面基本处于一种无序状态。高校教学研究和管理部门没有对这项工作作出必要的指引和合理规划，部分精品课程的申报仍处于原始的“自由申报”状态。这种状态不仅削弱了高校课程在评审中的竞争力，更为严重的是导致课程建设出现很多的“无用功”，制约了课程建设总体水平的提高。

（2）精品课程建设保障机制不到位。精品课程建设是一项涉及面广、建设周期长、影响深远的系统工程。合理、优质、高效的建设机制是精品课程建设的保障。机制不到位常导致省级和国家级精品课程的申报仓促上马，甚至形成整齐划一或配额式建设的局面，最终导致建设和应用不到位。精品课程建设缺乏政策支持，没有完善的长效机制不利于营造教学改革和教学创新的良好氛围。

（3）精品课程建设过程管理不规范。贯彻实施项目管理的理念、策略和方法是有效提高精品课程建设质量的重要途径。目前一些高校在精品课程建设过程中，尤其是在动态监测管理和评估方面还不同程度地存在项目管理意识缺乏或项目管理力度不够的问题。

（4）课程网络教学资源标准化程度不高。一些高校在精品课程资源建设方面缺乏标准，不同平台之间数据交换困难，资源更新率较低，部分课程网站连通性差，不能为高质量的教学服务。

（5）精品课程隐性知识的挖掘与应用不够。精品课程隐性知识主要是指师生和教学群体环境的隐性知识两个方面。前者主要是指教师的教学技巧、教学风格、人格魅力，以及学生的学习能力、协作技能、创造能力等；后者是指师生的交往体验和学生的交互经验等。人们往往注重用规范化、系统化语言来表达和传递显性知识，而对于包括信仰、隐喻、直觉思维和问题解决技巧或诀窍等在内的隐性知识却比较忽视，结果导致学生学习的是一种“不灵活”的知识，难以从课程教学中获得并应用知识解决实际问题，而这些恰恰是课程隐性知识之所在。

（6）精品课程共享和服务不到位。许多高校在精品课程建设过程中十分重视评审环节，甚至不惜一切代价拿到省级或国家级“精品课程”称号。但评上以后，却由于缺乏课程共享的意识和应用的机制，再加上相关的教学服务不到位，导致“精品课程”成为互联网上的“信息孤岛”，使用的概率极低。

第三节 高校教学资源建设的基本情况

高校教学资源是当前高校教育教学中不可忽视的一种重要资源。

一、教学资源共建共享

（一）教学资源的一般定义

教学资源是为教学的有效开展提供的素材等各种可被利用的条件，通常包括教材、案例、影视、图片、课件等，也包括教师资源、教具、基础设施等。从广义上来讲，教学资源可以是指在教学过程中被教学者利用的一切要素，包括支撑教学和为教学服务的人、财、物、信息等。从狭义上来讲，教学资源多指学习资源，主要包括教学材料、教学环境及教学后援系统。从这一解释中可以看出，教学资源的外延很广，也恰恰说明了教学资源也将伴随着科技现代化、社会多元化的不断发展而得到创新。

（二）教学资源共建共享的概念

教学资源共建是指高校通过合作机制，与政府机关、司法机关、企事业单位、社会团体以及科研院所、兄弟院校等建立协同创新平台、基地、联盟等，共同创造优质教学资源，为人才培养提供智力服务。教学资源共建不同于合作办学与合作育人，其宗旨在于通过共建与合作实现教学资源共享，共同促进人才培养、科学研究、社会服务、文化传承创新的高等教育功能的实现。因此，教学资源共建的范围十分广泛，既有单一型的，诸如共建某一专业的实践教学基地，也有相对综合的人才培养基地，如法学院与司法机关共建卓越法律人才培养基地、艺术学院与演艺集团共建创新创业人才培养基地等；既有长期的教学资源共建共享模式，如图书与网络信息资源建设、专项实验室建设、体育场馆建设等，也有为某一专项而共建的教学资源，如合作共建精品课程教材、合作建立专业教学案例库等。

教学资源共享是基于教学资源的特性（包括多样性、独特性、开放性、社会性、国家性等）而提出的具有现代意义的一种教育理念和教育模式。共享，相对于独享，打破了传统的独立与封闭的束缚，实现了物质能量的最大释放。当今社会是信息时代，资源共享已经成为必然，教育信息化和现代化自然而然地将教学资源共享作为衡量高校教学资源状况的重要标杆。高校信息化建设离不开重要的人才保障，要强调信息化人才培养与梯队建设，将其贯穿到信息化建设视角下综合治理工作中，促使工作人员都具备较高的现代技术素养①。高校教学资源共享，一方面通过教学资源共建模式实现互惠互利；另一方面体现在高校教学资源的对外开放，让高校的教学资源为国家和区域经济社会发展担当服务职能。除此之外，高校利用社会资源乃至国外优质教育资源为我国高校人才培养、科学研究提供智力输入，也是一种教学资源共享模式。

当前，国家大力倡导产学研结合，积极推进协同创新，教学资源共建共享模式已经呈现多元化态势，并有不断涌现的机制创新。应当说，凡是能够为高校建设与发展可资利用的一切社会资源，高校都应当积极利用，共同创建，互利双赢。

二、教学资源建设中存在的问题

（一）体系缺乏系统性

教学资源建设中存在的首要问题就是体系缺乏系统性。在教学资源建设过程中，由于缺乏深入调查研究，没有从教学实际出发，普遍存在投资偏高而利用率较低、部分教学资源重复建设等现象。例如，很多院校先后安装了教学、科研、办公、管理等多种资源管理平台，由于各个平台是由不同开发者分别独立开发的，所以不同管理系统之间融合性较差，资源难以共享，功能定位也不明确，无法发挥教学资源的整体效益的最大化。

（二）建设标准不规范

建设标准不规范是教学资源建设中存在的第二个问题。缺乏统一的建设标准和技术标准，也是导致校际数字化教学资源成果难以实现共享的重要原因之一。这就导致各院校的教育技术人员、教师在资源建设中没有统一的构建理念与开发思路，更不可能站在校际共建共享的角度去进行教学媒体资源和资源管理平台的建设。尤其是网络教学资源的建设，是依靠众多单位、多人合作完成的，具有复杂性和多样性。目前，部分院校网络教学资源建设并没有严格落实已经颁发的相关技术规范，从而导致网络教学资源建设缺乏共享与交流的统一标准，不仅给校园网内部教学资源的管理和使用

① 成洪波．信息化促进高校治理现代化的路径创新［J］．中国高校科技，2019（11）：4－7.

带来了诸多不便，同时也难与外界资源交流和同步。各院校的教学资源库系统结构基本上是封闭式的，资源库逻辑关系、资源库模式不尽相同，很大程度上互不兼容，资源库之间互操作困难，资源难以有效集成，也难以适应教学资源共建共享的分布式建设和使用，网络优势难以发挥。

（三）资源建设主体单一

教学资源建设主要由高校教育技术部门组织、建设、管理与维护，专业教师参与较少，这就导致教学资源建设主体单一的问题。由于缺乏专业教师的积极参与，很多涉及学科专业知识的问题相继出现，不能体现教学资源建设的专业水平和专业特色。例如，有关素材的分类、编辑、使用等都需要一定的学科专业知识，这类问题仅仅依靠教育技术工作人员是不能够解决的。

（四）缺乏规章制度保障

在教学资源建设的过程中，管理机构需要按照有关的操作规程和管理制度进行监督管理。遵循统一的技术标准共建共享教学资源，需要有一套有效的规章制度，使技术层面的工作严格按照指定的标准进行，保障建设工作按预设的轨道正常运转。对于资源建设过程中存在利益方面的不平衡和不对等，也必须依靠有效的规章制度去协调，使建设工作健康有序进行。要结束高校教学资源库建设的无序、浪费和低水平局面，确保建设工作依照有关技术标准进行，调整各院校之间的权利和职责关系，真正实现教学资源共建共享，就需要有相应的规章制度进行约束和规范。

为了避免教育信息资源分散、难于查找利用，必须实现资源的规范化、标准化管理。教学资源建设的规范标准应遵照相关的技术规范，统一处理上传的教学资源分类方法和技术标准，确定资源整合的流程途径和组织方法，以提高资源的检索效率和利用率。例如，开发统一的网络课程创作平台，同时发布在平台中上传的各类资源类型的规范标准，既有利于提高运行、检索速度，也有利于实现教学资源的区域和全国共建共享的兼容性。

第四节　高校教学设施建设的基本情况

在高校教学资源体系中，人们会毫不犹豫地说出人、财、物是三大教学资源，当然这里表述的外延并不全面。就物而言，其范围相当宽广，而对于教学资源来说，与物相关的教学资源可以理解为一切可供高校教学使用的设施、设备、场馆等，我们可以称之为教学设施。

一、教学设施建设的主要内容

（一）实验教学设施建设

实验教学设施是高校办学的基础，是培养学生创新能力、独立工作能力、动手能力和实践能力的主要基地，同时也是高校承担国家科学技术研究和支持地方经济建设的重要基地。高校实验教学设施是保证教学质量的重要前提，构建科学、完善、系统的高校实验教学条件保障体系，是提高人才培养质量的根本措施之一。

首先，坚持以学科建设为导向，重点保障优势特色专业实验教学设施建设。学科建设是专业建设的基础，是保障高校教学质量的关键。教学设施是为专业服务的，因此设施建设与学科建设及精品课程建设是相互依存的关系。高校应十分重视学科建设，把它作为教育改革和提高高校人才培养质量的重要内容来抓，鼓励和支持二级学院申报省部级重点学科与精品课程，以此推进高校实验教学设施向更高层次发展。

其次，依托科研平台建设，提高实验教学设施建设层次与师资水平。教学与科研是现代高校两项重要职能，两者的结合是培养高级专门人才的需要，它们相互依存又相互促进。科研是提高办学水平和教学质量的关键，高校必须拆除教学与科研之间的“高墙”，教学没有科研作底蕴，就是一种没有观点的教育、没有灵魂的教育。其实高校实验教学设施建设也是这样，它与科研设施建设也是相辅相成的。要根据高校的学科优势，结合地方经济发展的需求，建设一批重点实验室，形成较完整并覆盖高校主要学科的科研平台。

最后，走合作共建实验设施之路，拓宽实验教学设施建设渠道。人才培养必须符合社会需求，企业对人才的要求是具体的，通过与企业合作共建实验设施，可以进一步拓宽高校实验教学设施建设的渠道。高校应根据自身的学科优势和专业特点，结合当地产业结构状况，通过与当地企业共建实验室、研究中心、培训基地等形式，不断优化人才培养条件和人才培养模式。这种校企合作、联合共建的模式，不仅为产业升级服务，为当地经济建设服务，同时也为学生课程设计、课程实习提供场所，改善高校的实验教学条件；教学管理部门还可以通过校企合作，优化教学内容，使之更加符合人才培养需要，提高学生在人才市场上的综合竞争力。通过校企合作共建实验设施，推进实验教学内容与社会经济需求并轨，提高学生实践能力、创新创业能力。同时，也能练就一支具有坚实专业知识又有工程实践经验，能胜任培养学生工程能力的高素质师资队伍。

（二）实习实训场所（基地）建设

实习实训场所是指在校内外可供学生课程见习、生产实践、毕业实习等单位和处所。实习实训基地是指具有稳定性的实习场所（有协议）或虽然没有协议但已经连续多年在同一个地方实习的单位。其具体要求是有明确的实践教学的目的和任务，有稳定的教师和辅助人员队伍，有实习的项目，场地、设施能够满足人才培养的需要。校内实践基地建设应以培养学生技术应用能力和职业素质为主旨，以行业科技和社会发展的先进水平为标准，以高校发展规划目标所设专业的实际需要为依据，充分体现规范性、先进性和实效性，与生产、建设、管理、服务第一线相一致，形成真实或仿真的职业环境。

（三）体育运动场馆建设

为满足学生锻炼的需要和丰富社区体育文化生活，必须进一步完善和发展高校体育运动场馆建设。

首先，应正确把握新时期高校体育功能的多元化特征，并以特定的地域、（院）校具体情况为依据，坚持把高校体育教学所需的物质环境与竞技运动环境融合，与现代健身、休闲、娱乐环境以及校园文化景观有机结合。应符合各高校所在地城市的市情、各院校特点和本土文化，做适当超前的规划。必须正确处理好三个关系，即处理好体育课程教学、竞技运动训练和比赛，以及健身、休闲、娱乐三者设施协调共同发展的关系；处理好运动场馆建设与校园文化有机结合的关系；处理好体育运动场馆建设的环境与绿色环保、运动安全的关系。

其次，设计理念突出“以人为本”。运动场馆的建设，强调“竞技运动功能与满足高校多层次人才的需要”相结合，突出“以人为本”的理念。例如，游泳池的设计，可借鉴水上游乐中心的一些设计理念，游泳池的外形设计与深度应多样化、柔性化，既能满足竞技比赛与训练的需要、教学的需要，同时又适合不同层次的人们健身、娱乐使用。

（四）学生活动场馆建设

学生活动中心与图书馆、体育馆同样重要。这类建筑能基本满足师生校园生活的一切日常需求，是校园内学生的社区活动中心。

（五）美育场馆设施建设

国务院办公厅印发《关于全面加强和改进学校美育工作的意见》和《关于全面加强和改革新时代学校美育工作的意见》，明确了今后高校加强与改进美育工作的指导思想、基本原则、总体目标与政策措施，此后，高校、政府与社会各界都加大了美育工作的实施力度。近年来，高校的美育工作已经取得了重大的突破与进展，对提高学生的审美能力与促进学生的全面发展发挥了重要作用。但是高校的美育场馆设施建设却没有获得明显的发展。高校应该高度重视美育场馆设施的建设，以当地经济发展水平与高校自身的实际情况为基础，重点建设一批设施设备较为完善的音乐厅、舞蹈教室、演艺广场、学生剧院等艺术活动场所。只有坚持不懈地、深入扎实地推进美育场馆设施的建设工作，才能让每位学生感受到艺术的氛围，全面提高学生的综合素质。

二、高校教学、科研设施的开放与利用

（一）开放并利用高校教学、科研设施的原因

1. 提高教学资源利用率的必然要求

高校教学、科研设施是提高教学、科研水平，创造更多教学、科研成果的重要保障。因此，要提高教学科研设备的利用率，定期考核设备使用情况。对利用率高的要加强养护；对利用率低的，要研究具体情况加以解决。对于大型、精密、贵重的仪器设备，可加大实验室的开放力度，在保证重点实验需要的前提下，向全校的科研项目开放。

2. 高等教育大众化发展的客观要求

高校教学科研设施开放是高等教育大众化发展的客观要求。21 世纪以来，国家对高等教育的投入大幅增加，高等教育生均教育经费、生均预算内教育经费和生均公用经费明显提高。特别是召开了全面提高高等教育质量的工作会议，政府、高校和社会开始把质量放在了高等教育事业发展的首位。这表明中国高等教育大众化进程开始由外延式扩张向质量提升的内涵式道路发展。在这样的历史环境下，高校必须加大教学、科研设施的开放力度。

3. 校际联合促进协同创新的内在要求

当前，协同创新的发展要求高校之间建立全方位的教学资源共享体系，教学、科研设施建设必须走协同创新的发展模式。各高校可在整合和优化，实现校内实验资源共享的基础上，面向其他高校全面开放实验室，采取有偿开放服务的办法，确保实验室的满负荷运转，提高其使用效率。有条件的高校可全天候开放实验室。各高校图书资料也可实行开放式管理，允许外校学生通过办理相关手续，自由借阅。积极鼓励面向社会开展有偿服务，通过制定合理的收费标准及管理制度，让教学科研设备的使用向校内外全面开放，实现资源的社会共享。

（二）当前高校教学、科研设施开放与利用中存在的问题

1. 利用率较低

在经济学中讲究资源的配置要达到规模经济，即投入一定量的人力和物力资源能够获得最大量的产出。而从我国高校的资源利用效果来看，还远没有达到规模经济的水平，规模较大的院校也同样存在设施利用率较低的问题。高校教学、科研设施存在设置不科学、不合理的问题。对于实验室来说，实验室依理论课体系和项目课题类型设置，隶属于院系和科研课题组，是一种封闭、自我服务型的实验室模式。各实验室根据自己的眼前需求购置仪器设备，各自为政，不考虑长期规划和使用效益。各实验

室功能单一，验证性实验多，造成仪器设备功能开发不全和使用机时少的现象，严重制约了仪器设备利用率和效益的提高。

2. 管理不健全

科学先进的管理方法和现代化的管理手段是提高仪器设备利用率的重要途径。传统仓库式的仪器设备管理方式，是手工登记账、卡，即使采用计算机管理，也仅限于账、卡的打印。没有现代化的管理方法和手段，不能对仪器设备进行统一高效的管理，限制了高校教学、科研设施利用率的提高。

3. 缺乏前瞻性

长期以来，有的高校在教学、科研设施建设上缺乏有效且科学的管理，并且缺乏前瞻性，盲目建设、重复购置的现象严重；对教学、科研设施的认识不够明确，重视度不高，造成大量设施闲置、浪费。高校应核实已淘汰的设备仪器，严格履行仪器报废手续，进行科学规划，考虑长远的社会需求，购置一批符合高校需求的，并有一定前瞻性的高、精、尖仪器，以保证高校各项教育事业的顺利开展。

三、高校教学信息化配套设施建设

（一）教学信息化的主要内容

1. 教学硬件设施信息化

教学硬件设施信息化建设主要包括高速校园网、无线网络、多媒体教室、电子网络教室、智能教室、数字实验室、电子阅览室、数字化教学控制中心的建设等。这些都是教学信息化建设的前提和基础，也是教学信息化建设和应用的重要保证，若没有高速的校园网络环境、一定数量的多媒体教室和智能教室等硬件基础设施，教学信息化将成“空中楼阁”。同时，在教学设施建设过程中，应十分重视相关应用软件的建设和选用，要“软硬兼施”，建设基于互联网的一体化教学环境，教学硬件设施才能更好地发挥作用，才能达到事半功倍的效果。

2. 教学信息资源数字化

教学信息资源数字化主要包括学科专业网站、教学资源库、课程网站、多媒体课件和电子教材、电子文献（包括图书、期刊、报纸、网络资源链接等）、网络课件以及多媒体素材（包括文字、图片、图形、动画、音频、视频）等建设内容。教学信息资源的数字化是教学信息化建设的“基石”，也是教学信息化建设的软实力。在加强教学设施硬件建设的同时，必须加快各类教学资源数字化和信息化建设，特别强调以课程为核心的数字化教学资源建设。教学信息资源的数字化建设应在规范统一的原则下，根据不同学科专业和教学对象，力求形式多样、丰富多彩，注重建用结合，强化辅助教学和导学、助学功能，提高教学资源的建设和使用效果。在“大数据”时代，高校教学资源信息化应当走向更高的“云端”。大数据是教育信息化平台未来建设的根基。没有数据的留存和深度挖掘，教育信息化可能只会流于形式。大数据利于云计算从海量数据中寻找出有意义的规律，并为教育信息化平台的管理与发展提供帮助，使高校变成真正的数字校园。

3. 教学过程信息化

教学信息化不仅要重视教学信息资源的数字化建设，特别是各门课程的相关资源信息化建设，更要注重在教学过程中的实际应用。教师是实施教学信息化的主体，因此，要转变教师的教育教学理念，改变重建设、轻应用的现象，培养和提高教师网络信息技术与现代教育技术应用水平，采用边建设边应用策略，并以信息技术带动教学模式和教学方法手段改革，不仅在课堂上采用多种媒体进行教学，提高课堂教学效果，而且，要充分利用互联网和数字化教学资源开展辅助性教学，提高学生信息素养，提升课程教学质量。

4. 教学管理信息化

教学管理信息化主要有教学改革、教学组织机构、教务教学运行、教学工作评价和教学状况分析等建设内容。要充分利用先进的计算机和网络信息技术，完善教务教学管理信息化系统和教学组织机构网络化建设，促进教学信息化的实际应用，优化教学管理流程，提高管理工作效率，努力实现教学教务管理的科学化、精细化、可视化和人性化。

（二）教学信息化建设中存在的问题

1. 课程教学模式陈旧

多数教师授课仍然延续“讲授式”的课堂教学方式，以知识讲授为主，较少开展讨论式互动教学。这就制约了教学信息化手段不受时空限制的优势。

2. 媒体技术手段使用不当

部分教师教学存在过度使用媒体的现象，突出表现在课堂上滥用幻灯片，似乎离开幻灯片就不会讲课，而学生上课则忙于记录教师幻灯片中的内容而无法参与教学互动。

3. 教学资源重复建设

教学资源存在重复建设现象，缺乏有效的共建共享机制，部分教师过于担心课件知识产权，不利于共建共享优质资源。教学资源重复建设不仅反映在高校之间，甚至在一个高校的不同院系之间也存在。

4. 硬件建设与教学需求脱节

在教学信息化硬件设施建设中过于追求高标准，没有认真考虑教学实际需求和用途，导致硬件建设投入性价比不高。有些先进的教学设备甚至很少使用，造成较大浪费。

5. 教学管理制度制约

教师深入开展信息化教学，需要在课堂教学之外花费一定的时间和学生进行网络互动，这无疑要占用教师的时间。但课酬计算、职称评定等管理制度并未考虑信息化教学方面的工作，这在一定程度上影响了教师的积极性。

第四章　高校治理现代化视域下教学主体质量提升

第一节　高校治理现代化视域下教师职业道德的养成

新形势下办好人民满意的高等教育，首先必须建设好人民满意的高校教师队伍，最根本的是必须加强高校师德师风建设①。高校教师职业道德培养是在劳动阶段针对服务态度的再教育，是“心理断乳”之后的“良心补充”，是角色彩排之后的身份定型。高校教师职业道德的培养包括社会培育和自我修养两个途径。社会培育强调的是道德教育的外部输入，自我修养强调的是道德教育的内部建构。从教育学和心理学的研究来看，人的学习和成长既受遗传等生理条件的影响，又要受到环境和社会的制约。两者相互作用，缺一不可。

一、高校教师职业道德的社会培育

（一）高校教师职业道德培育的社会背景

高校教师职业道德是教师职业道德的子概念，是教师职业道德的一个具有特殊性的部分，这种特殊性来自高等教育在整个学制教育中的特殊地位。高等教育是专门化教育。它是一项特殊的事业，它的特殊性表现在：首先，高等教育的对象主要是心理、身体趋于成熟的年轻人；其次，高等教育是以学科和专业为组织单元的教学活动。高等教育的任务是为社会直接输送高级专门人才、存储传递创新人类文化和延续社会的新旧更替。高校传授的是专业化知识，它与社会中的许多行业对口，它是一种进入社会前的知识准备。高校教师是围绕学问教书，评价教师水平的是教师在自己的专业领域走得有多远、进得有多深，高校教师传授的应该是方法、经验和新的疑问。高校教

① 郑晓东，肖军霞．新形势下高校师德师风建设的时代价值与实践路径［J］．思想理论教育导刊，2019（8）147－151；．

师除了研究教学法外还要研究高深学问，探究未知领域。高等教育是构筑和充实人类知识宝库的一种扩大再生产，是掌握了专业知识的人与正在掌握专业知识的人之间的相互作用的过程，是揭示学生内心状况的困难并予以点拨和疏通的过程。因此，高等教育的特殊性也就决定了高校教师职业道德的重要性和培育方法的特殊性。高校教师职业道德是高校教师在从事高等教育劳动中必须遵循的人与人之间关系的行为规范的总和。粗略概括，它应该包括德行慈祥、学行并高、诲人不倦、专业精深等具体道德要求。

高校教师职业道德的关键和核心部分是职业这一概念，职业是反映以社会分工为纽带的社会形式和社会关系。为了更清楚地了解高校教师职业道德培育的社会背景，我们有必要认识一下职业这个范畴。职业是一个用服务专长和服务信誉限制外人进入的封闭系统。职业具有如下特征。其一，进入职业的成员都是经过劳动前的学习，初步具有完成本职业的任务所需要的一般知识的劳动从业者。进入职场不仅是出于他们的志愿，而且要付出跻身其间的努力。其二，职业都是具有服务专长的团体。服务专长既随着历史发展不断更新，也随其存在的历史而传代成俗。其三，职业之所以被社会生活认可，是因为社会生活有赖于它，若是它不能满足社会生活的需要，它就没有存在的必要。只有认识职业的封闭性质和特征，才能搞清职业道德建设与职业存亡的关系。没有精益求精的专长服务，没有满腔热忱的道德服务，职业会自行垮台。职业道德建设是稳定和巩固职业封闭体系的一种调控手段。它的功能是提高职业成员对自己职业的封闭性的认识度，干一行、爱一行，信赖一行、维护一行。巩固职业的封闭性不是目的。其目的在于为该职业架起通向其他职业和社会的桥，这就是职业要为社会服务，要招徕服务对象。从社会的视角看职业，它是封闭的；从职业功能的视角看职业，它是开放的。对内要讲开放，是为了教育职业内的成员面对社会寻找服务对象，扩大服务对象；对外要讲封闭，是为了向社会昭示，此职业是社会不可缺少的，是无法替代的。职业是内讲开放、外讲封闭的反差结构。教师育人做得越好，教育这个职业的声调越高，有赖于教育而存在的社会趋势就会增强，有志于从事教育事业的奋斗者也会越多。于是，封闭体系与社会沟通的渠道则更加宽广。

职业道德就是维护行业生存和尊严的必需手段，它是在个人完成了生理和心理的“断乳”以后，进入了劳动阶段中的教育。它是劳动中的教育，是成人的继续教育。高校教师职业道德教育也归属于这个范围。人的社会化过程大致可分为三个阶段：参加劳动前的社会化阶段，或者叫学习技能、准备劳动阶段；劳动中的社会化阶段，即职工教育阶段；劳动后的社会化阶段，这是指退休离职后的阶段。职业教育是处在社会化过程三阶段中的第二阶段的教育。接受教育的既不是尚未成为社会劳动者的青少年，也不是离开了劳动岗位的退休人员，而是正在从事劳动的劳动者或工作人员。所以，职业道德教育的共同规律，就是在服务中接受道德，在服务中评价道德，在服务中展示道德。

职业道德与从业者的个人生活、社会发展相关，是身份之德、角色之德，甚至是地位之德。社会有理由要求各行各业的从业之人爱惜各自的职业道德、尊重自己的身份之德。因为，只有这样才能使社会分工深入人心，各行各业相互尊重，整个社会才能有条不紊地运转。为此，社会也有义务为职业道德创造条件，培植土壤，让职业道德的种子健康地发芽成长。那么，高校教师职业道德培育的社会环境和前提条件是什么？换言之，社会应该为高校教师职业道德的成长提供什么样的保障？我们认为，它们应该具有以下内容：其一，尊重师情、追求真理、弘扬功德，这是教师的权利；其二，无私奉献、酷爱师道、不贪功利，这是教师的义务。这些权利和义务的结合就是教师呼吁法律、舆论必须保障的其角色地位的内容。具体有如下几点。

1. 尊重教师，珍视师情

这是教师的品德，也是教师的追求。教师虽然自己不是将军，但他培养了将军；他虽然不一定是科学家，但培养了科学家。他自己实现不了的，绝不会让学生也实现不了。恰恰相反，他要用自我的付出、奉献而使学生成长和完善。他自己不去做大亨、高官，但会教给学生关于经营、管理的知识。他不会凭借这些知识去谋自己的功名利禄，但他会因为这些知识是学生所需、社会所需而拼命去钻研和传播。他掌握知识，而不垄断知识；他占有阵地，而不世袭阵地；他珍惜时光，而不吝啬时间。这就是关于教师的无私精神的至美概括。但是，教师并非义务绝对主义者、权利虚无主义者。他执着地履行义务，也冷静地思考权利。他造就了学生，也希望学生不忘师恩；他作出了奉献，也希望社会尊师成风。以为教师像蜡烛，淡忘了自己而会淡忘师情，这是不切实际的。以为教学相长，而视师生关系为“战壕”关系可以任意争斗，这是令教师不无伤感的。教师培养了将军，他也期待接受将军的敬礼；他培养了科学家，也期待科学家的祝福；他培养了企业家，也期待企业家的献花。

2. 弘扬真理，重视福利

这是教师的理想，也是教师的生活。教师之道简称师道，包括教师需要的知识储备、技能方法、敬业精神和生活态度的全部精神总和。因为教师是人类文明传递的使者，所以，“学而不厌，诲人不倦”是教师的永恒格言。“学而不厌”是“诲人不倦”的前提，有了这个前提，教师才不致“以其昏昏，使人昭昭”，才有“得天下英才而教育之”的极乐境界。有了这种境界，才不会因“苔痕上阶绿”而有陋室之伤感，相反，会因有“谈笑有鸿儒，往来无白丁，可以调素琴”而产生“名”“灵”的自慰豪情。知识就是美德，智慧就是财富，知识又是产生智慧的原材料。所以掌握知识越丰富的教师，越会觉得精神充实，生活丰富多彩，进而则会有乐其道、不易其志的坚贞。

3. 倡导德功，敬重名师

这是教师的人生态度，也是教师的价值取向。教师不仅是人类文化的传递使者，更是树人的巨匠。芬芳的桃李，辈出的人才，就是教师的“功名录”。正因为教育有这种贡献，才使人类的文化史、文明史不是按照圆圈做圆周运动，而是循着梯级做上升的飞跃。正因为有人才的代际交替，才使人类一代一代地远离洪荒太古，一步一步向未来走去。生产力是社会发展的最终动力，但生产力中人的因素及其智慧来自教育。人要启蒙，才会摆脱蒙昧；知识要传递，才会有迭增。所以，教师的功业彪炳千秋。他不但燃烧自身照亮别人，而且这种燃烧不是自我毁灭，而是将自我融进了人类的文化历史之中。所以，当上了教师，就要有成名的志愿、立功的行动，要力争成为高校者、大名人。这是教师应该珍惜的权利。不为教师的科学研究提供方便，压制教师的专业创造，不评定教师相应的技术职务，都可以视为“权益侵犯”，都应该被追究责任。教师是谋功名的，但不贪功利。说到底，教师不是经济型角色、权力型角色、公关型角色。就其角色类属而言，他是智力型角色、名誉型角色。他以知识占有证明自己的财富，以授业传道表明自身的存在，以释惑解疑衡量自身的水平。作为表现型角色，教师不是逢场作戏，他的喜和忧始终连着学生，连着社会的文化、科学的昌盛和衰落。

综上所述，可以大胆假设，为了防止职业道德的滑坡，为了保证教师安于从教、乐于从教并以从教为荣，社会、政府应当为教师提供社会性的保障。在当前主要的措施是：排好品位，为烛灯添油，让教师先富起来。教师是太阳底下最神圣的职业。职业声望是影响职业社会地位的一个重要指标，由此我们可以比较欣慰地看到，经过社会和政府的努力，高校教师的地位得到了提升，这也折射出全社会重视教育、科学和文化的良好心态。保障这种发展态势则应该成为政府的责任。对此，我们应当杜绝行政权力压制学术权利的现象，比如，在制订高校的办学目标、发展计划和远景规划中，重视高校教授们的声音；在高校招生、考试等方面，结合学科特点，认真听取教师的意见。教师是烛灯，这是尽人皆知的比喻。烛灯能燃烧发光，是因为灯里有油。油尽则灯灭，这也是尽人皆知的常识。为烛灯添油，就是运用利益机制、激励机制，使教师倍增精神。

（二）高校教师职业道德培育的主要途径

师风是师德的延伸和补充，是师德的表现形式和载体。① 社会角色的类型不同，就有不同的服务规范。例如，功利型角色的服务是要讲报酬的，表现型角色的服务是以技艺、才能的披露来实现的。商业工作者、生产企业者多属于功利型角色；高校教师是以弘扬真、善、美为核心，以技艺、才能等服务形式为表现的社会角色，这种角色的职业道德培育需要通过心印、亲认、见深、近宜的方法手段才能实现，才能达到预期的效果。

---

① 袁进霞．高校师德师风存在的问题及对策［J］．学校党建与思想教育，2017（4）：81－82.

1. 心印法

心心相印，教要通心，理要润心，“润物细无声”，才能唤起被教育者的心灵共鸣，开启被教育者的心扉。心印法，就是以不同年龄、不同身份的人的心理特征为根据，选择不同的形式和不同的重点内容，进行师德教育。榜样的示范、竞赛的开展、家庭的熏陶、诤友的直言、文艺的欣赏，都是师德教育的活动形式。仅仅把师德培育理解为课堂的宣讲是不全面的，它具有“集群活动”的特征。按照不同时期的人的心理特征，组织不同重点的内容进行教育，才有可能易于被不同时期的人理解和接受，因为“心理基地”才是教育的可接受性基地。例如，青年的思想像一匹无缰的骏马，它在追求，但不一定有正确的目标。因此，正确地诱导青年树立正确的理想，既是专业教育的前提，又是道德教育的主题。而好胜是中年的心理特征，他们年富力强、不甘落伍、建功立业，但不一定能正确处理荣誉和失误的关系，因此正确对待同行，相济共事、不求虚荣，是中年道德教育的内容。

2. 亲认法

这种方法是以人的不同的认知水平为根据，采用不同的教育方式进行教育。道德教育的基本存在是以情动人、以形感人、以理导人和以境育人等四种方式，即在“情”“形”“理”“境”等因素中实现对人的品质培养。这种方式在师德教育的实践中可以交替出现，互相衔接。“情”能拨动心弦，点燃激情，使受教育者在感染中逐步形成高尚的道德品质；“形”可以用崇高的形象、具体的接触，使受者在经验中学习道德规范；“理”可以抽象的思维、高度的概括，使受者自觉地思考做教师的责任；“境”则可以设立情境，使受者在复杂艰苦的环境中，自觉地概括教师的道德准则，自我完善品德。

3. 见深法

道德教育既有不同阶段的具体目的，又有全过程的共同目标。我们进行教师职业道德教育的总目标是以全心全意为人民服务为基本原则，对教师施加社会主义职业道德的影响，使其形成社会主义的教师职业品德。为此，就要始终不离基本原则，设计出梯级式的教育程序，使受教育者一步步地达到预期目标。我们可以把教育的阶段一分为四。

第一阶段是“给的教育”，就是培育教师全心全意地为学生服务，为学生着想，将自己的爱心无私付出的道德教育。

第二阶段是“立的教育”，就是培养教师矢志教育，忠于教育事业，正确处理好个人利益与教育事业利益关系的道德教育。因为立志是教师迈开大步的航标，树立为社会主义教育事业奋斗的远大理想，是一个高校教师走向成熟的标志。

第三阶段是“钻的教育”，是指高校教师要“严谨治学，学术有成”，在自己的专业领域锐意进取，不断提高自己的学识水平。

第四阶段是“和的教育”，是指教师在知识积累和道德修养等方面和谐发展，相互促进，使之逐步融合的过程。

四个阶段的教育前后衔接，互为因果，逐步提升，使得教师的职业道德培育逐步加深，走向完美。

4. 近宜法

因“地”制宜，因“时”制宜，因“近”制宜，以不同类型的社会生活为基地，通过不同的教育环节，形成一定的教育模式，这就是近宜法的具体操作。在高校教师职业道德的培育过程中，近宜法的操作模式大致由入学教育、平时考核、期末评比和结业典礼等环节构成。

入学教育，无论是对于新生还是新任老师，都是带有“序言”性质的一课，要向他们讲清道德教育的意义，使之掌握道德规范的内容。平时考核要包括经常性的道德教育和道德评价工作。把道德放在平时考核的内容中，可以促进师生加强道德修养，不断完善自己的品行。期末评比，是道德的群众性评价活动，它在对道德行为作出肯定或否定的舆论作用下，扬善抑恶，把道德水平提高一步。结业典礼，是高校工作的一个特有环节，它对即将离去的学生给予临别赠言，师生依依惜别，既是道德实践的检阅，又是新局面开创的起点。为把道德规范变为现实的教育力量，高校中还可采用编唱校歌、设计校徽、陈列校史等形式，使道德广为流传，成为校风中的重要内容。

经过以上的程序和形式，一个高校一定会形成自己独特的校风。校风是一个高校精神文明的综合指标，它包括政治水平、道德面貌、业务技能、生活方式和环境布置等多种因素。良好的校风一旦形成，它就会成为一种强大的精神力量，可净化高校的风气，在潜移默化中完成教师职业道德培育，并为改善社会风气起着良性波及作用；又因它沿袭相传，更能影响着历代师生为教育事业奋力建树。

（三）高校教师职业道德养成的可能

教师职业道德修养就是把从职业道德教育、职业道德评价等道德实践中获得的认识，经过自我的扬弃，将可以肯定的因素消化，转化为个人品质的定型过程。教师职业道德是一般社会道德规范的角色化和行业化。① 高校教师职业道德的自行修养具有以下几个特点。

1. 事物的发展和前进是以外因为条件、内因作根据

外因要通过内因而起作用。就个人的品德形成来说，道德教育是外因，道德修养是内因。个人要通过自我消化，汲取“活动集群”中的道德教育的精华，转变为个人道德机体中的营养，使品德的“细胞”繁殖并健康成长。消化就是将摄入的食物转变

---

① 傅维利，于颖．教师职业道德的独特品性及其价值实现［J］．教育研究，2019，40（11）：151－159.

为可以吸收利用的营养物质的过程。道德修养就是道德消化。囫囵吞枣，不经消化，于机体是无益的；不经过自我认识、自我成型、自我鉴定的培养过程而堆砌起来的品德也是不牢固的。

就广义上讲，道德教育也是道德修养的过程。不过这种修养是通过课堂的宣讲、榜样的示范、文艺的欣赏、竞赛的开展、良师的诱导、诤友的直言、同志的谈心、家庭的熏陶等“活动集群”，有目的、有组织、有计划地对人们施加系统的道德影响。对被教育者来说，道德教育既是“外来的”，又是“群体的”，是群体给人塑造灵魂的过程。正是在这个意义上，我们把道德修养理解为是在道德教育这种外来的群体塑造的同时进行自我塑造，是对道德教育的自我认识、自我成型、自我鉴定的过程。

我们强调高校教师道德修养中的自我审定、自我吸取、自我成型的能力，正是为了强调教育职业道德建设中的自觉性和主动性。按照美的规律能动地追求和能动地建构，是教师的职业特征，无愧于“人类灵魂工程师”的神圣称号。

2. 自我定型

把道德认识加深，使道德品质成长并逐步铸锭，是道德修养的唯一任务。在完成这个任务时，它虽然经常采用道德修养这种方式，但又不同于道德修养。因为道德修养的实质是思想斗争，在整个修养过程中既克服又保留，有扬弃又有吸收——克服和扬弃糟粕，保留和吸收精华。道德培养则是取正面的肯定方式，它像垒墙那样，一砖一砖，日复一日，筑成个人品德的大厦。况且道德修养还包括道德水平或道德境界的行为过程，在这个过程中，一方面它选取经过扬弃后的道德精华作为构筑个人品质的材料；另一方面这些材料也不是原本的“感性物”，而是经过扬弃后的成型“砖块”。

所以，在这个过程中是正面与成型的一致。一般来说，经过修养后的品质要再次改变是不容易的，因为这里的建筑是按照成型结构建造的。所谓“成型结构”，就是经过理性的扬弃和理性论证而成的道德信念。把道德信念作为“锻造”高校教师道德品质的材料，这样垒起来的职业道德“大厦”当然是坚不可摧的，它必然表现为矢志不渝的高尚节操。

3. 循序升高

道德品质是在后天的实践中不断获得和加深的。因此，师德教育必须从上岗前抓起，且步步抓紧；师德修养必须从当教师的第一天做起，这样才能步步升高。上岗前培养热爱教育、献身教育的品德，随后培养育人传道、培养新人，爱学生、诲人不倦，严谨治学、搞好教学、关心集体、团结互助、尊重群众、服从领导、尊重家长、互相配合、以身作则、为人师表等品德。从立志、向学、敬业、爱生、乐群到和谐，环环相连，步步深入，使师德修养在道德实践中步步为营，逐渐充实。

不仅在师德修养的内容上应循序升高、日益升华，而且在师德修养的方法上也应日渐丰富、愈加自觉。开始可以采用比照的方法进行师德修养，学习古今中外著名的教育家、优秀教师的优秀品质；随后可以采用比试的方法，更新自己的理想，树立目标，制订计划，不好高骛远，可以周边的优秀教师为参照，不断追赶，锲而不舍。

师德修养是个人品质的定型，但不是一成不变、一蹴而就的。它沿着步步加固、节节上升的路线使品德日趋完善，从低到高连续不断。师德修养的递进性是量变的渐进性和质变的飞跃性的统一。量的积累为质变做准备，飞跃是日益积累的必然结果，每飞跃一次则是向道德境界的更高层次的靠拢或重合。

师德修养的“消化自汲”特点，实际上是“正面定型”特点，是经过思维加工后所作出的肯定判断；“循序升高”特点，是在作出了肯定的道德判断，从而提高了道德的认识水平后，又进一步去正确调整和指导道德行为的过程。

总之，师德修养是在道德教育的基础上，经过自我修养的扬弃，从正面培植和提高自己的品德的过程。它是道德教育活动的深化，也是道德修养活动的纯化；是道德认识的品格化，也是设置在自身的道德冶炼炉；是道德实践在个人方面的展开，也是其他道德实践形式的补充。

师德修养的过程，可视为从“师德的感性实践—师德的理性肯定—理性指导的师德实践”的过程，这就是认知过程在师德修养中的体现。在认知过程中，理性认知是实现物质变精神、精神变物质的中间环节。它承前启后，把实践升华为具有普遍意义的理论，又成为指导更高阶段实践的前提。道德修养在个人的道德生活实践中也起着这种承前启后的作用，它既是对个人已经领受的道德实践的总结，又是将要进行的更高一级道德实践的奠基，具有“总结”和“奠基”的双重职能。

（四）高校教师职业道德修养的必要

教师的职业很像农民，农民把种子撒在土地上，教师把知识种子撒在学生的心里，学生的资质便是土壤，资质的优劣就如土壤的肥瘠，经过日复一日的耕耘、施肥、灌溉，终会有桃李满园。

可见，教师是传道、授业、育人的崇高职业。教师的角色化存在是一个有着很浓厚道德意义的角色化存在，它总是凝聚教师对自身使命的某种“敬畏”。我们看到这种“敬畏感”，是一种为人类文明或文化传递“薪火”的道义责任在教师角色化存在中的必需体现，也是一种为人的生命存在的潜能和理想新人的塑造而担忧的人类良知在教师角色化存在中的必然体现。敬畏必然表现为道义、良知和职责。通过教师角色的敬畏感可以实现“有所为，有所不为”的道德自律，固化为教师内心的术、德、艺三个方面的责任感和使命感。

1. 业精为师，教师应有的职业专长

师者，先行者也，能授业传道者也。一个称职的教师，必定千方百计地训练口才，嚼烂教材，博览百科。他绝不是一个饱食终日而无所事事之徒，而应是淳厚饱学之士。教师以从事教学工作为己任，并且他一般总是教授某一个或某几个领域的知识，因而，他一方面需要一定的专业基础知识，另一方面需要教育、心理、伦理、社会等方面的知识以及一定的专业、学科前沿知识。教师这三个方面的知识缺一不可，且是成塔形排列的。最低层是教育、心理、伦理、社会学等方面的知识，这些知识是获取教师资格的职业入门知识，属于职业常识。教师不懂教育学、心理学、伦理学等人文科学常识，就如同军人不知爱国而无权看守疆土、医生不知爱“生”（生命）而无权对待患者一样，无权去照管学生的心灵。中间层是专业知识，它是教育知识结构中的主体部分，也称为主体知识和标志性知识，它显示教师的专业身份，表明教师的研究专长。最高层是尖端知识，也称为创新知识，它代表了教师的研究能力和研究水平。为此，教师应有“钻”业务的精神，要在自己的专业领域锐意进取，不断提高自己的学识水平。

2. 德高为范，教师应有的职业品格

教师是以教育他人为职责的，他要起到引导他人思想品德的作用，促使受教育者达成特定的社会化要求，服从、依循所属社会群体的道德规范，其自身首先就应该成为他所要求学生成为的那种人。教师的道德结构包括教师的“德形”和“德心”两个方面，它主要揭示的是教师应该具备的道德品德和职业品格，换言之，它规定了什么样的人是合乎社会对教师道德上的要求的。

（1）“德形”。教师的“德形”是教师道德要求的外在表现。

首先，仪态是教师在教学活动中，在面部表情、衣着仪容等方面表现出的一种外在行为方式和特征，是教师在身体修饰、衣着打扮方面的外部形态，是教师精神面貌的展现。

其次，行止是指教师的行为举止。眼睛是心灵的窗口，行为是心灵的表白。教师的行为是自身修养的外在表现。行为得体、举止文雅、处事得当、待人中和的教师，他的行为就是无言的教育。在教育过程往往这种隐性的传播、无意的影响能起到意想不到的作用，善的言行会为教学增色添彩，而恶的习惯会对教学的进程增加阻力。

最后，业功是指教师的教育能力、教育水平和教育功力，主要指教师内在的智能结构。教育水平的高低直接影响到教学效果的好坏。

（2）“德心”。教师的“德心”是教师道德要求的内在诉求。

一谓“敬德”。它强调要培养高尚的道德情感，真心诚意地履行道德规范，言行一致、内外合一。“敬者，主一谓敬，所谓一者，无适之谓一。”即教师应志向坚定、严谨专一、固守不易，并且甘于奉献。

二谓“勤德”。有了对教育事业的忠敬之情，就要求教师把热爱本职工作的情感转变为自觉履行道德规范的行为，勤于事业，认真履行教师的基本职责。

三谓“淡德”。即教师在其职业劳动中，要坚守高尚情操、淡泊从教，不为物欲所惑，保持一颗恬淡之心，但这并不否定教师对个人正当利益的追求及不断提高教师生活水平的合理要求。

四谓“静德”。要求教师始终如一地坚守教育目标，有毅力、不浮躁、不急于求成，认认真真、踏踏实实地做学问，宁静而致远。

五谓“礼德”，即进退有节、不卑不亢、知书达理、文质彬彬。遵循礼德，要求教师为人师表。礼者，仁之表也。懂礼的人是内心有仁的人，仁者爱人，因此，知礼要从爱人、爱学生开始，只有内心充满仁爱和感恩的人才会诚心诚意地知节达礼。

六谓“诚德”。即教师要实事求是、正直忠厚、表里如一、言行一致、知行合一；反对假话、大话、空话，反对言而无信，行而无果。“身教最为贵，知行不可分。”教师言行一致，以身作则，能够激起教育集体内其他成员的崇敬和向往的心理，并以之为效仿的对象，同时它还能造成和谐的人际氛围，有利于师生之间的信任和合作。

3. 艺娴为尊，教师应有的艺术品质

教师应在占有一定知识的基础上，结合自身的教学实践经验，形成与自己的个性特征相应的教学技能，成为驾驭教学的能手。教学实际上是一种表演艺术，教师的选择、训练、职业指导、工作条件以及人员补充的方式等都应参照其他表演艺术的特点。

教师只有在术、德、艺三个方面刻苦修行，不断提升，方能有所成就，方能成为名实相符的教师。但是，一名定位准确、志向坚定的教师除了应在术、德、艺的能力方面有所造诣外，还应自觉地将教育事业与人生幸福联系一起。因此，教师不要仅仅将术、德、艺视为职业目标，而应把教育事业与自身幸福合而为一视为最高价值、最终目标。这种事业与幸福的和谐统一就是教师的人生境界。教师除了有能力还要有境界，只有具有境界的教师，才能获得精神上的真自由、真解放，才能使自己的灵与肉摆脱世俗的束缚，而进入永恒和无限的意义体味。

（五）教师职业道德修养的方法

师德修养的过程，就是使师德原则和规范固定人的行为的“动力定型”，成为人的精神建筑的过程。“近朱者赤，近墨者黑。”关心和注重教师的道德实践，使教师在职业道德修养的过程中接触到无数可歌可泣的事实，耳濡目染就会受到感化，得到美的感受和善的熏陶，高尚的品质就由此印入心田，作为“外在”的客体，就转化为“内在”的观念。这就是品德形成的根本途径。教师职业道德修养主要有学习、鉴戒、树标、日记、慎独、践履等重要手段。

1. 学习

学习是领受已经被总结为高尚品质成果的手段。特别是学习古今中外著名的教育家、思想家的著作，把他们已经提炼升华为教师品德的那些宝贵成果，直接作为我们品德的原则、规范和成分，这是师德修养中极富成效的方式。高尚的品德来自崇高事业的社会实践，但我们不可能事事都直接实践，我们还须向间接经验学习。只有用人类的优秀成果武装自己，才能成为一名合格的教师。

2. 鉴戒

鉴戒是以戒为鉴，从应该否定的品德的另一端，向我们发出的“此路不通”的信号，使我们有所警戒，从而少走弯路，缩短我们直接达到高尚品德的距离，减少不必要的道德修养中的“能量消耗”。鉴戒虽然不是为道德修养提供直接肯定的“原料”，但绕过那些不必要的折腾，可以使我们争取时间去对那些应该肯定的“原料”作出肯定，使我们尽快作出“总结”，及早找到“奠基”，以便实现向更高道德实践的攀登。

3. 树标

树标是把现实的榜样作为师德修养的明镜。在道德教育中，常常采用榜样示范的方式，这种方式和道德修养中的“树标”并不完全一样。

4. 日记

日记是思维和感情的积极性作用的标志，是道德修养的“自白”的形式。在道德修养中采取日记的方式，可以把已经获得的道德经验经过思考，再现于观念之中，跃然于纸墨之上。由于人的思考具有反思的性质，再现的观念是经过了加工和扬弃的精制的精神新产品，是在精选材料进行品质垒筑的自我实践，因此日记不仅是关于自己进行道德修养的纪实，也是对善恶判断的自我能力的锻炼和考验，是关于道德是非认识的升华，是对品质垒筑的再认识和再体验。

5. 慎独

慎独的意思是指在无人觉察的闲居独处时，尤须谨慎地对待自己的行为，自觉遵守道德要求。它是我国传统伦理道德的修养方法，也是师德修养的重要方法，更是师德修养的一种极高境界。慎独是一种自律的行为，是主体自己约束自己，自己限制自己。它是一个由自重、自省、自警、自励组成的自律系统。自重就是尊重自己的人格，注意自己的言行，珍惜自己的名誉，待人处事端庄厚重，注意自己的身份，不失之于轻浮、流俗。自省是指人的自我反思、自我省察，辨察自我意识和言行中的善恶是非，严于自我批评，及时改正自己的错误。自警，就是自己警告和告诫自己，时时刻刻不忘记自己的身份。自励，就是自我鼓励和鞭策。自重、自省、自警、自励相互关联，层层升高，反映出慎独修养的全过程。

6. 践履

践履就是把教师职业道德培养中已经成型的品德交给社会“验收”。道德本身就是言行一致的社会现象。道德培养的目的在于铸造高尚的品德进而指导自己的行为，践履正是为这一目的服务的手段。如果通过“修养”，“总结”了一套品德的概括而不去实行，那么这样的道德修养就成了道德摆设的代名词。

二、高校教师职业道德的自我修养

高校教师职业道德的养成与提高是以道德心理的优化为基础前提、以职业道德知识的内化为承载内容、以道德人格的升华为目标预期的“三位一体”整体运作。道德心理的优化主要揭示个体道德心理的运行规律，从科学的角度探索道德教育的有效手段；道德知识的内化主要揭示知识与心理，特别是与个体情感之间的关系，从道德认知的角度探索道德教育的实现途径；道德人格的升华主要揭示道德人格在道德教育中的特殊性和重要性，从道德教育目标的角度探索道德教育的最终追求。

（一）高校教师道德心理的优化

个体心理的发生发展过程，既不是外部物理世界的简单复本，也不是主体内部预成结构的展现，而是在主体不断成熟的基础上，与客体相互作用的过程中获得个体经验与社会经验，不断地协调、建构，逐步形成一系列由低级到高级的心理图式的过程。因此，道德图式是个体道德接受的心理机制。所谓道德图式，是指发源于道德活动，而又作为先存的心理状态，来制约主体活动的若干具有价值向性的道德意识单元的有机组合。虽然道德图式往往作为一种先存的心理状态，对人们的道德活动产生影响，但是，道德图式本身却又是道德实践的产物。个体只有在道德实践中反复感知大量的道德现象，并经过道德理性的不断升华，才能逐步确立起比较稳定的道德图式。

道德图式一旦确立，就不仅会对个体的道德行为发生影响，也会对个体的道德认知发生影响。道德图式往往作为一种主观的内在尺度，引导个体对道德现象作出有意识的评价或无意识的反应。在实际的道德活动中，人们往往亲近和肯定那些与其内在的道德图式相一致的道德现象。道德图式由道德图式的内核与道德图式外周两部分组成。道德图式的内核，是一个道德体系从根本上区别开来。道德图式的外周，是道德图式的核外区域，通常为那些具有共同性的道德因素或整个人类最为基本的德行以及与之相应的道德情感等心理因素所栖。这是道德图式的非本质部分。具有共通性的道德因素或最基本的德行，就是所谓的道德意识和道德情感，它们往往在不同的道德图式中都有体现，因为它们是人之为人的一个根据。

因此，高校教师职业道德心理优化就是要建构正确的道德心理图式，特别是要树立端正的积极的道德心理图式的内核，这是因为道德图式的内核是整个道德图式的本质规定之所在。作为本质存在的这种基本内核，实际上指示出个体道德行为的方向。个体的道德潜能，必须在现实中沿着这一确定方向展开。取消道德图式的这种基本内核，并不意味着同时就取消了个体的道德潜能，但是，没有基本内核作为依托，道德潜能就只能以无序的、混乱的方式展开。

一般认为，求真的品格就是高校教师职业道德心理图式的基本内核，教师的道德心理活动都应以此为基础进行展开。高校教师的心理图式以求真为内核从两个方面来分析：一是求真在高校活动占有的地位，二是求真的特殊功能。

求真是教育活动的品德要求。高校是学术性组织，因此在教育组织中主要进行的是学术活动，当然还有各种行政行为、经济行为，但主要的是学术行为、教育行为。

学术行为是以探求和揭示世界的本体、思维的方法和人生的意义为宗旨的认识活动与实践活动。科学活动、道德活动和审美活动构成了学术行为的全部内容。其中，科学活动占据了重要的地位。在某种意义上看，学术行为实质上是一种科学活动，因为科学是对世界的规律性和知识的真实性的探索，它是人类了解和改造世界的最根本的方法与途径，它既为道德研究和审美研究提供了素材，又为它们提供了依据。而科学活动是以求真的方式来把握世界，求真是科学不可移易的精神、不可丢失的影响、不可替代的方法，科学与求真几乎成为同义语，求真既是科学的工具，又是科学的目的。说它是工具，是因为科学只有通过求真的途径、求真的方法才能获得对世界的认识；说它是目的，是因为科学的任务就是在不断地排除谬误接近真理。目的和目标都是指行为的结果在实现之前以观念的形式在人的头脑中的成像。那么，由于学术行为的任务也是在于通过观察、讨论、研究、分析、归纳，在不断地排除谬误的过程中接近客观对象的本质，因此，求真也就成为学术活动的主要内容、学术行为的重要品德，真理也就成为学术活动追求的目标。因此，我们说学术行为以求真为目标。

真是善的基础，求真方可提炼出善。我们对“真”的寻求，并不仅仅是为了获取某些“普遍必然性”的知识，从而对世界上千差万别、千变万化的事物作出理论解释，更重要的是为获得规范人的思想与行为的“根据”、“标准”和“尺度”，从而奠定人类自身在世界中的“安身立命之本”或“最高的支持点”。因此，在哲学的意义上，对“真”的寻求，其实质是对“善”的寻求，即对人自身的幸福与发展的寻求。可见，求真也是人类自我完善的一个重要维度，求真的深层之处蕴藏着向善的成分。

在科学的活动中，求真与向善不仅是交织在一起、结合在一起，而且向善是求真的目的、统率，求真的活动受向善的理念引导、指挥和控制，向善成为求真的精神和灵魂，善是求真中提炼出的价值。科学上的求真具有终极的价值意义，科学活动也因此具有把人导向到人生最高境界的作用。这种导向的作用之所以产生，不仅在于它在价值上指向人的终极目的，还在于人生的智慧是真善美的统一，这种真善美的统一离不开科学的知识和真理。不管我们的知识怎样抽象化，不管我们怎样致力于消灭主观的因素，但归根结底，科学仍具有强烈的人性。我们想到的和去做的每一件事都是与人有关的。科学无非是在人类之镜中的自然映象。我们可以无限地改善这面镜子，或者我们自己相继发现错误的原因，但无论怎样，都永远抹不掉人类的属性。

求真可以亲和美，使真美善实现统一。以求真为终极目标的科学活动，不仅反映着人与客观世界的认识关系，而且反映着人与客观世界的审美关系。可见，科学不仅是求真，而且爱美。美是对“合规律性”（“是”与“否”和“合目的性”）“应当”与“善”的统一，这意味着真、善、美三者是统一的。

如果进行智力教育而不去揭示所研究对象的美，进行劳动教育而不去认识劳动的目的、内容和过程中的美，培养品德而不去欣赏品行之美，使身体得到发育而不具备关于人的完美体魄的概念，这是无法想象的。反之，如果脱离生活，脱离积极的创造性活动，脱离为达到理想而进行的斗争来进行审美教育，这种教育也是空虚的。当我们紧密结合生活进行教育，并向学生展示体力劳动之美、精神和体格之美时，我们就能更加有效地解决智育、德育、美育、劳动教育和体育诸多方面的问题。

真与美亲和、与美结伴。真依靠美来展示自身，美依靠真而让人称奇。人类实践的存在方式，造就了人生活世界的真情之美，也造就了人智力探险的逻辑之美。人类具有思维的能力和求知的渴望，宇宙之谜、历史之谜、人生之谜，对于具有思维能力和求知渴望的人类来说，是一种精神上的诱惑和智力上的挑战。面对这种诱惑与挑战，人类以思维的逻辑去揭开笼罩着自然、历史和人生的层层面纱，并以思维的逻辑去展现自然、历史和人生的本质与规律。逻辑之美是人类的智力探险之美、思维撞击之美、理性创造之美。人类的智力探险、思维撞击和理性创造是美的，这种探险、撞击和创造的产品（包含思想、理论、科学）也是美的。在科学理论中，我们可以感受到科学“首尾一贯”“秩序井然”的逻辑结构之美，可以感受到“强有力”的科学语言之美，也可以感受到“清晰而明确”的科学描述之美。

真正的科学家和真正的诗人是用同一种材料塑造出来的，科学和艺术的全部实践的特点就是使知识和感情条理化，把它们归结成理论系统或形式美学系统。

由于求真在学术活动中的重要地位和它独有的向善、爱美的特殊功能，所以它成为高校教师心理优化的首要对象，它是教师心理图式中的基本内核。

（二）高校教师职业道德的内化

高校教师职业道德内化，是指高校教师在教育实践活动中通过道德认识强化、道德情感体验和道德意志磨炼，将师德规范固化为教师内心的道德结构的心理过程。换言之，就是教师职业道德人格的形成，教师职业道德人格化的过程。它可以分为有意识内化和无意识内化两种情况。

有意识内化，即个体有意识地将外在影响和要求内化为自身的素质。在这一过程里，学习主体能自我感觉到自身所做的努力，是一种有明确指向的、可以自己控制的也可以量化的知识转化的过程。例如，系统的课堂讲授，老师按照教学计划按部就班地传授，学生依照老师的要求亦步亦趋地学习。其间，有明确的学习目的，有指定的学习教材，有科学的学习评价手段。

无意识内化，即个体在无意识之中接纳外在影响和要求，在日常生活、学习、工作当中，由于周围环境的影响，由于身边榜样的带动，由于平常日积月累的习惯性的操作等将一些为人们所广泛接受的为人处世的原则或是某一学科方面的知识等不知不觉地渗透到自身的知识结构中，积淀成为一种内在素质，进而养成一些习惯，指导自身的日常行为。在这一过程中，学习主体能理解自身行为的意义和目的，也能体会到行为的最终方向，能知晓自己将要把自己培养成为一个具有什么样素质的人，但他们很难有一种量化的标准来评估自己的学习，他们所有的变化都是在一定环境中，在某种特定的氛围中完成的，是一种潜移默化的过程。他们的进步不能用考试来衡量，但可以通过其精神面貌的改善，通过其对社会、对集体、对自己的世界观、人生观和价值观的改变，通过其对学习和工作的意义、目的的态度的演变来考察。这一种内化是主要的，对人的素质的提高起主导作用。

思想素质、道德素质以及心理素质等很难通过课堂教学培养出来，即使培养出来，也是不扎实的，没有长久的实效。它们一般情况下是通过无意识内化的方式获得的，靠环境感染，靠场所熏陶，靠潜移默化来培养。

1. 情感教育是教师职业道德内化的外部诱因

什么是情感呢？情感一般包括从社会形成的道德范畴出发，用道德原则的观点感知各种现实的观点时，人所体验到的一切情感。人们认为，这一道德感的定义是长期以来把情绪、情感作为认知的副现象和逻辑结果的产物①。情感教育理念，古今中外早已有之。从古代开始，教育教学专家就注意到人的情绪因素对教育的影响作用。然而，在教育实践中，尤其是在蕴含浓厚情感色彩的道德教育实践中，部分教育者却更重视认识系统的操作，而忽视情感系统的操作，把道德规范当作僵死的教条，企图以灌输式、填鸭式的方式将其强加给受教育者，结果使道德教育流于程式化。

情感教育是指教育者满腔热情地进行教育活动，在教育过程中不仅注意诱发、激励受教育者的情感，使之处于最佳状态，而且把情感培养视为教育的目标之一。这一原则包括三个方面的内容：一是教育者以积极饱满的热忱、健康的情感、良好的个性形象投入教育过程，在整体中把握客观知识的逻辑联系和意义结合；二是教育者善于运用各种方法、手段诱发、激励与协调受教育者的积极情感；三是实现教育活动中的情感渗透与迁移。这三个方面是相互联系的，教育者的情感是重要的前提，诱发、培养受教育者的情感是目的。

教育者和受教育者是构成教学中情感现象的两个源。情感教育理论认为，教育过程应以解决受教育者的情感问题为目标，首先由教育者建立一种接受气氛，让受教育者在情感体验中表达自我情感，教育者接受并理解各种情感。然后，组织受教育者鉴别和追求自己的学习目标，在实践中实现情感参与和渗透。最后，受教育者主动探索自己喜爱的事物，并作出选择，在此过程中实现教育主客体的情感互动。

在教师职业道德教育过程中，应注意以下几点。

首先，要有道德情感体验。情感体验是指认识主体在情感上把自我当作客体，使自己暂时根据客体环境、立场、观点去观察事物、思考问题，从中获得关于客体的信息。情感教育模式依据的是情感体验的心理过程，它是一种以情感为核心的知、情、

---

① 朱小蔓，梅仲荪．道德情感教育初论［J］．思想·理论·教育，2001（10）：28－32．

行整合结构。道德教育中的认知学习与行为学习是以情感为中介发生的，受教育者在特定情境中体验教育者的真诚、信任，接受并表达各种情感，把各种理性知识内化为情感力量并接受它。脱离情感体验的单纯的认知学习，只能造就夸夸其谈的“口头派”；没有正确情感导向的行为学习，就难以避免行为的功利性驱动。因此，没有情感体验，孤立的认知学习与行为学习是毫无意义的。行为学习的目的不在于行为本身，而在于行为背后的情感体验结果，它主要不是获得熟练的行为方式，而是要形成积极的情感体验。只有通过道德教育实践，主体与客体才能发生切实的情感关系，才能身临其境，体验、感悟主客体间的关系，实现知、情、行的整合。

其次，要有道德情感渗透。道德教育是一种情感交流、渗透过程。知识只有通过生动的情感语言触及受教育者的灵魂，刺激他们的心灵，才能成为精神的力量。情感教育正是依靠情感语言和诗意想象的语言以完成个体的感受，同时要求结合具体知识点循序渐进地进行。情感渗透主要有目标渗透和过程渗透。一是以情感为中介，实现道德知识向信念转化，知识只有转化为信念才能成为精神的力量。道德知识能否内化为道德精神力量，关键在于教育过程中的情感渗透程度。二是实现教育过程与情感实践一体化。教育过程是一种人际交往过程，本身充满着无数的情感渗透，它亦是受教育者情感实践的重要方面。以信任、关怀、合作建立教育中的关系，以丰富的教学媒体与生动的情感语言创设教育情境，实施情感化教学，是实现道德教育中情感渗透的重要条件。

最后，要有道德情感转移。情感转移就是“感人之所感”，并能“知人之所感”，是既能分享他人情感，对他人的处境感同身受，又能客观地理解、分析他人的情感。在道德教育实践中，教育双方不仅要细心体验情感，而且要达到情感转移的效果。即要使受教育者在学习过程中能分析、理解教育者的情感；要使受教育者在观察处于某种情感状态下的教育者时，能产生与教育者相同的情感体验。情感转移主要包括两个方面。第一，教育者情感向受教育者迁移。教育的艺术不在于本领的传授，而在于情感的唤醒、激励、鼓舞。教育者激发被教育者的情感，并对它作移情理解，反馈到受教育者，经其体验，潜移默化，教育者的情感便产生了转移。第二，受教育者把自我转移到道德知识和道德规范的对象中去。假人于物，把自己化身于“道德”之中，努力比照理想与现实的差距，从而达到自我教育、自我提升的学习效果。

2. 意义性学习是教师职业道德内化的内部动因

所谓意义性学习，就是指学习者在学习的整个过程中都能清楚地知晓学习的目的及意义所在，对学习的目标及学习所要达到的理想状态有一个非常明了透彻的了解，从而在整个学习过程中，能自始至终保持浓厚的学习兴趣，自觉地完成学习任务，及时地进行学习反馈，将学习与主体自身的全面发展紧密地联系在一起。

学习道德知识和道德规范应该是一种意义性的学习，而不能是机械式的填鸭式的学习，而对学习意义的把握、对学习意义的理解，主要在于学习者对学习目的、学习价值观、学习兴趣以及学习的功利性几个方面。

学习目的主要是指学习指向，指整个学习过程所指向的要达到的理想状态以及其要实现的目标。具有明确学习目的的学习者，其学习的焦虑水平适中，成败归因正确，愿意承担富有挑战性的学习任务，能形成较为强烈的学习动力和学习热情。

学习价值观是指对自身学习的价值思考和价值定位，包括其社会价值、功利价值及其心理价值。

学习兴趣是指对某一学科领域中的知识和技能所具有的一种强烈的好奇心以及迫切希望掌握这种知识和技能的愿望。它是学习动力系统中最活跃、最容易观察到的偏重于情感领域的成分。学习兴趣一般由于学习者的一种内在需要而被激发出来，可以充分而积极地调动学习者的思维，提高其对知识接受、加工、重组的水平，不断地将学习者的学习引向更高的层次。

学习的功利性方面一般总被许多教育工作者和教育理论家忽视。从诱因理论上来讲，功利性可以成为学习者学习的主要外部诱因。作为一个心理学的概念，诱因是指行为激活的外部因素，包括能满足个体需要的客体、情境和事件，是引发行为动机的目的物，具有诱发或激起个体指向目标的行为的作用。学习者若能正确地把握学习功利性的尺度，将学习的长远理想与近期的功利目标结合起来，将强烈的社会责任感与正当的个人功利要求结合起来，对于提高其学习兴趣，维持艰苦和长期的学习将具有重大的现实意义。

3. 养成良好的道德习惯

教师职业道德内化的最终指向——道德作为一种实践精神，从不满足对自身的理论追求，而是追求具体行为的落实。高校教师职业道德的培养也绝不是仅仅满足对教师职业道德规范和教师职业道德理论的掌握与理解，使“理应之理”变为“自然而然”。因此，道德习惯的培养应该成为道德培养的着眼点和着力点，理应成为教师职业道德人格的核心内容和职业道德内化的最终指向。

道德习惯是指个人在社会生活中，通过不断反复的道德实践，形成的不需外在监督即能实现的道德行为生活惯例。而职业道德习惯是指从业者在其职业生涯中，经过长年的职业道德的学习和实践所养成的职业道德生活惯例。教师良好的职业道德习惯包含以下三个方面的内容。

首先，教师的道德习惯是具有教师职业道德意义的生活惯例。教师在教育活动中都可能有意无意地养成各种习惯，但我们不能把这些习惯就等同于职业道德习惯。职业道德习惯须是符合职业道德准则，含有职业道德内容，具有职业道德价值的习惯。一个具有好的职业道德习惯的教师，他的道德活动往往是迅速的、自如的，不需要深思熟虑的意志努力。有时是一种道德直觉，主体无须对客体凝神静思、分析综合，一看便知对不对、好不好、该不该。

其次，教师的道德习惯是教师职业道德人格的核心内容。教师职业道德人格的形成是整个职业道德培育的最后环节，一个具有教师职业道德人格的人民教师必定是具备良好的职业道德习惯的好教师。一般来说，人格包含五个要素：认识、情感、意志、信念和习惯。教师的职业人格比人格的内涵要深、外延要窄。它的内在结构是职业道德认识、职业道德情感、职业道德意志、职业道德信念和职业道德习惯的有机结合。而职业道德习惯是多方面的，是职业道德行为和职业道德图式的统一，它既表现于言语、行为、态度、仪表、爱好等方面，也表现于思维方面。特定的职业道德习惯，乃是特定的职业道德认识、职业道德情感、职业道德意志、职业道德信念与特定人的肉体的融合，它似乎是不思而有、不虑而得、自然而然的。道德人格总是寓于道德习惯之中，根据一个人的道德行为习惯，即可确认其道德人格。

最后，教师的道德习惯是教师职业道德人格教育的归宿。长期以来，我们对思想政治教育强调得多，但很容易把德育的价值取向与德育过程混为一谈，总以为只要把道德观念和价值概念讲给受教育者听，受教育者就能获得相应的品德。实际上，受教育者从接受道德观念到形成道德行为是一个长期的、反复的过程，必须伴随着思维水平的提高和道德习惯的养成，否则就会使受教育者只背记大量的理论、条例，而在道德实践中却有可能表现出不道德。因此，重视发展受教育者的道德思维，培养其道德实践能力，进行道德习惯的养成教育，使他们具有良好道德习惯和道德素质，是道德教育的目的和归宿。

（三）高校教师道德人格的升华

人格，是人们日常生活中使用频繁、含义广泛的一个概念，也是为诸如心理学、伦理学、社会学、法律学、教育学等多门学科所深入研究的重要范畴。我国的人格思想源远流长，汉语中与“人格”一词含义相近的词语也颇为丰富，如人品、品格、品质、个性等。

尽管我们不能武断地认为，“人格”就等于“人”字与“格”字的简单相加，但通过单个字的字义分析，可以对“人格”一词的含义有更深入的了解。“人”，是一种有规定、有准则、有限制的特殊存在物，因此，人的存在中有接受、顺从以及被限定的一面。“格”有多层含义，它的第一层含义是指方形的格子、框框，这是从外观上所给定的一种比较形象的解释；它的第二层含义是准则、式样，如“合格”，这个“格”多指静态的定局或需服从的一种限定，如“格外”就是超出常规以外，与格内之物不同的意思。从“格”的第一层含义来看，“人格”从字面上可以理解为“人之格”或“格中之人”，前者是指人所处的某个格子，主语是“格”，后者是指处于某个方格中的人，主语是“人”，这是一种直观形象的理解，处于格子里面的人，即为“格中之人”，而处于格子以外的人，则为“格外之人”。“格”的第二层含义，是对第一层含义的推导和引申，因为，既然是方形的格子，就必定具有一定大小的空间，而构成这个格子的四条边，便可以理解为一定的标准、准则，由这些标准、准则构成的具有一定大小空间的“格”则是人类社会的某个领域。从这个意义上来看，“人格”就是指社会对人的一种规范、准则约束或处在一定社会规范、准则中的人。符合这些规范、准则，则处在“格”内，否则，将被排斥于此“格”之外，就是“出格”。

心理学和伦理学对人格的研究最为深入，且各具特色、互有差异，主要表现在以下三点。

第一，两者追求的终极目标不同。心理学追求的是一种健康人格，是对人格心理层面健康的追求。尽管每一个学派，甚至每一个人格心理学家，各自的理想人格模式都各不相同，但它们有一个共同的特点，即都是把所追求的理想人格的终极目标指向心理人格的健全。为了实现这一目标，人格心理学家们通过大量临床经验和心理测试，研究心理人格的产生机制与规律。与人格心理学不同，伦理学所追求的理想人格模式是主体高尚的道德人格。高尚人格的内涵随时代的变迁而变迁，各个阶级道德高尚的标准也各不相同。尽管如此，伦理学以高尚人格作为理想人格模式一直没有丝毫的改变。

第二，两者的内涵不同。心理学认为，人格是个人的气质、性情、能力的总和，是个人的心理特征的具体表现。不同的人格学家，还从不同的视角，将人格划分为各种不同的类型。外在的表现是内在心理特征的体现，人格通过气质、性情、能力等将内心的所思所想写在脸上、言谈举止之中，十分强调人的自然特征对人格心理方面的影响。而伦理学认为，道德人格是指个人资格、规格、品格的内在统一。也就是说，道德人格是一个具有为人资格和尊严的人的道德品质与社会地位。从这个定义可以看出，道德人格研究的侧重点是道德境界的高低，只有道德境界高的人才具有人格，而道德境界低的人，可以说是没有人格可言的。

第三，两者的外延不同。世间万物皆有其“格”，物有物格，人亦有人格。“格”之大小不同，“格”中所“框”内容的多少也不尽相同。心理学研究之人格，以人的自然性、生物性为研究的前提，它将所有具有人的自然特征之人“框”入其中，任何人只要他具备人的外貌、形体特征，只要是人，在心理学看来便具备了做人的资格，所以，这个“格”可谓大“格”了。而伦理学以“人一出生，便被打上了社会的烙印”为研究前提，其道德人格所指之“格”，是指心理学人格的“格”中之人或者说自然生成之人再以道德规范为格，将道德品质高的人“框”入其中，品质低下者则被拒之“格”外。因此，从外延来看，道德人格是小“格”，心理学人格是大“格”，前者是后者的“格中之格”。

道德人格是道德主体的资格、规格和品格的内在统一，不能简单地将之理解为一个人做人的资格或道德心理上的品格。资格是指人之为人的先在条件，是道德人格形成的必要条件；规格是指从道德主体长期遵循的特定道德规范的性质和层次中所折射出的人格境界，其高低直接决定了道德主体是否真正具有做人的资格和品格的高低，进而决定道德人格的有无；品格又可称为品德、品质，它是主体内在规格的外在表现，是道德主体在长期的、一系列的道德行为中形成并通过道德行为表现出来的一种较稳定的内心状况和心理特征。狭义的道德人格就是指道德品格。品格是世界上最强大的动力之一。高尚的品格是人性的最高形式的体现，它能最大限度地展现出人的价值。

教师的灵魂就是以教师人格为首位的包括完备的知识体系、思想作风、工作精神的总和。教师应该凭借职业的良心，在对“树人”的社会责任自觉地接受以后，使其升华为一种甘为“人师”“人友”“人范”“人梯”的崇高理想和目标选取。“人师”“人友”“人范”“人梯”就是高校教师道德人格的理想标准。

“人师”既是一个目标、一种责任，也是一种荣誉。师者，先行者也，能授业传道也。做人之师，必须在知识的占有上走在学生的前面，要具备解疑释惑的本领，要有能把复杂的事情明了化、简单的事情系统化的高超技术，要有能把深奥的道理形象化、通俗的表白哲理化的厚实功夫。

“人友”是指教师要有与学生沟通感情的品格。“教不严，师之惰。”严中有情才能感化学生。教师应与学生结为朋友，使他们实现“愉快学习”，进而百倍地提高学习功效。与学生为友要体现在感情上，感情要融入教学。教学中哪些地方是疑难，疑难要如何才能解开，教师都首先必须做“心理投射”的假设。将心比心，才能做到真正理解，才会体会学生的苦楚。否则，就会成为一个居高临下的校园“泥尊”。

“人范”是指教师的身教和风范作用。“人格效应”是灵魂塑造中的基本效应，人格高尚的教师才能培养出人格高尚的学生。教师的品德固然是学生学习的范本，教师的水平同样也是学生评价教师的品德的样本。如果教师鼓励学生认真学习，但教师的教案却很马虎；如果教师高呼知识的力量，但教师的知识储备却很匮乏，那么，这实际上就是暗示学生讲空话、言行不一也并无不可。所以，思想影响不仅表现在思想说教中，更多的是存在于生活中和教师对待自身工作的态度中。讲台上“言高调”，讲台下“行跑调”，这是一个没有职业良心和职业道德的食利之徒，绝不是一个称职的教师。

“人梯”是指教师要有甘于提携后学，甘为蜡烛照亮别人的自我牺牲精神。教师的使命是把知识献给大众，重要的在于播种，而不在于自己去占有、收获。正所谓“生而不有，长而不宰，为而不恃”，要做到播种不息，把收获留给未来。辛勤的教师珍惜一分一秒的时间，但有时，又可把时间当作雪花那样，一片一片地抛却，只要学生有问题，不管白天夜晚，都可以让自己的安排让位，去详尽地回答他的问题。烛光精神是教师引以为自豪的荣耀，它不是在放热时流泪，而是在发光中奉献。学生一代代地从高校走向社会，不像流水那样一流而逝，学生永远不会忘记自己知识的发源地，在他一生的事业中都打上了母校的印记。

“人师”“人友”“人范”“人梯”的精神，构成了教师职业道德人格的核心内容和培养目标，它是教师在对“树人”社会责任的神圣性深入的理解之后，坚定的内心信念和义务坚守。

如前所述，教师的道德人格综合了教师职业道德认识、职业道德情感、职业道德意志、职业道德信念、职业道德习惯等多种品质。教师道德人格的升华，就是教师的道德认识、道德情感、道德意志和道德信念，经过社会的道德培养和自身的道德修养得到整体的提升，使教师由道德无知到道德有知，从道德自发到道德自觉，从道德他律到道德自律的人格转化。因此，教师道德人格的升华包括教师道德知识的升华、教师道德情感的升华、教师道德意志的升华和教师道德信念的升华四个环节。这四个环节依次推进、互为因果，经过量的逐步积累，最终完成人格的质变。

其一，道德认识的升华。人格升华的第一步，就是每个教师要真正理解道德认识的真谛。道德认识是要求教师对职业道德的认知不能只停留在有关师德的规范和条例上，而应透过道德规范的字里行间，真正体会到教师的身份、角色的重要性和责任感。“师者，所以传道、授业、解惑也。”因此，教师的第一要德就是“智”德，想要让自己成为一名有德的人民教育者，首先要让自己成为“经师”和“智慧的化身”。“名师出高徒”，每个教师都应力争成为明师、名师，甚至是“一代宗师”，要用自己的知识和行动来教育学生，这既是教师的目标，也是教师的责任。要教好书，就要有相应的气概和毅力。

其二，道德情感的升华。道德情感是道德人格的重要组成部分，离开了情感，人格与道德就无法结缘。道德情感同其他情感一样，是人对客观世界的一种特殊反映形式，是人对是否符合自己的道德需要而产生的内心体验。因此，道德需要是道德情感的心理本质。人的需要是千差万别的，所谓众口难调，就体现了人的需要的多样性。人的需要不仅多样，而且多层次。一般可以分为五个层次，分别是生理需要、安全需要、归属与爱的需要、尊重的需要、自我实现的需要。教师将职业道德情感上升为对学生的情感，也就具有了与学生沟通感情的品格，才能拥有“人友”的尊称。“严师出高徒”，严中自有真情流露，严而不专、严而不横，老师与学生结为朋友，使得双向交流的教学过程成为感情的交流、知识的互动进程，让学生在一种愉快的心境下修业进德，这样的教师不仅是有学有识的教师，而且是有情有义的教师。

其三，道德意志的升华。道德意志的升华就是要将教师对在其职业道德履行中表现出来的克服内外部障碍，坚决执行由道德动机作出的决定，用正确的观念战胜不正确的观念，从而完成一定的道德行为的顽强力量和支持精神升华为一种持久的是非分明、扬善抑恶、崇美贬丑的正义感与责任感。换言之，教师不仅要通过道德意志将道德知识、道德规范内化为自己的道德信念、道德品质，而且要通过意志的支撑和道德的坚守使自身成为学生的道德典范。能成为学生的道德典范的老师，我们亦可尊之为“人范”，即人之范本、道德范例。它是在道德实践中产生的、具有肯定意义的现实生活中的典型，是能够使人产生美感的崇高形象，是内在的善品和外在的善行的统一，是“诚于中而形于外”的正面人物的风范。“人范”具有能触发人们仰慕的效仿性、能唤起人们崇敬的形象性和能为历史所考证的真实性的特征。效仿性讲的是功利性的规定，体现了善的原则；形象性讲的是评价性的规定，体现了美的原则；真实性讲的是判定性规定，体现了真的原则。“人范”是真善美在先进人物上的具体集合，是真善美的统一。真善美是与假恶丑相对立的存在，是对假恶丑的抵制和战胜。

其四，道德信念的升华。信念是身体上或心理上或者两方面兼有的某一种状态。信念可分为五种不同的种类：第一，那种以动物性推理补充感觉的信念；第二，记忆；第三，预料；第四，只凭证据不经思考就得出的信念；第五，那种经过自有意识的推理的信念。道德信念是人们对某种道德理想、道德原则和规范的笃信。道德信念的升华就是思考如何将萦绕在头脑中的道德观念和道德意识转化为对自己所虔诚的事业的满腔热爱与勇于献身的精神。一名好的教师不但要努力成为一名“经师”、一位“人友”、一个“人范”，还要努力成为一座“人梯”和一柄“烛灯”。可见，有幸从事教育工作，是无上光荣、值得自豪的。

第二节　高校治理视域下促进教师的专业发展

推进高校治理能力现代化是我国高等教育发展方式由规模发展向内涵式发展转型的必然要求。① 近年来，高校教师的专业发展得到学界和高校的共同关注。不过，在实践中，教师个人专业质量提升的主要途径还在于职前培训，与涉及少数教师的职后研修。对此，我们有必要从更多的角度来研究和促进教师的专业发展。

一、科学理解教师专业发展

教师的专业发展，是指教师作为专业人员，职业道德、专业思想、专业知识、专业能力、专业品质等方面由不成熟到成熟的发展过程，即由一名专业新手发展成为专家型教师或教育型教师的发展过程。教师的专业发展固然与从教的时间长短有关，却又不仅是时间的累积，更是与教师专业素养的不断提高、专业理想的逐渐明晰、专业

① 姚琴琴，李治中，庄文城．高校治理能力现代化的改革模式与路径研究［J］．福建医科大学学报（社会科学版），2019，20（2）：27－32.

自我的逐步形成有着密切的关联。

（一）教师专业发展的含义

要界定教师专业发展的含义，就是认定什么是教师专业发展的问题。要认识教师专业发展，就要辨析“教师专业化”和“教师专业发展”这两个概念。就广义而言，这两个概念是相通的，都是指教师专业性的过程。当把二者对照使用时，可以从个体与群体、内在与外在的表现形式上加以区分。教师专业化主要强调教师群体的、外在的专业性提高，教师专业发展则是教师个体的、内在的专业性提高。总体而言，教师专业发展主要有下面三种理解。

第一种，教师专业发展和教师培训、在职教育等作为可以相互替代的专业词语使用。此种理解认为，教师专业发展就是教师教育、教师培训，甚至把它直接认定为教师专业培训。

第二种，教师专业发展是指通过教师教育和培训，让教师丰富专业知识和理论，提高专业技能和水平，以期教师职业在社会上的专业化。

第三种，教师专业发展是教师的专业成长过程，是促进教师专业成长的过程。作为专业成长过程，教师专业发展是一个多侧面、多等级的发展过程；作为促进教师专业生长的过程，也就是针对教师教育和教师培训而言，同时也具有多种层次的梯度渐进特征。

（二）教师专业发展的意义

1. 教师专业发展是实现人生价值的需要

传统上，教师职业被赋予了过多的道德内涵，但这种道德并不是指向教师个人发展的，而更多强调教师的责任，强调教师职业的付出和贡献。人们赞扬教师，是因为教师为社会作出了贡献，这理所当然应当得到社会的尊重，但人们对教师自身发展的需要却较少给予关注。人们更多地从教育发展、学生发展的角度讨论教师专业发展问题，希望通过教师专业发展来提高教学水平和教育质量，这仍然强调的是教师要满足社会的需要。另外也不能否认，当前关于教师专业化的讨论中，教育系统内部的一些人更加关注的是通过专业化提高教师的社会地位或改善教师的地位。

2. 教师专业发展是学校发展的基础

一所学校的发展需要不断提高教育教学的质量，为社会培养出优秀的人才。其中，教学质量的提高，需要教师自身教学能力的不断提高，需要教师自觉投入教学改革，进行创造性的工作，需要教师高度的责任感和事业心，这些都是以教师的专业发展为条件和基石的。因此，教师专业发展既是教师个人的需要，又是学校发展的需要，没有教师的专业发展也就谈不上学校的发展。

在教学改革中，教师所处的工作环境和教师的创造力必不可少。一个好的教学环境能够激发教师潜在的能力，教师间也可以互相协作创新，而学校的任务就是为教师创造这样一个教学环境，以促进教师自身各方面能力的提升，同时也使学校的整体教育水平得以改善。学校有一个良好的教学环境和一个完整的教师培训体系，对教师的专业发展有相当大的促进作用。一方面可以调动教师自身的积极性，另一方面也能锻炼教师的创新能力。每个教师的教学风格不同，教师之间能够在好的教学氛围下互相交流促进。这样教师本身才能得到更好的发展，学校的综合教学水平也能得到逐步提高。

（三）教师专业发展的要素

谈及教师专业发展的要素，就有必要分析教师的专业结构。从教师专业发展的进程来看，教师的专业结构作为其中的一个“横截面”，在不同阶段有着不同的表现。对于我们来说，分析这个“横截面”有助于清晰地了解影响教师专业发展的要素。所以，我们要更好地把握这些要素，就必须从专业结构入手。

1. 教师的专业结构

对教师专业结构的研究，我们可以从专业特质和教师素质两方面入手。专业特质是从一般性的专业角度来考虑的，是专业人员具有的特质。曾荣光教授在这一研究中，把专业所必须具备的核心特质归纳为专业知识和服务理想两个方面。同时，从教师素质入手分析教师专业结构的也很多，如从动力系统（思想品德）、知识系统和能力系统等三个方面构建教师的素质结构模型。这些研究虽然面向教师个体，但主要是从对教师的素质要求或优秀教师所具备的素质角度来进行的。

然而，不管如何分析这些专业结构，只能保证教师成为“静态”的专业人员。面对复杂的教育工作，教师要成为真正的专业人员，需要经过长期的专业学习过程。所以，教师必须具备自主的专业发展意识，只有具备自我专业发展的意识，教师才会产生内在的专业发展动力，进而获得专业发展。教师能否抓住时代发展的机遇，也是现代教师专业思想的体现。

2. 影响教师专业发展的要素

教师专业发展是一个动态的变化过程，其要素是复杂的。通过截取“横截面”的方式给予分析，根据教师的专业结构就可以确定影响教师专业发展的要素主要有以下几个：教育思想、专业知识、专业能力、专业态度和动机以及专业发展意识。

（1）教育思想。教师的教育思想是教师自己选择的、用以指导教育教学实践的教育观念或教育理念。

每一位教师都有自己的教育思想体系，可以是在自己的教学实践经验中积累形成的，也可以是从外界接受后结合实战内化的，或者是直接从外界接受的。其中，有的是自己的教学观念，有的是升华为自己的教学理念，这两者之间存在的基础虽然有差异，但是两者的关系是很密切的，可以看作教师教育思想的两个层面。由经验式、无意识的教育信念向以知识、理论为基础的教育信念不断演变，以至于有意识地构建理想化的教育信念，并使之随时代的发展而更新，这是教师逐步走向专业化的标志。针对这一点，国外强调以知识为基础的教育思想，国内则较多地强调以理性、理想为基础的教育思想。教师的教育思想，不仅影响其教学、教育行为，而且影响自己的学习和成长。在教师试图学习、接受新的教育观念的时候，这些已有的过时的、错误的信念可能成为过滤新观念的筛子，并对新观念的学习产生不利影响。

教师的教育思想，反映的是教师对教育、学生以及学习等的基本看法，形成之后，在一段时间内是相对稳定的。教育思想在教师专业结构中的层次较高，统领着教师专业结构的其他方面。因此，教师教育思想体系的改变，是一种较深层次的专业发展。

（2）专业知识。许多学者曾就一门专业的特征提出过不同的观点。大致可以总结为三个方面：一是专业理论知识，二是独特的社会服务，三是高度专业自主权。所以，作为专业人员，获得专业理论知识，是专业成长的一个重要因素。这一点，对于教师的专业成长，是非常必要的。

毫无疑问，在教学过程中，教师要用到多种知识，然而对教师知识的结构，研究的人却很少。究其原因，一方面与教师知识研究的历史因素有关，尽管长期以来教师知识就是教师发展的研究课题；另一方面，也显示出教师专业知识本身的复杂性。在对教师知识的研究中，由于研究者对教师知识性质的理解和研究侧重点的不同，出现了许多类教师知识，甚至教师知识有哪些类别、各类别之间有哪些联系以及如何分类也已经成为独立的研究领域。这就导致了教师专业知识体系的内容难以得到各方研究者的共同认定。

（3）专业能力。与专业知识一样，专业能力也是教师专业发展的重要因素。教师能力特别是专业能力，对教师专业工作有着重要意义。研究者对于教师专业能力的结构分析，影响比较大的有以下几种。

第一种，教师的专业能力包括思维条理性、逻辑性、口头表达能力和组织教学能力。

第二种，教师的专业能力包括认识能力（思维的逻辑性、思维的创造性）、设计能力、传播能力（语言表达能力、非语言表达能力、运用现代教育技术的能力）、组织能力、交往能力。

第三种，教师的专业能力包括基础能力（智慧能力、表达能力、审美能力）、职业能力（教育能力、班级管理能力、教学能力）自我完善能力、自学能力（扩展能力、处理人际关系能力）。

从这几种分析观点入手，我们得出结论，教师的专业能力应该包括一般能力（智力）和专业特殊能力。教师在智力上，应达到一定水平，这是维持正常教学思维流畅的基本保障。在教师专业特殊能力方面，可以再细分为两个层面：一是与教师教学实践直接联系的特殊能力，如语言表达能力、组织能力、学科教学能力等；二是有利于教师专业研究的能力，包括实践分析、课题研究、课改研究等教育科研能力。

（4）专业态度和动机。教师的专业态度和专业动机，是教师专业活动和行为的动力系统，是直接关系到教师职业的重要因素。这涉及教师的职业理想、对教师职业的热爱程度、工作积极性的维持等方面的问题。教师的专业动机和对专业的投入，随着年龄和教龄的增长而变化。入职动机非常坚定的人，并不一定意味着能够永远保持这种动机。教师，尤其是初任教师，他们的专业动机很容易受到其实际专业活动的自主程度、学校对教师的专业支持和帮助程度、与学校领导或同事教育思想的兼容程度等因素的影响。在某些因素的作用下，可能导致教师离开教师岗位。不同的入职动机，包括父母是教师、受教师影响、自己的理想、自然而然、别无选择等，使教师对职业的满意度有很大差别。这种动机与态度的差别，是与教师的去留、教师能否保证积极的专业行为密切相关的因素。因此，教师的专业态度和动机是两个核心因素，其他因素一般要通过这两个因素来影响教师的专业发展。

（5）专业发展意识。如果说上述要素反映的是如何使教师成为专业人员，那么自我发展的需要和意识，则是教师如何不断自觉促进专业发展的保证，是教师专业发展的内在动力。教师自身的专业发展意识，按照时间维度分析，其内容构成包括三个方面：一是对过去专业发展过程的意识，二是对自己现在专业发展状态、水平所处阶段的意识，三是对自己未来专业发展的规划意识。专业发展意识是教师真正实现自主专业发展的基础和前提，可增强教师对自己专业发展的责任感，是自己的专业发展保持自我更新的动力。在教师保持自身的专业发展意识的前提下，经过一定时间的专业生活积累，还可以逐步形成自身的专业发展的能力，为教师进一步专业发展奠定了基础，并成为促进教师专业发展的新因素。所以，正是教师自身的专业发展意识，扮演了对教师专业发展路线的调节、监控的角色，才使得教师专业发展构成了一个动态循环发展过程，并向着积极的方向不断发展。

以上主要从分析的角度，列出了教师专业发展的几个要素。这里还要强调，这些要素不是孤立的，它们之间是相互联系并相互作用的，它们终究要统一在教师身上。而且，作为专业人员的教师，他们所具有的专业特质，也不仅是教师内在专业结构诸方面的简单相加。专业教师的知识结构应该是处于不断地变化、更新之中的，因为教师专业总是面临着新的挑战，其整个活动之中，充满了创新性，其专业特质也因之改变。因此，研究者一旦把握了教师专业发展的要素，就明确了研究、制定教师专业发展策略的重点。

3. 教师专业发展应该具备的核心素养

关于对教育专业发展应该具备的核心素养的研究主要是核心素养说。所谓的核心素养说，指的是深度学习是学生核心素养整体而综合发挥作用的活动。郭华认为，深度学习是蕴含多方面的学习，是学生感知觉、思维、情感、意志、价值观全面参与、全身心投入的活动，是指向具体的、社会的人的全面发展的，是形成学生核心素养的基本途径①。教师专业发展应该具备的核心素养主要有以下几个。

（1）信息素养。从教师专业发展的角度来看，信息素养至少表现为以下内容：有获取新信息的意愿，能够主动地从生活实践中不断地查找、探究新信息；能够较为自如地对获得的信息进行辨别和分析，并正确地加以评估；可灵活地支配信息，较好地掌握选择信息、拒绝信息的技能；能够有效地利用信息表达个人的思想和观念，并乐于与他人分享不同的见解或信息。

（2）创新素养。教师创新能力的高低制约着学生创新能力的发展。没有教师教育教学上的持续创新，学生的创新能力也就很难发展起来。这也意味着教师需要改变原有的单一注重知识传授和再现的行为，不能再把知识点的分解和讲解作为自己教学的主要目标甚至是唯一指向，需要切实将教育教学看作持续创新的过程，将每次教育教学活动的设计当作创意生成的过程。教师的这种创新素养主要表现为：对教育教学具有挑战心、好奇心、想象力；鼓励学生的创新，把学生当作创新主体，促进学生在学习中发挥创新的主体性作用；宽容对待学生的失败，鼓励学生适当冒险，营造教学中激励创新的氛围；把教育教学看作学生主动学习、探究反思、变化更新的创新过程；在教学中为学生提供创新的时间和空间，形成激活学生创新欲望，培育学生创新潜能的作用力；自己在教学中持续不断创新，把每次教学都当作创意设计和实施的过程等。

（3）跨学科素养。跨科学素养是主要从学生的全面发展来考虑的。教师的授课是学生接受知识的主要来源，所以教师本身的综合素质发展十分重要。教师不仅要给学生进行单门学科知识的讲授，还要分析各个学科之间的相互关系以及如何很好地运用到实际中去。人们在实际社会或者生活中有需要解决的问题时，并不能靠单一知识或者是单一学科来解决，都是在不同学科的知识互相交叉或者融合的情况下，才有可能解决问题。例如，非语文、非数学的老师要研究与本学科相关的应用语文、应用数学的知识和内容，便应找出其中交叉和融合的部分，在学科知识提升的同时，提升学生的语文素养和数学素养。

（4）媒体素养。自媒体正在使教师的私密空间与公共空间的界限变得模糊，使教师个体行为与公共行为的距离变短。教师增强自身的媒体素养已变得迫在眉睫。在这里，教师媒体素养指的是教师认识、评判、运用传媒的态度与能力，既指教师面对各种传媒信息时的选择能力、理解能力、质疑能力、评估能力，也指教师在认识媒体的基础上对媒体的巧妙运用。这项能力大体可分为基础、核心及关键三个层面。其中，各种领域的知识积累和教育教学的阅历是基础要素；把握各种媒体的特性，正确解读

① 郭华．深度学习及其意义［J］．课程．教材．教法，2016，36（11）：25－32.

各种信息并恰当运用，培养对媒体信息的批判意识和批判能力，提高对不良信息的辨认能力和免疫能力，同时学会有效地利用媒体信息为教育教学服务，属于核心要素；有着追求当代教育新鲜信息的强烈愿望则是关键要素。

（5）社会参与和贡献素养。高校行政权力泛化造成行政权力挤压乃至直接干预学术权力，其后果是给高校正常的改革发展稳定带来一定的负面影响，直接影响了高校治理体系和治理能力的现代化①。教师往往将自己局限在学校教学或者学校活动内，不太注重社会上的活动或者不关注政府事务。随着我国综合国力的提升，国家治理体系和治理能力现代化不断推进，教师也不再满足于学校的教学任务，要求参与社会事务或者是政治事务，得以体现自己的价值。教师由于身份的特殊性以及占有知识的有利条件，逐渐成为公众参与社会事务的引领者之一。伴随着教师社会能力的提升，教师承担的责任也在增大，教师参与社会活动，在活动中发挥自身的优势，既能提升学校的社会影响力和知名度，也为社会作出了一定的贡献。

（6）自我管理素养。目前，教师的教学难度在逐步增加，所以他们面对的压力在日益增大，教师遇到的问题也越来越多，教师自身的教学水平越高，提升的空间就越小，而且外部的激励手段也很匮乏。这样，教师自身综合素质的提升就需要引起关注，教师如何管理自我、约束自我、提升自我等问题会直接影响其专业发展。教师的自我管理内容很多，其中包括：目标管理，要在教学模式、自身素养设置一个目标，按着目标去努力提升；时间管理，工作时间要合理安排，分清事情的轻重缓急；沟通管理，对于不同的学生，要根据其不同的性格、学习能力采用不同的沟通方式；情绪管理，教学过程中不要带着情绪教学，要学会控制自己的情绪，不要在情绪失控的情况下作任何决定，冷静地作出判断；健康管理，要认识自己的身心状况，有好的生活习惯和自我调节能力，热爱运动，保持积极乐观的生活方式等。

二、高校治理现代化视域下的教师专业发展的内容

（一）教师专业认知和教学风格

专业认知是教育教学中的一个重要环节。它要求教师在进行专业教学活动之前通过实地参观、思考和了解后，对教学活动形成一定的认知、信念和思维方法，培养教师对教师职业的热爱，并强化其事业心和责任感，巩固其专业理念。教学风格是教师在与学生、课程、环境交互作用过程中表现出的一种稳定的外显行为。

1. 教师专业认知

一般来说，在传统教学中，人的认知能力是基于人脑的，对客观事物的特性、联

① 金东瑞，韩卓，宋婉春．国家治理现代化视角下高校行政权力规范问题研究［J］．黑龙江高教研究，2018（1）：80－83.

系或者关系以感知、记忆和思维等形式来反映的，定义事物对人的影响和作用的一种能力。教师专业认知是指教师在教育教学活动中体现出来的教师所知、所信和所想，即形成对专业的认同和教学的认知，建构独特的教学信念，通过思考教学现象，作出教学决策。

（1）教师所知。

①对专业的认同。对专业的认同是教师专业发展的起点。教师回顾自己的成长之路、反思并总结经验，同时关注同事们的专业发展情况，参考国家级名师的专业发展历程，这个过程综合起来看就会发现，教师的专业发展开始于对专业的认同。认同是多角度、多方面的，主要有三个方面：一是教师对教师职业本身的认同，教师能够理解教师职业的内涵和本质，从认识到认同是一个内化的过程，能够认识并热爱教师职业；二是对专业学科的认同，教师喜欢自己所教的学科，愿意在这个学科上有所发展；三是别人对自己的认同。教师一旦产生专业认同感，就容易产生职业成就感，这是教师专业发展的持续动力，教师就是在不断保持和提升自己的成就感的过程中，实现自身的专业发展的。认同感与成就感支撑起了教师的幸福感，教师的专业发展不是被动的，而是主动的。教师以自己的幸福感带给学生以幸福，带给学校以幸福，带给社会以幸福。

②对教学的认知。教师的教学认知能力是依托教学系统而产生的。这一能力的形成需要教师辩证地分析和反思教学系统的性质与要素之间的关系，解读和概括各专业学科中的概念，了解和感受学生的心理变化，深刻认识到在教学实践中运用的教学方式方法和策略的效果。教师的教学认知能力是教师对教学的目的、教学的任务、学生们的特点、教学方式方法和教学实践中遇到问题和情形的分析和判断能力。教师教学认知能力的提升，直接影响了学生对相应学科的知识的学习，从而提升教学工作的效率效果，推动教学专业化发展。教师的综合素质要求教师有超强的教学认知能力，教师的教学认知能力是教师整体专业素养和素质的直接体现，对于教师教学认知能力的培养、提高是非常必要的，有利于教师在教学实践中展示自身的教学能力。教师的教学认知能力、汲取知识的能力和其他相关能力是相辅相成的，其中一个方面的提高，会有助于其他方面的协同提升，最后实现教师全方位的素质和专业能力的提升。教师教学能力由教师对教学目标的理解能力和对教学资源的分析能力构成，教师应该充分分析和利用教学资源，深层次理解教学目标，最终达到提升教学质量的目的。

（2）教师所信。教师所信是指教师对教学对象的知觉力。知觉是指从刺激汇集的世界中抽绎出有关信息的过程。而知觉力是指采用能使环境意义化，能够对感觉材料进行加工、处理，使之成为一种统一的、有组织的经验。因此，知觉力可以说是一种把感觉材料加工组合为整体性表象或经验的能力。教师对学生课堂表现的知觉力的大小会对教学效果产生重要的影响。

（3）教师所想。教师所想是指教学管理的思维力，是基于教学问题分析和解决的认知能力。这种认知能力由洞察教育现象、关注教学决策、提升问题解决能力三个部分组成。调查得知，有相当工作经验的专家级教师与刚刚踏上工作岗位的新手教师在认知能力的表现上有很大差别，专家级别的教师可以根据经验拨开问题表象的迷雾，看透问题的本质，从根本上分析和解决问题；但是新手教师一般没有办法拨开问题表面的现象，从而无法深入问题。教学经验的缺乏导致了新手教师在分析和解决问题上的片面性。

2. 教学风格

研究教学风格，顾名思义就是从教师的角度展开研究①。教师、学生、课程和环境等因素不断进行交互作用，教学风格就是教师在这种交互作用中表现出来的一种稳定的外显行为。教学风格一旦形成，就会在一个相当长的时期内保持不变，具有相对稳定性。教学风格是教师经过长期的教学实践过程逐渐形成的，具有稳定性的同时也具有延续性的特性，教师会根据新的教学发展的需要，随着教师自身专业素养和教学水平的提升而不断完善与改进，以满足日益完善的教学要求。在教学实践过程中，稳定性与延续性相结合，逐步形成教师特有的最适合学生的教学风格。教师的教学风格主要有以下几种类型。

（1）理智型。理智型教学风格的主要特征有四点，一是教师的教学方案严谨、逻辑清晰，充分利用科学来解释各类学科现象，让学生相信科学并理解科学；二是课堂的时间安排合理，各种讲课方法相互结合，不过于松弛也不过于紧张、枯燥；三是在教学实践过程中，教师对学生教导和引导相结合，注重学生的逻辑思维和抽象思维的培养；四是在教学实践过程中，教师使用的语言精准，道理通俗易懂，以科学服人。教师在教学实践中，应该综合考虑学生在相应年龄段的喜好，善于运用有利于记忆的视频、图形等方式，结合互联网的发展，使用先进的教学手段，增强课堂的趣味性，激发学生的自主学习的欲望和学习能力。

（2）幽默型。幽默型教学风格的教师能巧妙地设置悬念、埋下伏笔，常常令学生惊叹。幽默型教学风格的教师的语言表达生动幽默、趣味性强。教师用生动幽默、趣味性强的教学风格引导学生加强学习，激发学生学习的热情，学生在获得知识的同时，也开发了智力、收获了成就感，逐渐养成了乐观主义的人生观和热情、开朗的性格。

（3）创造型。创造型教学风格涵盖以下内容：一方面是教育教学内容的社会发展性和创造性；另一方面是教学方式的科学可靠性和多种多样性，还有教学评估的广泛性和灵活性。创造型的教学风格摒弃了“填鸭式”的教学方式，综合运用各式各样的教学工具和手段，增强教师和学生的互动，充分激发学生的主观能动性，最终保证学

① 张克峰．现代教学论视野下的教学风格研究［J］．中国成人教育，2014（23）：163－165.

生对知识的理解和记忆，全面提升教学效果。教学本身就是教与学的结合，是一种师生双向互动活动。创造型教学风格要求教师全身心投入教学实践，全心全意服务于学生的学习，以自身的热情带动学生学习的积极性，形成自己鲜明的、有特色的、有趣味性的教学风格，引领学生在知识的海洋里遨游。

（二）教师专业情感

教师专业情感是指教师在教育教学过程中内心所产生的稳定的、持久的态度体验，是在教育教学活动中所表现出来的教师专业情感意识、教师专业情感定式和教师专业情感能力，主要涵盖三个方面：一是对教育事业的执着和热爱，与同事形成专业学习共同体，提升精神境界，形成专业认同；二是对学科的热爱，能满怀激情地将自己所学传授给学生；三是对学生的热爱，能与学生建构融洽和谐的师生关系，尊重、关心每一个学生，促使每一个学生获得全面发展，最终促进教师与学生的共同成长。

近年来，学校教学硬件设施和软件资源都有大幅度的提升与改进，教师专业情感是在与学生的交流中建起来的，教育活动中教师与学生的互动和交流直接影响着教师对教学的情感投入。下面从教师的专业态度、师生关系和师生互动三个维度探讨教师专业情感，力求达到课堂教学的优化。

1. 情感欠缺的专业态度

不良的师生情感在某种程度上主要来源于师生偏见或冲突。师生偏见或冲突是教师在教育教学实践过程中，互相产生的情绪上的、心理上的或者价值观上面的差异而形成的互相对立、干扰的不良互动，有的表现为隐性，有的表现为显性。隐性的师生冲突比较常见，师生缺乏交流和沟通，学生学习情绪不高，课堂表现不佳，课堂比较沉闷、压抑；教师的上课积极性不高，与学生的沟通较少，教学方式乏味枯燥，最终导致课堂极其消极和压抑。课堂上的公平理念在教学过程中至关重要，学生十分关注老师在课堂上的行为，有时教师为了鼓励学生进步，会采取一些不恰当的语言和行为，造成学生认为教师偏心读书好的学生、挖苦读书不好的学生，在学生心中留下阴影，不利于学生的成长和学习。往往教师自身无法意识到这一缺陷带来的影响，但对学生来说，这种公平理念缺失带来的阴影可能会跟随自己一生，无法摆脱，这样缺乏公平理念的课堂给师生之间的互相理解和合作带来了极其不好的影响。

2. 和谐生态的师生关系

（1）创建活跃有效的师生交往。教师和学生都是教学实践过程中非常重要的主体，两个主体之间的作用是相互的，需要互相之间交流、沟通和理解。交往教学理论认为，教学实践过程也是个体之间交往的过程，个体之间交流彼此的思想、态度、价值观、感情观等，其中感情上的互动非常重要。在成功的教学过程中，交往活动是不可或缺的，因此要注重保持活跃有效的师生交往。交往教学理论根据课堂教学的特点，提出要加强个性教学，着重于小组合作，师生之间加强交流，最终达成师生合作，主要要做好以下几点。

①发挥学生主体作用。教师因其传道授业解惑而受到人们的尊重，自古对学生有尊师重道的要求，这就使得在教学实践过程中教师的地位是远高于学生的，教师是整个教学活动的把控者和主宰者，学生只能接受和顺从。在此背景下，教师在教学实践过程中容易忽略学生的实际需求，而做出空想的、不切实际的课堂设计。交往教学理论则规避这一课堂弊端，强调教师和学生都是教学课堂的主体，抛开教师一贯的填鸭式教学，要求考虑学生的实际需求，激发学生的主观能动性，引导其积极思考，将教学转变为教师和学生之间的互动。一切教育都是通过个人参与人类的社会意识而进行的。交往教学理论提升了学生在教学过程中的地位，注重学生的实际需要，鼓励其与教师之间的交流，最终引导其主动地学习。

②促进教师的教学反思。交往教学要求双方能够了解对方、理解对方、吸引对方、最终达成双方的合作。交往教学是一举两得的：学生，可以汲取更多知识；教师，可以获得更多学生对教学工作的反馈，有利于完善和调整教学方式方法，提升教育教学质量。

③有利于师生心理健康。人本身就有一种渴望交往的需要。交往行为使个体都在社会中成长，对个体的社会化发挥了重要作用。教师和学生之间的交往应该是建立在公平、相互尊重的基础上的，在教学实践过程中增进感情，互相理解、交流，最终达到互相认可，使双方在教学活动中感受到归属感，减轻了教师在教学活动中的压力，也提升了学生在学习过程中的兴趣和信心，对双方心理健康的影响都是非常积极、正面的。交往教学鼓励教师和学生在教学活动中都保持完整的自我，感受和表达真实的自我，通过感情交流获得真实的幸福感。

（2）构建民主平等的师生关系。

①平等和谐的师生关系。随着当代信息技术的逐渐发展，互联网技术应用越来越普及，各类信息交织复杂，对实体教学的教师带来很大冲击，来自四面八方的信息对教师传授知识的权威性造成很大威胁。构建平等的教师和学生之间的关系，学生自主地投入学习，原有的教师高高在上的情况不复存在；而教师单向的、指令性的教学方式，功利主义和工具主义的教育态度不再被学生接受。教学理论强调将学生作为一个与教师平等的主体存在于教学活动之中，教师和学生必须将双方作为平等的、独立的个体来进行相互交流，保持双方主体的独立性和完整性，以提出需求和满足需求的形式互相交流和作用。通过建立平等的师生关系，教师和学生最终成为学习共同体，在教育教学活动中互相促进、互相学习、互相尊重、互相理解，最终互相认可，达到实现教师和学生的共同促进和自我完善的目的。教师作为引导者，应该有意识地去维护每个学生的权利，以一个平等的主体去对待学生，建立平等和谐的师生关系，同时也培养学生的公平、民主意识。

②合作开放的师生关系。把学会共同生活作为教育的重要支柱之一，是联合国教科文组织发表的《教育：财富蕴藏其中》所倡导的，也是现代构建主义学者比较注重的、郑重提出的一种合作学习的理念。后现代课程观倡导，教师不再是知识权威的代言人，而是教学过程中与学生共同探索的参与者、协调者。教师和学生身份的转变，改变了教师传统教育方式，鼓励学生主动探索知识、解决问题，注重学生创新意识、团结合作意识、团队作业意识的培养，有力推动了合作开放的师生关系的形成。

③互为主体的师生关系。建立平等和谐的师生关系，强调凸显学生的主体性，并不是教师完全放弃对学生的管理，所有事情由学生按照自己的想法来。教学过程中，教师和学生双方都是主体，双方之间应该互相尊重和交流，表达各自的理解和情感。在这个过程中，师生不要把双方看成一个主体和一个客体，或者是一个高高在上、一个卑微到尘土里，而是应当建立互相促进并行的关系。只有师生都将对方看作与自己平等的主体，才能更好地促进双方的交流和认可。

3. 教学相长的师生互动

有效的师生互动一定能促进教学相长，并能强化师生之间的感情，教师更加愿意为学生的成长付出努力和情感，学生回报给教师的必定是对学习的积极向上和对教师的尊敬。因此，教学相长的师生互动可以更加坚定教师对学生的专业情感。

（1）师生互动合作。在当下课堂教学中，师生互动中存在一些走样失真的现象，有些教学纯粹是为了互动而互动，师生之间演变为一种互为装点的孤立关系，课堂教学互动的真实意蕴无从体现。师生主体互动决定着学生愿不愿意参与教师的教育活动，决定着学生以怎样的态度和方式参与教育活动，能不能积极配合教师的教育活动。教学过程中的师生互动，是突出学生和教师主体作用的必然要求，是改进、优化教学方式和促进师生形成自主、合作、探究学习方式的必要途径。师生主体互动不仅影响着师生的学习和发展，也直接关系到师生双方的精神交流、人格发展以及生活质量，影响学校的精神面貌、校风、教风以及学风；师生主体互动不是站在社会和教育的角度，提出教师和学生应当怎样、应当具有什么等命题，而是从教师和学生的角度出发，确立基于教师和学生、为了教师和学生的立场和观点，以此实现教师和学生的专业成长与发展，彰显教师和学生的主体意识与主体实践的作用。

（2）课堂辩论。课堂辩论教学模式非常注重学生的主体性发挥。教师应提倡学生充分发挥主观能动性，积极思考、提问，对于不同意见进行辩论，培养学生自主思考、逻辑严谨的良好习惯，让学生切实感受到畅游在知识的海洋中的快乐。正因为学生“没有这种自我肯定的体验，就不可能有对知识真正的兴趣”，教师引发学生不断思考和表达，给予其表现自己的机会，引导其认识自己的思维的误区，启发其辩证地看待问题就变得尤为重要。在这种教学模式下，师生都体会到自我价值的体现，体现到自我创造带来的幸福感。

（三）教师专业反思

教师专业发展是一个具有丰富内涵、涉及范围较广、多维度的概念，是一个连续的、动态的发展过程。教师专业反思是指教师不断地研究、探索、思考和反省自己的教育教学过程，并以研究者的视角，审视和分析自己的教育教学活动，对教学行为中出现的问题进行探讨和剖析，促使自己的教学专业化水平不断提高。教师专业反思可以从专业精神和自主意识、自我反思、学习共同体三个角度来进行分析。教师专业反思应该以其专业精神和自主意识为基础，有了专业精神和自主意识，才会有对教学活动的自我反思，并在反思后分析教学的现状，剖析教学的困惑，建构一种学习共同体，以此来促使师生之间、教师之间、学生之间相互信赖和尊重，发表不同的见解，采取合作的行动，共同反思、共同成长。

1. 教师专业发展的专业精神和自主意识

教师的自主发展由内部的自主和外部的自主两部分组成。外部的自主着眼于教师所处的外部环境，教师要在所处的外界环境、来自环境的压力和控制中保持独立与自由，强调自身的权利，摆脱环境的束缚，并且能够支配和充分利用环境所带来的一切资源；内部的自主则注重教师内心世界的构造，教师应该充分了解并剖析自己，对自己的能力有合理的定位，充分发挥自己的能力，并不断强化自己，最终实现自己的专业化发展。教师的专业精神是其自主意识发展的前提，专业精神的坚定程度会影响自主意识的发展程度。因此，教师要获得自主发展，必须有一定的专业精神。反之，如果教师在教育教学活动中缺乏专业精神，那么教师的自主发展就无从谈起。

（1）专业精神的规训。专业精神是教师专业化发展必备素质之一，不同时代教师的专业精神具有不同的时代特征①。专业精神的丰富内涵。教师在教育教学实践过程中体现的专业能力、专业特性、职业方式、工作作风、个人价值和工作态度形成了专业精神。教师的专业精神是专业素养的重要组成部分，教师的专业精神不仅包含专业知识和技能，还包括专业情感态度和专业道德伦理。教师在其心中的信念和理想的驱动下展现出的性格与活力形成了教师的专业情感态度，教师道德规范和伦理的执行情况形成了教师的专业道德伦理，教师在教育教学过程中所展现出的专业知识与教学能力形成了教师的专业知识和技能。在专业精神中，专业情感态度与专业道德伦理都是其重要的组成部分，两者是相辅相成、缺一不可的。从作用上来说，专业情感态度为专业精神提供不竭动力，专业道德伦理为专业精神提供衡量准则，专业知识技能为专业精神提供坚实的基础。专业精神是教师专业化发展的重要动力源泉，也是教师自我实现的重要驱动。

① 郑立群，和震，王向旭．我国职业院校教师“专业精神”的主要内涵、价值意蕴与生成路径［J］．现代教育管理，2022（12）：78－85．

教师如果对学生缺乏关心和爱护，或者不注重自身的专业知识和技能的提高，对教育事业不具有奉献精神，缺乏对自身的管理，不注意总结教育教学过程中的经验和教训，更没有教学创新的情况，这是他严重缺乏教师专业精神的体现，更是与教师本身应有的教育理念相违背的，会引发严重的教育危机。教师的专业精神的塑造极其重要，而要构建教师的专业精神，必须提倡高校和教师双方齐头并进，共同构建教师的专业精神，最终实现教育教学成果质的提升。

（2）自主意识的养成。对于何谓“自我”这个问题，不同领域的学者从不同角度、以不同方式进行过诸多探索。通常来说，人们或是将自我看作与他人相分离的独立实体，或是将自我置于社会关系网络的一部分①。自主意识的基本内涵是指明确地意识到个体的存在、价值和意义，同时能够依据个体的特点去制订人生计划，实现自我价值的意识。自主意识是个体的意识，是一种具有个人特色的、主张个性的异质意识，同时它也是讲人性、人权、人道的一种意识。自主意识是教师自主发展的基础和关键动力所在，是保障教师专业自主权和精神自由的重要内在条件。所谓专业自主，是指专业人员对其行为表现和所负责的事物能自主判断和全权处理，而无须外人控制和干扰。如果一个教师拥有强大的专业自主意识，他将会积极主动地追求专业自主权，进而应用在教育教学实践中，会在教学工作中体现出更多优秀的品质。

教师自主意识的形成主要从拓宽自己的知识面，接受文化经典的熏陶，通过不断广泛地学习来认识自己、评价自己，对自己在教育教学工作中的行为和活动进行客观地评价和反思。例如，教师从阅读中吸取养分、博学强识、开阔视野，既可以提升自身的文化素养，加深自己对事物的深层次认识和思考，也有助于教师增强教学能力。同时，教师应该通过各类教学方案的设计和组织，引导学生自主学习，改变被动的填鸭式的教学方式，使学生能够对学习产生兴趣，从而主动去学习，增强学生的学习兴趣和能力。教师能否提升自主意识，也是学生自主意识培养成功与否的关键所在。

2. 教师专业发展的自我反思

教师的专业发展必须重视反思带来的效果，经常反思有助于推动教师的专业化发展，教师发展的必要条件就是反思。反思需要反思者客观地看待自己的行为，以他人的角度来判断和评价自己的行为。教师的反思是教师对其在教育教学实践中的行为和表现从客观的角度来进行分析和评价，对于自身良好的行为要进行保持，错误的行为要进行改正，从而提高自身教育教学技能和专业素养。教师专业发展的自我反思由自我认识和教学反思两部分组成。自我认识是教学反思的基础，教师应在自我认识的基础上进行反思和分析；自我认识需要体现在教学反思中，教师应将教学反思的分析应用在教育教学实践中，从而提升教育教学质量。

---

① 刘艳，自我建构研究的现状与展望［J］．心理科学进展，2011（3）：427－439.

（1）自我认识的内涵。自我认识实质为主体的“我”对客体的“我”的认识，即个体将自己的现实状况，包括外貌、生理发展以及自己的感知、体验、意念、行为和思考等心理活动、心理过程、心理内容及其特点反馈给自己。

具体来说，自我认识包括自我感觉、自我界定、自我观察、自我分析、自我评价等方面。其中，自我评价是对自己能力、品德、行为等方面社会价值的评估，它最能代表一个人自我认识的水平。而自我反思是在自我感觉、自我界定和自我观察的基础上对自身状况的反思。

（2）自我认识的意义。教师的自我认识是自主意识在影响人的发展方面的重要性的一种体现。教师在复杂的环境里工作，其工作的性质和特点要求教师必须清晰地意识到“我是谁”“我能做什么，不能做什么”。总之，教师必须具有清醒的自主意识和角色意识，并能够把这些意识体现在他的职业生活场景中。

（3）教师的教学反思。具体地说，教学反思是指教师为了实现有效的教育教学，在教师教学反思倾向的支持下，对已经发生或正在发生的教育教学活动以及这些活动背后的理论、假设，进行积极、持续、周密、深入、自我调节性的思考，而且在思考过程中，能够发现、清晰表征所遇到的教育教学问题，并积极寻求多种方法来解决问题的过程①。教师在教学反思时，会依据自身的价值观，分析教学情境和教学事件，逐渐产生自信与自我的效能感，进而整合教学知识、经验和信念，以作出适切的教学判断。教学反思能强化教师的专业自主性，建构教师个人特色的教学风格，加强教师把握教学工作的敏锐度并最终促进教学问题的根本解决。

教学反思的主要特征体现为以下三点。一是超越性，教学反思的真谛就在于教师要敢于怀疑自己，敢于和善于突破、超越自己，不拘泥于既有的固定做法和传统思维。二是反思性，是指对于教师自身实践情境和经验，立足于自我以外所做的多视角、多层次的思想，从各方面对自身工作进行批判、质疑。这是教师自主意识和能力的体现，是教学反思的本质所在。三是实践性，是指教师教学效能的提高是在具体的实践操作中完成的，如果空有反思而无行动，教学反思则毫无建设性。

教学反思虽然能促进教师的专业成长，但是它也受到多方面的限制。其主要体现为：一是不利的教学组织文化，如教条的科层官僚组织，它具有很强的负面作用，使教师面对真正的自我时会产生障碍；二是教师文化的阻隔，虽然多数教师能做到教书育人的本职工作，但往往受限于自己的学科和班级，与同事和学生比较难形成对话与互动的教师文化。

---

① 申继亮，刘加霞．论教师的教学反思［J］．华东师范大学学报（教育科学版），2004（3）：44－49.

3. 教师专业发展的学习共同体

学习共同体亦称学习者共同体，是发展中的一种教学隐喻，它直接与建构主义中“学习是知识的社会协商”这一学习隐喻相对应。其理论假设是社会建构主义和分布式认知，强调知识的社会性特征，知识是分布或存在于团队/共同体中①。基于教师之间的合作学习和同侪教练等方式，教师可以集合为一个专业的学习共同体，他们在其中承担着共同的义务，分享彼此的思想和价值观。

（1）合作学习。教师的合作学习是建构教师专业的学习共同体的基础。在合作学习中，教师之间形成一种对话和合作的关系，有利于专业的学习共同体发挥实质性的作用，并能促进教师的专业反思和成长。

①专业对话。专业对话是指教师在专业领域里，对教育活动涉及的各个方面，与同事们进行交流、研讨，对一些问题相互理解，或达成共识，或进行积极的辩论。专业对话不是对他人经验的简单的接纳和吸收，而是平等的沟通和交流；专业对话不是对专业知识和能力简单的了解和掌握，而是完全包容的理解；专业对话不是对教学方式方法简单的言说和讨论，而是生态的互动；专业对话不是简单的交流，而是精神的共享。

专业对话中的核心问题是寻求一个中心话题，也就是教师共同关心的问题，它不是预先生成的，而是具有一定的动态性、开放性、生成性和非预期性。作为教师对话的轴心，它被赋予了全新的含义。一方面，教师围绕问题进行对话，层层深入，使问题衍生为知识的表征或一个新问题，而问题同时又成为教师关系的中介和相互对话的桥梁；另一方面，当问题破解之后又成为教师之间重新合作的新起点。教师在对话过程中，就专业的教学问题表达的不同的看法，通过对话，相互学习，分享彼此的观点，参与知识的产生、丰富和升华的过程。在这样的教学工作环境中，教师能够感受到专业对话对于一个教师专业成长带来的价值和意义。

②教师文化。教师文化作为社会文化的一个分支，其内涵与社会文化有着必然的联系。教师文化不是与生俱来的，作为社会文化和校园文化的亚文化之一，它是在人类社会的发展和文明的进步中渐渐形成的。

要构建教师文化需要各方共同努力。首先，要创建学习型的教师团队。学校应该不遗余力地组织教师团队进行学习，促使教师形成共同价值、达成共同目标。其次，要使教师学会分享知识和经验。学校要在教师群体中树立共享共融的理念，倡导不同学科、不同年龄段、不同学历和处在不同专业发展阶段的教师可以真诚地与同事交换意见与经验。最后，学校要形成“生态型教研组”。这种组织除了具有教学、科研、培训等基本职能外，其主要焦点在于为教师专业发展提供生态组织，在于通过教师之间

① 钟志贤. 知识建构、学习共同体与互动概念的理解［J］. 电化教育研究，2005（11）：20-24，29.

的合作促进教师成为学习者、研究者、创新者，着意于通过组织化学习提升教师的实践智慧，推动教师专业能力的成长。

（2）同侪教练。学习共同体体现出教师在学校，尤其是在课堂教学中存在的一种分享的意识与一种相互关怀的责任，教师对于彼此的工作相互尊重、共担责任。同侪教练是教师专业发展过程中的主要伙伴，不仅能够彼此交流、讨论、分享，还能增加共同成长的乐趣，增进教师专业成长的进程。在教学计划阶段，同侪教练与教师建立彼此信任的关系，了解并掌握教学脉络；在教学实施阶段，同侪教练担任教学观察员的角色，协助教师确认教学表现；在教学反思阶段，同侪教练通过会谈、交流反馈，引导教师进行深入反思，并将反思结果应用于教学中。同侪教练对教师的帮助和支持体现在教学准备、教学实施和教学反思等教学活动的全过程之中。通过同侪教练的帮助和支持，教师逐渐形成在多重系统下进行教学工作的能力。

①教学准备。“凡事预则立，不预则废。”教师对班级的教学与管理必须先了解学生的学习背景、学习能力、学习兴趣以及学习潜力，进而制定教学目标、制订教学计划。教师请同侪教练一起了解班级教学状况，通过访问班级管理水平出色的教师，阅读班级教学的相关书籍或参加研修班等途径，收集和整理与班级教学、管理有关的资料，确定班级教学与管理的目标，以提升教师自身的班级教学与管理的技巧和能力。具体来说，这一阶段教师的工作主要包括以下内容：一是了解学生的背景，其相关信息包括学生过去的经历，学生在校的记录，每次测验的成绩和家长、教师、社区所提供的相关信息。根据这些材料，教师进行整合归纳，以此对学生的学习准备程度和成功效度进行价值判断。二是教师要确定教学活动的内容，针对教学时可能遇到的问题，模拟可行的解决方案。根据教师的关注重点，同侪教练协助教师共同决定教学工具和教学方式，通过结构性分析将教学内容和活动划分为有机的几个步骤，使教学活动具有逻辑性和操作性。三是由教师提出评估方案，这是设计下一步教学计划的基础，是对教学活动成果的反馈。在教学计划阶段，同侪教练的参与可以在很大程度上帮助教师克服以自我为中心的缺点，能够较为客观、全面地制订教学计划。

②教学实施。教师在教学实施阶段，必须不断地根据教学情况及时对计划进行修正。因为，教师在教学中随时可能会出现与预设情境不一致的情况。这些不确定性促使教师寻求同侪教练的帮助，需要同侪教练一同走进课堂、观察教学现场，当然前提是不能改变原有的教学生态，否则会使正常的教学走样失真。例如，双方在一起考虑教师在教学时如何进行即时判断，决定何时以及如何进行各个教学步骤，学生是否已经具备进行下一步学习的动机和兴趣，什么时候可以激发学生深入思考等问题。教师和同侪教练一起考虑并选择变通的教学策略和方法，有利于增加学生的学习兴趣，增强教师把握教学现场的能力和水平，促进教师的专业成长。

③教学反馈。教学反馈可以帮助教师确认教学中的优缺点，提升教学能力，促进

自身成长。教学反馈其实质是教师与自己对话。教学反馈主要分三个步骤进行：一是开场，即同侪教练询问教师有关课堂教学的感受，了解信息，再一次确认教学计划的实施情况，呈现教学实施中所获得的资料：二是研究教师本人，同侪教练运用有效地教学观察资料，对教学活动进行分析讨论，提出客观的建议，帮助教师树立信心；三是小结，即同侪教练和教师共同评价实际教学成效与预设目标的落差，了解导致落差的原因，然后共同提出修改意见，作为将来教学的参考，并拟订新的成长计划。同侪教练的参与和大力协助，对教师教育的思考和分享，比教师获得教育经验更加重要，因为它使教师不断反思和认识自身，从而为教师专业发展提供更大的可能性。

三、网络学习与教师个人专业知识技能的提升

（一）以网络学习提高教师个人专业质量

网络学习是指利用互联网技术进行的一种学习活动，包括所有形式的以网络支持的学习和教学活动。由于对网络技术的运用，网络学习拓宽了学习者的知识、提高学习者的学习成就的途径。网络学习应该具备三个基本要件：①网络化，能及时更新、储存获取、发送传达、分享教学；②应用计算机网络技术，利用计算机及网际网络技术将学习课程传递给终端使用者；③集中于最广泛的学习视角，一种超越传统培训典范的解决方案。

高校教师的学术活动就是置身于网络环境中的，完全满足网络学习所需要的条件。在网络环境中，高校教师利用电子媒介，有着更多的机会来开展他们的学习和教学活动。从而作为成人学习者，他们可以广泛地利用互联网来进行科学研究、与同事同行交流合作，并可以通过网络学习平台进行学习、完成在线培训。在当前的信息时代，网络学习给高校教师带来了颇具灵活性和便捷性的学习途径。通过网络技术来消除时间和空间上的限制，高校教师显然拥有了更多的自主学习的机会，来提高他们在科研和教学中的知识与技能。网络技术同时还能帮助高校教师拓宽视野，并站在学科领域的发展前沿。

这种新的学习方式因为成本低廉而迅速在世界各国教育界得到重视。我国运用网络教学起步较晚，但是推广的速度比较快。网络学习方法对于高校教师发展的有效性表现在两个方面：一方面，这种时间、地点均十分灵活的学习方式，可以让高校教师平衡工作和家庭责任的需求；另一方面，网络学习更能跟上知识的迅猛发展，从而满足高校教师这一立足于知识前沿群体的学习需求。由此可知，探索高校教师的网络学习主要有两种不同的途径：一种专注于探讨高校教师运用网络学习来促进他们的专业发展，另一种探索的是高校教师在网络学习条件下的教学知识和技能的提升。

中国高校教师在教学和科研两项学术活动中更为关注后者，这种特性需要我们的

研究不仅要将教师作为教学者，而是采取一种融合的路径，将教师既作为学习者，又作为教学者。我国学术界已经认识到网络学习对于高校教师发展的重要性。随着网络通信技术和现代学习理论的发展，网络学习已经成为教师专业发展学习的重要途径之一，对教师网络学习行为特征、表现形式和学习过程、案例等进行了分析。

（二）网络学习是教师个人专业发展的重要途径

1. 网络学习已在高校教师中广泛运用

高校教师普遍地采纳和接受各种途径的网络学习。实际上，网络学习还支持其他的教师自主学习的形式。当教师在线浏览期刊文献以了解学科发展前沿状态时，当教师运用网络与同行进行学术讨论时，都受到网络学习环境的支持。使用互联网搜索引擎是高校教师最为欢迎的学习方式，而这种方式就是网络学习条件下所实现的。

2. 高校教师具有较为积极的网络学习态度，但对于学习环境满意度低

网络学习使用的有效性取决于学习者的态度。因此，通过教师个人的学习态度，可以预测其网络学习行为。因此，有研究者将高校教师的网络学习态度分为情感、认知和行为：个人对网络学习环境的满意度、网络学习的自我效能感和有用性及参与网络学习的意愿。

高校教师对于各种网络学习形式大多抱有积极的看法，将其作为自己教学和研究知识技能发展的途径以及学习新知的工具。教师能够意识到使用网络学习的有效性和实用性，也准备更多地采纳网络学习形式。而且，资历较浅的年轻教师表达出更为强烈的使用网络学习的意愿，更为经常地使用各种网络学习模式。年轻成员接受新技术的速度比资深教授们更快，对新知识也可能更为敏锐。这些差异表明，网络学习在将来会被高校教师更多地采用。然而，部分高校对于网络学习环境的建设和改善存在忽视的情况，高校教师对于他们的网络学习环境的满意度较低，而且这种低满意度不存在性别、年龄、职称和学位的差异，即各亚群体的满意度均较低。

3. 未来高校教师将更普遍地采纳网络学习

教学效能感的高低直接影响教师教学投入程度和学生学习成效①。教师对网络学习的自我效能感和实用性、参与意愿，是网络学习行为的主要预测因子。可以说，在我国，网络学习是一种理想的教师个人专业发展的途径，具有很大的发展和普及的潜力。

总之，网络学习是我国教师发展的一种有价值的途径。我国高校教师偏向于选择自主学习的方式而不是正式的培训来获得个人专业发展，网络学习是高校教师提高他们专业知识和技能水平的一个关键方式。高校教师对网络学习的总体态度是积极的，教师不仅认识到了网络学习对于他们的教学和研究的影响，同时也希望采用更多的网

---

① 林盛．网络自主学习环境下大学英语教师教学效能感研究［J］．湖北广播电视大学学报，2013，33（1）：101－102.

络学习方式来提高他们的专业知识技能。此外，教师的不同群体对于网络学习的使用以及态度存在差异，年轻的、资历较浅的教师与资深同事相比，更偏向于采用网络学习，对网络学习的参与意愿也更高，这预示着网络学习在未来将被高校教师更多地采用。鉴于高校教师网络学习的现状和对未来的预测，可以说，网络学习是提高高校教师个人专业水平的可行方式。网络学习作为教师学习的有效方法，能推进他们的教学和研究水平。对此，高校可以通过网络学习，为高校教师的发展提供更多的机会，从而弥补高校在教师发展上的不足。不过，高校教师对于高校的网络学习环境满意度尚低。因此，高校应采取积极行动，为教师创造更好的网络学习环境。

第三节　高校治理现代化视域下完善教师的专业伦理建设

高校教师的伦理关系主要是指教师在教书育人的过程中与社会、学生以及教师本身作为专业人员之间的伦理关系，只有在全方位、多视角下保证高校教师伦理关系的健康性，才能使高校教师职业道德体系得以科学推行，从而使教师的德育价值最大化。① 由于高校教师学术活动中知识的高深性、研究活动的思维密集性等特点，高校教师的专业伦理很大程度上需要依靠教师的自觉性，即通过教师自身对行为的自我约束、自我反省、自我解剖和自我调节来培养师德情感，磨炼师德意志，以达到师德修养的新境界。但目前的高校教师专业伦理建设以制度建设为主。制度建设是一种带有强制性的办法，在很大程度上仍处于一种外在的他律状态，并没有完全得到教师个人的价值认同。同时，高校教师的专业伦理教育还十分缺乏，因而，我们需要对高校教师专业伦理进行更多的探讨。

一、视角：反思性实践

（一）为何以反思性实践作为高校教师专业伦理建设的切入点

反思最初由唯心主义思想阐发而来，以此从唯心主义视角来论述个体（人）的认知活动②。由于高校教师的专业伦理建设具有一定的内隐性特征，一些管理层面所能涉及的事项，如对新进教师进行培训时有关于专业伦理的课程，是无法进入高校教师日常的学术活动的。新进教师的培训持续时间一般较短，意味着教师入职后就缺乏关于

① 刘卫平．高校教师职业道德评价对策探究［J］．学校党建与思想教育，2017（14）：90－92.

② 李贵仁，韩美超．教师反思的思想渊源及其演变［J］．科学咨询（教育科研），2023（9）：224－226.

专业伦理的知识和信息了。而高校的外部制度，如设立一些“规范”，均是为教师行为划出一个底线，提出一些要求，无法达到提升专业伦理的效果。因此，高校教师专业伦理建设特别需要一种内隐于教师日常学术活动之中、绵远流长、持续不间断产生影响的途径。而反思性学习和实践就是这样的途径。

从教师发展的角度看，反思被广泛地看作教师职业发展的决定性因素。其较强的针对性、实践性和独特的效用性，对于教师成长具有十分重要的意义。因而专门针对教师专业伦理，提出了以入职前后的相关课程来实现伦理建设的思路，其中就强调了反思。教师专业伦理的一大表现就是教学诚信，因此，教师专业伦理观念的一个重要来源是教师对学科内容的把握、对教学的审视。教师专业伦理应清晰地表明与教师职业直接相关的理念，如程序正义和公平、尊重隐私、理智的诚实、言论自由、正当权威等。反思能力是联结教学技能和专业伦理的可动因子，因而主张，在教师的专业伦理教育中，通过培养学习者的反思习惯和能力，来让教师对于教师职业有深入理解，进而产生教学的职业承诺。可见，反思性学习与实践是学术界所认同的有益于高校教师专业伦理建设的方式。

“反思”在当代认知心理学中属于元认知的概念范畴。元认知包括元认知知识、元认知体验和元认知调控三个因素。用元认知的理论来描述，反思性学习就是学习者对自身学习活动的过程，以及活动过程中所涉及的有关的事物、材料、信息、思维和结果等学习特征的反向思考。因此，反思性学习就不仅是对学习一般性的回顾或重复，还要深究学习活动中所涉及的知识、方法、思路和策略等，具有了较强的科学研究的性质。反思的目的也不仅是回顾过去或培养元认知意识，更重要的是指向未来的活动。通过反思维学习可以帮助教师、学生学会学习；可以使教师和学生的学习成为探究性、研究性的活动；可以增强他们的学习能力，提高学生的创造力，促进他们的全面发展。同样，对于专业伦理，高校教师在日常学术活动中的反思，包括反思性学习和反思性实践，都将促成教师思考自己的学术道德等伦理问题，从而成为教师专业伦理建设的一种教师自觉的途径。

（二）反思的理论渊源及其在高校教师工作中的运用

所谓思维或反思，就是识别我们所尝试的事物与所发生的结果之间的关系，就是有意识地努力去发现我们所做的事和所造成的结果之间的特定的联结，使两者连接起来。常规行为基本上是由传统、权威和冲动所决定。每一所高校都存在着一种或更多的被认为是理所当然的教育教学观念或行为方式。在这种环境里，教师的教学实践活动是以一种无问题的方式构成的，并成为学习和体验其他观点的障碍。那些不具备反思意识或能力的教师常常不加批判地接受一切高校的现实，主动接受人们所共同接受的各种观念。当真正遇到困难、疑惑或不能马上解决的事情时，能够运用各种方法搜寻新的材料，保持怀疑心态，进行系统的和持续的探索，才是有别于一般思维的反思。

因此，教师只有在困难、疑惑的驱动下，对自身的教学观念和教学实践进行不辞劳苦的探索、研究和改进才是反思性行为。反思是一种比逻辑的理性的问题解决更为复杂的过程，反思涉及直觉、情绪和激情。虚心、责任感和全心全意这三种态度都是反思性行为的有机组成部分。专业伦理所涉及的各类问题尽管会贯穿学术职业始终，但是没有“问题”作为契机，教师是不易在日常工作中觉察到的。而当出现某种问题时，比如指导学生时，如何处理鼓励其追求真理和应对现实之间的平衡问题，而这时教师如果找不到一些“规范”作为参考，那么就需要去反思。在反思中，理性与情感、直觉等都会参与其中。

“思行合一”使我们重新思考反思与行动的关系，从而认识到，教师的反思就是要使教师在日常的实践活动中，学会如何更好地意识到那些他们通常所不能表达的内隐的知识，并对此加以激活、评价、验证和发展，使之升华为教育理论。在行动中进行反思，可以使从业者在实践中变成研究者。实践者的探索使其成为反思性社会科学阵营中的一员，为实践者的科学精神撑起了“实验”的旗帜。反思性实践是一种“思”与“行”统一的活动，这正是专业伦理所需要具有的特征。行动中反思是一门“艺术”，它使实践者在一些情境中能够相当好地处理不确定、不稳定和独特的价值冲突，使实践者从固定的理论和技巧中解脱出来，构建一种新的适用于特定情境的理论。在面对专业伦理问题时，“对行动的反思”主要表现在教师平时对专业伦理问题的事前思考和计划上，发生在出现状况之后，对于其所带来后果的分析和评价中。同样，反思也可能发生在行动过程中，也就是说，教师在学术活动实践中，有可能遇到关乎伦理的出乎意料的事件，从而作出某种反应，教师必须考虑这些事件和反应，以调整自己的行为。

此外，既然实践者都应在行动中反思，那么反思对于教师而言就不仅局限于教学中的反思，教师在面对专业伦理问题时，或需要提高专业伦理水平时，都需要反思。

二、高校教师反思性实践与专业伦理建设现状的实证分析

（一）高校在教师伦理建设中对反思思想的运用

我国在 20 世纪 90 年代末引入西方教师专业伦理话语，并据此对现有师德进行反思：第一，现有师德是否合理；第二，应该建设什么样的教师专业伦理。随着研究的深入，人们对前一问题逐渐达成共识，即以高标准为特征的现有师德存在较大缺陷，必须加以改变①。师德建设的每个环节都能涉及反思行为，这种师德建设方式是我们的理想状态，但在教育体制和高校师德建设环境下是不可能立刻实现的。不过，由于近

① 杨坚，杜时忠．我国教师专业伦理建设取向省思［J］．中国教育学刊，2022（5）：96－102.

年来关于反思型教师、教师的反思性实践的研究在全世界范围内有较快的发展，我国很多高校也打出了培养反思型教师的旗帜，还是有小部分被试表示，高校的道德师德教育中有专门的自我反思专题或课程，但这种反思教育形式常常流于形式，实效性较差。

有一小部分的被试选择的是师德建设中鼓励教师进行反思性思考。高校鼓励教师进行反思性思考，这实际上体现了不少高校既试图加强专业伦理建设，但又没有找到合适的途径现状。或者说，一些高校尚未对专业伦理建设进行专门的投入，于是将希望寄托于教师通过自身的反思性学习来达到提升自身的师德的目的。然而，反思不是一个人独处时的静坐冥想，而是一种需要理性思考和批判性态度与方法的过程。反思一方面需要理性与感性相结合，另一方面需要在实践中进行。当前我国高校缺乏教师专业伦理或师德建设的理念，师德评价体系不健全，观念的缺失和措施的缺乏造成了教师专业伦理建设在高校往往流于形式。鼓励教师进行反思性思考，这种理念本质上是可取的，但就目前的情形来看，高校必须配合必要的师德建设行动才能达到预期的效果。例如，高校定期组织教师进行师德问题讨论，交流反思笔记，定期播放宣扬师德优秀事迹的短片，发挥榜样作用，开展相关讲座，等等，给教师提供师德建设的氛围和环境。而对于相当一部分高校来说，反思性师德建设都是一个新鲜话题，通常高校注重的是反思性教学，对反思性思维在师德建设中的应用关注甚少，导致高校教师对反思性思维在师德建设中的运用还比较陌生。由此导致较高比例的被试认为高校基本没有运用反思思想。

（二）教师的理解与态度

首先是教师对反思及反思和师德关系的理解。近年来，对教师的教学反思研究已经成为国内外教育领域中的一个热点，但是目前教师对反思的概念的理解，仅限于教学上的反思以及反思教学等概念。人类的任何行为都会涉及思考层面，只是大部分思想是内隐的，而且没有受到过省查而已。人类行为的内隐和直觉因素是有意义的。我们不可能一切都靠理性取胜。而在许多高校，许多人追求的教师反思仅仅是一种外显的反思形式，如要求教师写反思日记、写教后记等，千篇一律的教学反思模式忽略了教师的个人特点和教师的自主选择，忽略了具有极大潜在价值的内隐性反思。这一切都直接或间接地导致教师对反思概念的片面理解。

人类所有活动中潜意识里都包含了反思的过程，从根本上讲，师德作为教师的一种特殊的职业道德，其理念中自然地包含了前人学者反思的成分。作为一种职业道德规范，教师在审视自我行为时必然会运用反思的思想。反思能力是一种思维能力，同时也是一种实践能力。反思是自我认识的过程。师德建设是一个从意识到实践的过程，意识层面的师德建设要求教师不断地审视和反思自身的教学行为，从而达到思想上的师德提升。实践层面的师德建设要求高校为教师师德提升提供师德建设氛围和各种辅助的活动设施，从而协助教师完成自身师德提升过程。升华自我认识，倡导自我建设是师德建构很重要的一环。其意义在于使教师确立人生目标，实现自身价值。对新时期师德重要性的认同，对自身师德的反思，能使教师将理念化为自觉的行动，自细小之处入手提升师德。虽然过半的高校教师对反思和师德建设的关系定位清楚，认为师德和反思的关系密切，反思能够促进师德建设，但有近半数的教师表示概念模糊、没有深入思考，或者认为反思与师德建设关系不大。

在教学中，对出现的师德问题产生困惑时，一少部分的被试选择的是：深入思考，总结经验指导今后实践。这说明，有很大一部分教师在遇到师德问题的时候能够深入思考，希望通过思考和总结经验来指导今后的实践。由此可见，遇到专业伦理问题能成为促使教师反思的契机。教师是在反思性实践中发展自身的反思能力的，那么教师在学术活动中，不断地对自我及学术活动中遇到的专业伦理问题进行积极主动的计划、检查、评价、反馈、控制和调节，就会提高自己的反思能力，从而有效地在以后遇到同类问题合理而及时地处理。有一定比例的被试所选择的是独自反思之后再和同事交流。这两部分被试所占的比例相对较大，说明高校教师面对师德问题时，具备一定的反思能力，这为高校反思性师德建设方式的发展提供了支持。选择记录下来，过后有时间找办法解决的教师也占了近四分之一的比例，这一现象说明一部分教师遇到师德问题时会选择暂时存疑的态度，这也许是因为部分教师缺乏对自身师德建设的规划，但更可能正是深刻理解了反思在师德建设中的角色和作用，形成了反思性师德建设习惯。反思不是简单的思考，而是包含理性抉择、感性与态度在内的复杂思考过程。我们在做任何事情的时候都会或多或少地遇到困惑和不解，在我们思考或者实践某种想法的时候，我们的思维通过对各种怀疑和假设进行一步一步的验证，从而达到对事物的逐步了解和深化。所以，在教学或生活中，我们都会与各种困惑不解打交道，没有任何困惑是不可能的。在做某件事或从事某种职业时，我们要时刻保持一个善于思考和反思的习惯。工作中，只有不断地发现问题、解决困惑，才能取得预期的进步。解决困惑正是反思之存在的必要。从遇到困惑而犹豫、怀疑，到经过思索或考察来查明事实，这正是反思的高级（次级）状态。

对于以什么为契机来增强或更新自身对师德的认识，大部分被试认为可以通过对生活中的细节进行思考来增强对师德的认识。这说明大多数教师更愿意把对生活中细节的思考作为增强师德认识的契机。在传统环境下，教师平时对自己教学行为的反思通常是个体活动，只有在教师集体活动时才会产生群体反思。同事之间的交流属于群体反思的范畴，这一反思行为首先由个人表达，然后通过他人给予回复和意见来解决疑惑。比起反思的个人活动，这种波浪式前进的反思过程可以成为教师反思的精华，它有助于我们了解教师反思是如何展开和深入进行的。

如果用反思的方式来提高教师师德水平，部分被试认为其侧重点是教师自我学习。

强调个人的思维是杜威关于反思的理论所主张的，他认为关于反思的训练是要给每个人提供适应其需要和能力的条件。有关于教师反思与专业发展的研究也指出、反思作为思维的一种特殊形式和阶段，是教师自觉和能力的体现，需要长期不懈地自我修炼，需要内化。而教师通过不断的自我剖析、自我诊断和自我调整，就能让自己的思维能力、对学术活动的认识不断发展，从而自我完善。高校教师运用反思性思维进行深入思考，是一种积极的、探究性的和有目的的个人学习过程，这个过程就是教师自我学习和提升的过程。所谓提高专业伦理水平，就是教师自我发展和完善。当然，思维的过程不都是一帆风顺的，当教师在学术活动中遇到伦理问题需要得到回答时，一种模糊的状态需要得到澄清，就需要让思维流入一定的渠道，进行针对专门问题的剖析、诊断和调整。反思的重点在于，支配教育教学中师德行为的思维活动和思维方式。因此，基于充足证据之上的合理判断的思维，对于高校教师提高自己的专业伦理水平，无疑是十分有益的。多角度反省当今师德问题、影响教育事业发展的深层次理论问题，也都是教师所关注的。接受调查的高校教师在面对师德困惑时能够深入思考，总结经验并指导今后实践。在这个过程中，大部分教师愿意对生活中的细节进行分析，对所面临的问题进行独立反思，并积极和同事交流，同时关注当今师德滑坡现象以及相关社会文化问题，并愿意通过自身的自我学习和提升来提高自身师德修养。

（三）高校教师反思的方式与影响因素

高校教师是拥有反思性思维的，能独自思考并解决问题，形成自身特有的一套反思方法。独自反思的具体形式有写反思日记、建立反思档案等。就现实教师的工作时间来说，独自反思更适合大多数教师合理安排反思时间。小组合作形式是近年来逐渐被高校广泛运用的反思方式，是指以小组合作、讨论会、专家讲座和视频交流等形式展开。教师聚集在一起就自身问题或者专项问题进行集体讨论、共同协商，这种形式类似于头脑风暴，能够集思广益，最大限度地调动教师的反思积极性，有助于师德或者教学问题的解决。近年来，我国高校纷纷建立教师发展中心，可以以此为契机，以小组合作的方式发展教师的反思性实践，而新教师培训中的师德教育，也可以将反思性学习融会于其中。

在问及自我反思最合理的时间安排时，大部分被试认为反思是随性的，具体时间要自己安排。高校教师由于学术职业的复杂性，在学术活动中常常具有多重身份，并不一定总以教师的身份出现。实践者在行动中反思，是实践者面对独特而不确定的情境时，进行反思性的对话。这种实践艺术相当于一种行动中的反思。因而，随意自由的时间是为大多数教师所接受的。此外，高校教师相比较中小学教师课余时间较多，课余时间可支配度较高，以及高校教师是一种具有丰富高深知识、观念更加独立的群体，都易形成自身特有的教育模式和师德自我教育理念。可见，反思是大部分教师所能接受的，且愿意经常性地进行反思。

教师个人，在对与师德相关问题进行反思时，借助网络，让本来属于个人反思行为的点滴记录成为教师相互理解、交往的一个平台，使个人反思和群体反思完美地结合。这一方面简化了反思的形式，使得教师的反思行为更为便捷，不受时间空间以及舆论的各种干扰；另一方面，通过网络不记名、自由发言的形式，使很多教师能够敞开心扉说出本来在领导面前说不出的意见和建议。最重要的一点是，通过不同话题的点击率和讨论的热度、深度，教育工作者可以区分哪些问题是适合个人反思，而哪些问题又适合群体反思。例如，对于教育理念和师德建设理念这些抽象性的问题就比较适合群体讨论，而像某些可以量化的和比较具体的问题就可以通过个人反思进行总结。另外，这种方式给了我们一个重要的启示就是：网络学习能够有效地支持教师反思。这说明不论在知识技能，还是专业伦理维度上，网络学习都是一种有助于教师个人专业质量提升的有效途径。

在师德提升进行反思的过程中，大部分高校教师选择独自进行，但是不难发现，小组合作的集体反思形式作为一种新型的反思形式，正为高校师德建设事业作出越来越多的贡献。在反思的时间安排上，大部分教师倾向于随性，根据自己的时间自己安排。根据对高校教师群体特征和工作环境的特点分析，随性安排自身反思时间非常适合教师通过反思性自我学习进行自身师德建设。

高校对教师的反思性学习缺乏必要的引领。缺乏切实有效的教育理念引领，从知识的角度反映了高校在制度建设上的问题。目前，有的高校重学术轻德育，没有形成自己固有的师德建设理念，不重视师德建设。有部分高校的师德建设仅在教师培训中附带进行，所涉及的内容和重要性只是点到为止，没有收到预期效果。与此有关的是，教育体制和教育评价机制也制约教师专业伦理建设。还有少数被试认为所在高校办学条件较差，缺乏现代教育技术的支撑，也是制约教师专业伦理建设的条件之一。

合理完善的教师道德评价制度有助于提高教学的质量、有助于确定教师是否需要及需要接受怎样的培训、有助于形成良好的师生和教师间的交流关系等，它既是促进教师专业发展的有力措施，又是纠正缺点、发扬优势的有效途径，更是促进师德修养的重要保证①。选择鼓励教师提高反思能力提倡自我反思，表明高校教师具有提高反思能力的意愿，希望高校为其反思能力的培养创造条件。对于教师培训而言，由于教师的反思能力可以通过各种干预性活动得以加强，因此，对教师反思能力的培养研究应成为教师培训实践的核心问题。定期开展热点师德问题讨论会、增加师德评价体系也是部分被试所认同的。因此，高校进行伦理建设的途径不止一种，其中反思和继续教育是最受关注的。

从对高校的教师专业伦理建设状况看，目前高校普遍重学术轻伦理，高校没有形

---

① 孙碣江．高校教师职业道德修养再思考［J］．当代经济，2012（2）：102－103.

成自身师德建设理念，继续教育中师德建设未受到应有的重视。高校针对教师的各种评价体系也都是以学术科研成果为准，以至于教师可能“无暇顾及”那些已偏离高校评价标准的问题。专业伦理作为职业道德的一种，很难量化为可以衡量的指标。总之，专业伦理是需要潜移默化到教师日常教学生活中的，反思性学习便具有这种自主性的特点。

更加值得注意的是，高校教师的反思思维能力成为影响教师对专业伦理问题进行思考的关键。如果没有思维能力，就会不知其所为为何为；与之相反，有思维能力的人，能够根据尚未出现的和未来的事物采取相应的行动。因此，思维是需要得到训练的。反思作为思维的一个特殊层次和阶段，是一种需要培养的思维能力。通过实践，人们对于形成之初并不知道正确与否的“信念”，经过不断地怀疑、探索和认证，最终形成正确的信念，这就是反思的过程。这种反思的能力并不是与生俱来的，这种敢于批判、怀疑的精神不只需要广博的知识，专业人士对教师的指导更是必不可少。因为反思是一个长期的过程，不同时期的反思水平是不相同的，培养反思需要机会、实践及其他人的辅导。

三、反思的效用：反思影响教师伦理实践的实证分析

（一）教师对反思及其与伦理关系的理解，影响他们的伦理实践

教师对反思概念本身的理解，以及对反思与伦理关系的理解程度不同，都会影响他们的伦理实践。对反思概念更为了解的教师，对师德建设的情况表现得更加不满意。这是由于他们更加清楚地认识到了反思的内涵及对教师师德自我提升的作用，更加强烈地希望高校的师德建设能够加入反思的内容，或者更加希望把反思作为师德建设的辅助方法加以利用。而相反，对反思概念不了解的教师对反思的内涵和作用了解甚少，对反思和师德建设的关系没有清晰的认识，以至于不能把目前高校的师德建设和反思建立正确的关系。在问到所在高校师德建设的作用时，认为反思和师德关系不大的教师平均分最高，其次是应该有关系，平均分最低的选项是关系密切。这表明，认为反思和师德关系越密切的教师越不认同目前高校的师德建设方式。这进一步说明，对反思和师德关系深入了解的教师，已经认识到高校教师专业伦理建设方式的不足，且对伦理建设的方式和反思思维建立了一种联系，他们普遍认为，反思在教师专业伦理建设中的运用是必不可少的。

（二）教师对伦理建设方式的满意度，影响他们的伦理实践

首先，对高校师德建设方式不同满意度的教师在处理师德困惑时所采取的方式所存在的差异表现为：对高校师德建设不满意的被试，在处理师德困惑时以选择独自反思之后再和同事交流，深入思考总结经验指导今后实践较多；而选择“满意”的人则

相反，不少被试表示没有出现过困惑。这说明，认识到高校师德建设方式不足的教师更倾向于运用反思性思维对师德问题进行深入思考，而已对高校师德建设满意的教师对师德困惑则有可能选择逃避，认为处理专业伦理问题应依靠高校。其次，对于高校师德建设中对反思的运用，对师德建设方式“不满意”的教师大多选择了“师德建设中基本没有反思性学习的运用”“单纯鼓励教师进行反思性思考”，而对师德建设“满意”的教师大多选择了“师德建设的每个环节都能涉及反思性学习的应用”。越是接受反思性实践、具有反思习惯的教师，越是对高校的师德建设方式感到不满，也越是认为高校应当加强在各个环节中对反思思想的运用，这也印证了，反思是一种内在的自律，高校制度产生的他律作用对于教师专业伦理提高效果是不明显的。

研究者的分析从各个角度验证了反思对于高校教师专业伦理建设的价值。由此可见，在高校的教师专业伦理建设中，各种培训措施和规范制度的建立固然可行，但是反思性思维和实践将是一种更有效、更能得到普及的方式。

第四节　高校治理现代化视域下提升教师的学术质量

当前高校教师的发展已进入网络时代，教师的专业发展与其所处的网络有着密切的联系。如果将学术共同体视为一种非实体，对高校教师而言，最重要的网络就是学术共同体，其所带来的资源可以有效地促进教师质量的提升。教师作为高校组织中至关重要的群体，他们在学术共同体中既是独立的，又是合作的，其中，合作是学术共同体发挥效用的关键。教师的合作行为对高校学术竞争力的增强具有重要意义，这一观点得到了越来越广泛的认同。合作中，参与者须具有共同的目标、相近的认识、协调的活动和一定的信用，才能使合作达到预期效果。

一、高校教师合作的效能

合作教学是指由一名主讲人和一名或多名教学助手或合作者，以协作和互动的方式开展课堂教学的一种直接合作形式①。合作不仅利于教师职业发展，还被作为连接教师发展与高校教育改善的桥梁而受到高度重视。但教师合作是否对高校的学术发展真正具备推进作用，教师合作在当前的社会环境下是否可能，还需要具有说服力的依据来论证。

---

① 柏桦，牟宜武，Lydianne Loredo. 中外教师合作教学对学生和教师能力发展的作用研究［J］. 外语教学理论与实践，2009（4）：45－54.

（一）现实与理想的冲突：教师合作的发展

1. 高校教师的合作行为为何受到关注

20 世纪 80 年代以来，基于个性并倡导教师间协力合作，成为教师文化发展的基本走向。教师合作被认为是提升教师素质、促进教师专业发展的一个重要方式。强调教师合作背后的一个很重要的思想背景，就是合作与同事关系有助于教师成长这一观念。合作促使高校实力加强，使高校可以获得保持相对于商业社会独立的能力。这种能力又可以促进高校在高等教育市场化中获得竞争地位，在市场化场景中创业型高校或企业化高校，将会整合已有的师资力量，挖掘潜力。高校的未来在内部应当是更加注重团队、提倡合作。

从高校教师独有的创新知识、研究未知的职业特征看，这一群体更加需要合作。创新在线教育服务模式，打造开放的终身教育体系，打造国际协同的教育体系①。一方面，高校教师不仅是教育者，还是研究者。高校是围绕高深知识而建立的机构，高校教师共同的劳动内容就是知识操作，进行传授、传播、提炼和发现知识的活动。高深知识是无边际的，对未知的、处于发展中的知识的探索，使知识创新成为教师职业活动的特殊而不可或缺的环节。知识资源具有异质性，在受到相邻或相关学科知识、理论、方法和技术等的冲击和渗透时，原有知识扩展，并与之交叉融合而创建出新知识，体现出综合化趋势和专业化趋势并存的局面，合作创造交叉新知识。另一方面，当今世界，科学前沿的重大突破，重大原创性科研成果的产生，大多是多学科交叉融合的结果。学科之间相互作用、相互渗透、相互移植、优势互补和综合聚变，从而有效催生新的思想萌芽。多学科交叉融合不仅是重大创新的突破点，还是新兴学科的生长点。多学科交叉融合，也是当今世界一流高校的共识和特征。当代知识发展与合作的天然联系将人们的注意力引向高校教师合作。

2. 高校教师关系从无依存到竞争的历史

（1）传统高校的教师以个体独立为行为特点。历史上，高校教师长期以来就是相对独立的个体，这一职业常常与“自由”“孤独”“清高”等词并论。高校教师有其理性探究的独有精神品质，在一定程度上是秉承了高校自主自治的学术传统。居于象牙塔顶端的高校教师，追求并享有学术自由，在寂寞中锤炼出一种研究者所独有的孤独气质，这种气质，在高校尚处于社会边缘之时尤为突出。高校教师既不愿意通过与人交往来减少独自思索的时间，也缺少发展交往的机会。在较少的人际交往中，教师不自觉地在群体中保持一种距离，加之对学术问题思考的深入，也逐渐产生文人相轻的现象。

---

① 林松涛．新时代推进高校治理现代化的逻辑向度［J］．国家教育行政学院学报，2021（2）：25－31.

高校虽然走向社会中心，一些因素却又促成教师的个体独立。首先是随着学术领域被分解至专业化，学科相互分离，各不相关的学科和亚学科大量繁殖。学术活动扎根于学科和专业的发展之中，漫长的发展历程沉淀出各自的思想体系、研究方式，使教师虽在同一高校内部却有“隔行如隔山”之感。不同专业的教师各自高度自主地开展教育和研究工作。各个科层化的网络拥有自己的话语和集团，教师在这种相对割裂的环境中，留守在自己的专业之内。然后，高校职能的发展也在影响教师职业。教师作为教育者的角色因高校职能的丰富而逐渐弱化，被赋予研究者、社会服务者等多种角色，后者越来越占据主导地位。这种变化和错位使教师与教师、学生及管理者之间围绕教育学生而进行的联系明显减少。在形成于20世纪初的社会互依性理论中，群体成员在实现组织目标方面有三种基本模式。当人们具有共同目标时，个人的结局相互影响，产生合作的、竞争的两种类型社会互依性。在社会互依性缺失时，会导致与他人无关的个体行为。以此理论出发，传统的高校教师关系就是无社会互依性的情景，教师个体更多关心的是怎样依靠个人奋斗以获取成功，这使高校内部充斥着所谓个人主义教师文化。

（2）在市场化趋势中，高校教师关系引入竞争。20世纪80年代以来，市场的逻辑引入高校后，使高校的发展与变革呈现了一些新的态势，给高校带来的最主要变化就是竞争和效益观念的引入。高校经营的理念由此兴起，竞争逐渐渗入教师的职业发展。在市场力量作用下，高校要为经费捐赠、生源、师资和科研项目展开竞争，高校教师要为学术声望、聘任和晋升展开竞争。竞争体制不仅体现在高校之间的竞争，还体现在高校内部教授之间以及学生之间等的竞争。从博弈论来看，假设有两个作为理性经济人的教师，他们之间的博弈类似囚徒困境，教师双方均能从合作中获益，但是任何一方如果在另一方合作的前提下选择自利，则能获取更大的收益。

政府主导着高校的办学，这一根本特点影响着我国高等教育治理的走向①。市场化的引导促使高校教师逐步走出象牙塔，向校外拓宽自我实现的空间，于是，教授们面临各类商业和活动的激烈斗争，管理合同和计划、指导助手队伍、管理技术人员群体，以及很多以前未曾接触过的“烦心活动”。而在高校内部，高校开始实行竞争上岗的聘任制，并且努力从其他院校招聘最优秀的教授。高校分配制度上的“平均主义大锅饭”逐步被打破，具有不同职称、不同学历，在教学科研工作中发挥不同作用、作出不同贡献的高校教师，其待遇差距逐步拉大。教师处于竞争中，不同群体之间出现了新的利益冲突和矛盾。强调效率的高校内部管理机制强调严格的规章制度、明确的责任分工、严厉的奖惩和强制纪律以及实行量化的检查与评价，这使教师围绕特定的标准展开激烈的竞争。在只强调竞争的环境中，个人的成功常以他人的失败为代价。因此，

---

① 陈琼英，曾波．高等教育治理问题探究［J］．重庆高教研究，2015，3（2）：45－50.

竞争可能使教师间缺乏坦诚深入的交流，缺乏共勉共享，影响群体合作甚至出现消极对立。由此看来，高校教师合作是一种理想状态，理想与现实尚存在一定的差距。

（二）高校教师合作的效能：促进业绩增长

学术可持续发展主要源于教师不断创造工作业绩，我们以教师业绩作为考察教师学术质量的要素，而合作则以测度方法比较成熟的社会资本来表达。为分析教师社会资本与业绩的相关性，有研究者利用问卷设计调查部分高校教师年度上课时数、指导学生数、论文发表、专著和教材出版、课题主持和课题参与，综合考虑被调查高校人事处考核教师的评分办法，以教师综合得分作为教师业绩。以社会资本各因素为解释变量分析其与教师业绩的关系，考虑社会资本与业绩之间呈现线性关系的假设难以成立，依据现有关于社会资本与业绩关系研究的成果，分析社会资本的四个组成因素信任程度、社会参与度、网络规模和网络差异对教师业绩的影响。实际调研及访谈结果显示，信任程度变量和网络差异变量与教师的工作业绩相关，网络差异是对教师工作业绩影响最显著的社会资本变量。信任程度变量的回归系数是负值，说明社会资本各因素对业绩并非只有正面作用。因此，教师社会资本对学术活动的促进作用更多，正面影响又主要出自网络差异的贡献。由此可见，以教师社会资本所衡量的教师合作行为能够提高学术业绩，合作具有促进高校学术活动发展的效能。

二、高校教师合作的必然性和可能性

高校教师在教学、科研和社会服务工作中，相互合作是否可能，又是否具有必然性呢？教师作为合作者，合作的对象很多，有与学生的合作、与其他教师的合作、与家长的合作以及与科研人员的合作等。合作具有促进教师发展的效能，但是，合作行为首先应是基于个人意愿的。因此，教师从职业要求上、自身专业发展上是否有合作的需要，是合作行为能否产生和发展的关键。

（一）科研中的合作——基于利益的博弈与交换

高校教师承担着大量科研学术任务，科研合作是在高校中最为常见的合作形式。

1. 合作者与自利者的博弈

只有当教师工作的目的在于提高共同利益的水平时，才能成为合作者。而作为自利者，目的在于自身利益的实现，就会攫取共同利益，表现出非合作行为。从博弈论来看，两个作为理性经济人的教师，不合作是两人的优势策略，但是引入“合作剩余”，博弈就会发生变化。合作带来的共同收益称为合作剩余，即合作的净收益与加总单干的净收益之差。

可见，校内的教师合作在理论上是存在的，教师合作并不仅仅受高校合作文化的影响。合作者的数量取决于合作剩余与合作全部收益的比值，实际上就是取决于合作剩余的大小。若需发展高校教师的合作行为，促进更多的教师合作，从制度建设来看，提高合作剩余就是主要途径。

2. 对收入的预期与教师合作行为

科研团队是高校教师展开科研合作最常见的载体。依据项目本身对相关技术和资源的需求，被选择进入团队的教师各自具有完成这一科研项目的资本，包括能力、财力和技能等，各尽其职，发挥相关作用。这首先是研究方向的互补，于是承担项目中与自己研究专长最接近的部分。此外，教师各自的专业能力也成为分工的基础，如有的教师有组织能力，就出来进行组织和联络。出于这种目的性的选择投入，即教师资本的选择，再加以整合，确保科研成果的产出。同时，高校教师之所以投入科研合作，也是为了从中获取收益。交换理论认为，人们的投入是在计量风险与回报的前提下做出的，投入所收获的资本又作为投资来获取下一个回报，资本的多少决定了个体的交换内容的质与量。个体将自己认为有价值的资本用来交换对自己同样有价值的对方的资本，当交换的双方估计了自己资本的投入，预期了回报的大小，并各自评价了对方资本满足自己的效用之后，如果发现二者相近，交换就会成功；反之则相反。

高校教师在权衡了可能得到的回报是否令人满意后，作出抉择并投入项目合作的过程，获得科研成果的分享权。所谓各尽所能，各得其所。双方都从互利的角度出发，相互交换，获取回报。一个人的力量毕竟有限，而且从现实的情况看，单凭一人之力不可能申请到较大的科研课题，无疑高校的竞争力也就会受到影响。出于高校利益的考虑，科研也需要教师共同承担，相互合作。对于高校教师参与科研合作来看，他们都选择了这一合作方式，即结成合作关系。如果当教师在合作中得有所期，那么就是最理想的状态，既满意又稳定。如果在科研合作关系中，虽然没有得到付出与回报百分之百匹配的酬赏，但是已经超出了自己所期望的选择性比较水平，教师在不确定放弃该关系是否能够得到更高收益时，就将继续合作，不过这种合作是不稳定的。如果对合作的满意水平不能达到最低标准，教师则将选择不合作。

实际上，教师在科研中的合作在一定程度上也体现为资本与情感的交流。科研是一项系统工程，为教师合作提供了合作机会。课题组的成员也都是为了共同的任务自发地走到一起来的，因而其兴趣和利益有着一致性。课题组里教师的人际关系相对简单，大家平等协商，没有严格的等级关系。在科研合作中，一方面，教师能够在实践中碰撞出新学术火花，不断完善自我；另一方面，教师可以从中得到相应收益，实现自我价值。此外，合作也让教师之间有一个交流情感的平台，长时间相处形成彼此间的默契，为非正式组织的形成奠定了基础，从而又有利于教师之间非正式的情感交流和沟通。

（二）高校教师在教学中的合作——优势互补与教学相长

高校教师作为合作者，在教学工作中的合作主要是指为了达到某一教学的预期效果，教师之间以及教师和学生相互配合，共同开发教育资源，达到教学目标。

1. 高校教师与同事、同行的合作

高校教师以提高教学质量为目的的合作，能够帮助教师实现优势互补。教师因教学活动而在同事、同行之间交流合作，是非常常见的，也是高校中一种基本的学术活动。高校教师之间的交流，能为彼此树立相应的参照标准，相互学习，合理利用外界影响来完善自身。同时，了解和认清其他教师对自己的期待，这样就能增强教师彼此之间的相似性和融洽度，满足彼此的角色期待。对于教师而言，彼此之间有相似的文化价值观和行为方式，能够相互理解，所以更容易顺利地进行社会互动。如果相互之间的价值观、社会背景等相距甚远，那么相互之间的交流和互动便是十分困难的事情。所以在一个高校环境内或者在一门相同的学科背景下，教师之间是很容易沟通的，也就更容易找到合作的契合点，在与同事或者同行的交往中，完善角色定位。

教学团队是教师教学合作的平台。教师在家庭背景、求学历程、认知结构、智力水平、思维方式以及生活方式等方面存在很大的差异；同一学科的教师在教学整体设计、教学内容处理、教学方法选择与课堂管理方面也存在很大差异，这种差异也是一种学习资源。教师之间通过合作学习，相互交流经验，达成优势互补、相互提高，促进新理念的创造，使之对教学的理解更加丰富和全面。当下的教育教学理念也主张教师要进一步开放自己，加强教师之间以及在课程实施等教学活动上的专业对话、沟通、协调和合作，共同分享经验，通过互动互相学习、彼此支持，以减少教师由于孤立而导致的自发行为，从而促进教师的专业发展。换言之，教师之间在教学中的合作学习，是彼此在充分交流的环境下，获得知识的构建，积累更多的人力资本，获得专业发展，实现自我教学水平的提高。

2. 高校教师与学生在教与学中的合作交往

教师的教是针对学生的学，教之成败的最大权重就在于学生的学习成果。学生的行为结果，直接影响教师教的行为。因而，教师必须从学生的反馈中，不断完善自我的教学行为。大学生已经有自己的思想和独立性，不会再一味盲目地听教师安排，这无疑给教师的教学活动提出更高要求，他们做出的相对反应也是会影响教师教学的。所以，要想达到更好的教学效果，双方的配合、相互的理解交流与课堂中的合作十分必要。

首先，教师注重与学生合作有益于教学效果的提高。教学中的师生合作包括：与学生平等交往；积极旁观倾听；给学生一个开放的平台。换言之，教师作为合作者，要通过形成合作气氛、提供互教互学和鼓励进步等途径，让教学充分体现于师生合作中，体现于师生的心灵碰撞、平等融洽交往中。师生间的合作，对双方的教与学都有促进作用。教师在课堂中有教的目标，学生在课堂中有学的任务，两者既独立又有统一。只有双方在相互沟通与理解的前提下，互相配合才能达成预期的教学计划。在相互的合作中，还会改变教师对学生的期望，改善师生之间的人际关系。师生真诚的合作将提高双方的积极性，同时减少消极的课堂冲突，从而营造良好的学习氛围。

其次，教师和学生之间的合作学习将促进教学相长的实现。在教学中，教师既是教者，同时也是学习者。一方面，随着社会的发展，学生的个性和特点也都随之改变着，教师只有审时度势，认真对待教学中遇到的实际问题，将合作学习的经验运用到教学中去，然后获得学生的反馈信息，不断完善和改进，才能提高教学水平，增加更多教学经验。另一方面，学生年龄较小，接受新知识、了解信息速度快。在现在的互联网时代，学生通过新技术很有可能接触了最新的知识。因此，学生所获得的资源在某些方面不一定比教师少，而且教师也并不一定就熟悉学生所熟知的信息。因而通过合作学习，能够帮助教师更好地了解学生的需求，获得一些自己所不熟悉的资讯。人无完人，教师并不是万事通，也要在不断学习中提升自我。从功利的角度看，师生的合作学习，也是为了自己能够得到收益，教学相长。

（三）高校教师在社会服务中的合作——合理回报与角色完善

高校教师参与社会服务，是向企事业单位、农村和社区提供富含知识的劳务，其中包含了大量的与社会各界人士的合作。教师是科学文化的直接传递者，参与社会服务的合作，是作为社会人应尽的一项义务，更多注重的是公益性。因为国家的科技、经济、社会和教育不断地发展，社会对教师的要求也不断提高，教师为了拓宽自己的思维及丰富知识，不得不合作。参与社会服务的合作也是国家发展的需要。产学研一体化的要求，是将科学更快地转化为生产力的直接推动力，是将理论联系实践的最好途径。对于社会各界来说，也是一种实际的人文关怀。传达先进的科学知识和理念，有利于全民素质的提高，还可以帮助企业增强竞争力。

在各类学术活动中，高校教师扮演了表现性角色和功利性角色，这是相对的两种角色。表现性角色，是指不以获得经济上的效益或报酬为目的，而是以表现社会制度和秩序，表现社会行为规范、价值观念和思想道德为目的的社会角色。在参与社会服务时，高校教师需要实现的是表现性的角色。这时，教师是社会大家庭中具有先进思想的、带领群众一起不断前进的先锋人。在承担社会服务时，不计报酬、履行这一职责，主要是出于一种责任感与义务感。

教师参与社会服务，投入资本不计回报或者获得较少的回报，其实在这一过程中，高校教师仍然可以获得相应的其他回报。看起来似乎回报有限，但从更宽泛的价值观去看，其能获得除直接收益以外的“潜在收益”，如社会认同、名誉和归属感等。高校教师参与社会服务，在奉献自己力量的同时，也可以获得这些隐性收益。将所学回报社会，又从社会获得更多参与实践的机会，这是提高教师科研实践能力、增加经验的有效途径。闭门造车最终也只是浅尝辄止，需要在实践中获得宝贵的经验。另外，教师通过服务社会，树立了良好的形象，得到大众的好评，所谓名声在外，自然会吸引更多的有偿服务提供者前来要求合作。

三、促进高校教师合作的策略

（一）科研中的合作：人际与资源互补

1. 科研合作中的交流，养成良好人际氛围

就高校教师之间而言，科研合作是人际交流最多的学术活动。教师都有过合作开展科研活动的经历，而通过科研合作，教师之间可以加深了解，相互学习，享有共同的兴趣爱好，培养感情，建立良好的同事关系。为了更好地进行交往合作，一些教师即便在科研中利益受损，仍愿参与合作。虽然教师多少会对在科研中没有得到所期望的利益回报而抱怨，甚至存在着矛盾，但是教师仍愿意参与其中。

科研合作所带来的人际氛围，是高校教师所格外看重的。说明合作可以让教师得到情感的交流，这对于在学术活动中素以独立思考、不善处理人际关系而著称的高校教师来说意义可谓重大。高校教师在科研中，有知识与智慧的碰撞，有荣誉与情感的交流。大家是合作伙伴，是同事，是朋友，是有着相同兴趣爱好、相同理想追求的人。科研合作中的互动，给教师提供了一个良好的沟通平台。在团队里，教师能够学以致用、获得归属感、得到认可、发展人际关系以及创造良好的合作环境，形成良性循环。虽然付出与回报不匹配，矛盾是存在的，但是实质上，教师还是一直接受着这样的矛盾事实，一直认同并愿意参与合作，维持这种合作交流关系。有的教师谈到了自己的理解，但是更多的没有解释，这从一个角度说明了，合作在潜移默化中养成。

2. 科研合作中的分工，让不同资源互补

科研合作中通过高校教师的分工，能够实现大家的优势互补、资源共享，并能通过合作各取所需，获得更多的利益。对此，教师有各自的看法，但都提到了优势互补、共同获利。

人与人之间的关系，很大程度上都是和利益相关的。高校教师通过参与科研合作，取长补短，很好地实现资源共享、优势互补，使合作的各方都各取所需。这样他们不仅能收获实际的金钱利益，还能获得声望、名誉和地位等方面的利益，最终产生双赢、利益最大化的良好效果。虽然在合作中，并不一定每个人都同样获利，但优势互补能够让总体的利益最大化。于是，一起合作的项目逐渐累积起来，合作的成果在同行中达到一定知名度了，团队中的每个人，最终就会因此而受益。

（二）教学中的合作：互动与教学相长

1. 教学合作中的互动交流

教学是教师的首要职责。传统教学理念就是尊师重道，主张教师为主导的教学模式。虽然现在提倡教学是为学生服务的，要树立服务意识，在课堂中增强与学生的互

动，改变传统的角色定位，但教学合作中的互动交流仍是没变的。

2. 教学合作中的教学相长

在教学中，除了各种角色之间的互动外，也存在着交流中相互获益的问题。教学中的合作，凸显合作的重要性。无论是教师之间，还是师生之间的合作学习，都是共同促进、相互进步的重要形式。高校教师也深刻认识到这点，肯定合作学习的形式与教学理念。通过合作学习，教师之间资源优势互补，可以提高自身专业性发展，实现互惠；师生之间，真诚交流，相互配合，可以不断完善教学手段，保证教学目标的达成，实现互利。

（三）关注他人角色期待，建立合作关系

所谓“社会角色”是指处于一定社会地位的个体，依据社会对他提出的要求，借助自己的主观能力适应社会环境所表现的行为模式。同时，如果个体有能力去扮演他人的角色，那么，在合作的过程中，就可以对自己的行为加以控制。对于高校教师来说，在高校环境中要与教师、学生、其他行政人员和外界一些社会人士等各种人物打交道，可能与他们进行合作。在合作这一过程中，高校教师逐渐知觉到他人对自己的角色期望，再经由自我的判断，选择合作对象，调整这些角色，并据此表现角色行为，实现合作。最重要的是，教师要认真分析自我，形成正确的自我概念，准确把握自己的社会角色。

1. 关注学生成长的师生教与学合作

对于师生在教学中的关系而言，课堂中与课堂外产生冲突都是不可避免的。教师希望学生能认真听讲，遵守校纪校规，努力配合教学，完成教学计划等；而学生期待教师能真诚以待，切实地关心自己，对自己有所期待，尊重自己的想法，理解学生等。这里的期待不相互矛盾，但是有着不同的侧重点。在某些特定的情境下，会融合也会产生矛盾。在两者各自越偏向极端时，期待的差异就越大，合作的可能性也就越小。尤其是，当今时代的新青年与过去的青年在思想观念、知识储备上都大不相同了，要教育21世纪的青年，不能再简单地照搬以往的一套做法，而要创造出适合当前青年的特点的教学方法。只有与时俱进，才能改善教学。现阶段，在提倡教育服务理念的大背景下，教师与学生的相对角色，是师徒，是朋友，亦是服务关系。在教学中，更强调相互的平等，教师的教，更多是根据学生所需，为其今后发展所提供的。同时，教师在教学生时，也可以从学生那获得很多信息，并得到自身的提高，实现教学相长。

所以，现在提倡合作学习。教师与学生的相互角色建设需要作出相应的调整，才能满足现实的需要。然而，由于根深蒂固的观念难以转变，教师多年形成的教学风格难以改变或者教师对这一实际的变化感受不明显等，都影响着角色的转变。对于教师之间的合作学习很认可，而对于加强与过去一直处于教学中相对被动地位的学生进行互动、相互学习却存在难度。现代的学生，不再是那么被动地索取知识，加之现代化手段的发展，学生能够通过更多的途径获得信息；同时，以前的学生对书本这些纸质的来源资料是十分认同和接纳的，并且通过教师的教学可以更生动地领悟知识，而现在的学生，单纯的听讲已经是比较枯燥的方式，他们更喜欢通过形象的视觉化的途径获取知识。这对教师来说，无疑是对传统教学的巨大考验，是对教师自身提出的更高要求。

教师只有认真了解现在学生的需求，运用各种各样的方式使枯燥的课堂，才会成为轻松活跃的学习舞台。高校教师由于接受专业知识训练的时间较长，相对而言较为年长一些，受传统观念影响可能更多，也就是俗话所说的会放不开。这就需要教师善于协调课堂互动人际关系，多站在学生的立场多方位考虑问题，形成良性的课堂互动，达成师生合作，维护课堂的和谐，实现教学目的。教师和学生之间的相互期待存在差异，影响了彼此的互动。教师作为引路人，要在求同存异中，强化教师和学生相互期待中可能存在的共同处，与学生真诚交流。

2. 关注共同发展的同事、同行合作

对于教师与同事、同行的合作而言，教师彼此影响相互的角色定位及职责的履行。高校教师在合作这一主要的互动形式中，与所有的合作对象之间都遵循着相互期待的法则。当这种相互期待最终没有达成时，教师就不可能达到对角色的领会和角色的构建。同理，合作情境下的角色职责，也不可能完成。

教师要认清“自我”社会角色，习得角色期望，必须重视其他教师的角色期待，完成角色构建。教师之间通过合作，参与合作学习，发展促进自身专业发展，增强团体意识，摆脱彼此的孤独感，在期待中不断完善和提高自我。对于其他教师在合作中，提出的合理要求，希望得到的帮助，期望获得的响应回报，都应该认真积极地接受并投入，促进教师之间得到双赢的结果。同时，投之以李，报之以桃；服之以理，动之以情。在相互合作中，应真诚地对待合作者，促成真正的心灵交流和情感互动，创建良好的教学团队氛围，齐心协力，共同进步。有着良好角色构建的教师，就不会只看到眼前的利益，也更能避免产生“策略性依从”。策略性依从是指个人服从权威人物对情境的要求和对他的行动进行的种种约束，但个人的意见有所保留。这意味着个人看上去服从，但并不一定是心悦诚服。改变“文人相轻”的传统思想，期望达到策略性合作，也就是自然而然的合作。

对于高校来说，高校与教师期待存在差异。高校期待教师作为执行者，能够在保证教学质量的前提下，将更多的精力投入科研，并制定量化指标，督促教师完成，同时辅之一些激励和评价机制，细化激励标准，对教师的成果要求相对严格。教师期待的是，在较为宽松的制度环境下，顺从自己的合作意愿，参与合作科研和教学，有更为公正、灵活的绩效评价体制，能对自己的劳动付出有相应的回报。可以看出，不切实际的严管理，与教师所需的一个更为宽泛的平台存在差异，角色期望有偏值。因而，会造成双方合作未能发生，校方的鼓励未见成效等问题。

（四）遵循理性互惠改善合作

人们实际上都处在利益所交织成的网络中，愿意通过这种网络彼此交往就要求获得报酬或回报。如果违背互惠与公正原理，则会造成利益分配不均，原先已形成的网络就将无法维持。高校教师参与合作项目，团队就是网络，教师个人负责其中与自己相关的部分，付出劳动，期待得到相应的回报。从这点来看，教师选择合作时是以理性为前提的，不是为了合作而去合作，而是在需要合作时才会采取行动，建立合作关系。同时，在这一关系中，人们总是期待着能够公正地被对待，付出就有所收获，以及在维护双方基本收益的前提下，实现互惠，获得更大收益。

高校教师都是具备高深学识的知识分子，生活工作的环境都很相似，也有着相类似的兴趣和爱好，因而要尽量求同存异，为合作打造一个共享的平台，不要过度地放大彼此间的差异，造成不必要的敌视或者恶性竞争。拓宽自己的人脉关系，有助于合作的顺利开展。在合作过程中，合作双方通过表现对对方有利的行为，而期望彼此能够获得最大的积极结果，实现公正和互惠。然而，在高校教师合作过程中，为获得更多利益，一些人并没有遵行互惠与公正原理，受到利益驱使，谋求获得额外的、不属于自己应得的权利，造成利益分配不均，他人利益受损。这些行为将使其中一方或双方均可能得到消极的结果，即付出代价。如果长此以往，总处在被剥夺相应回报境遇中的教师，经过权衡和努力，仍无法改变不公正的待遇，就会退出合作关系，另寻他路。这将不利于合作的良性循环。

对于选择合作关系，正是因为教师通过理性盘算，确定这样比起竞争或者其他方式能够获得更多的利益。在保证自身利益的基础上，双方都能达到共赢或者收获比独自行动所得利益要高的赏酬，也期望能够继续合作。作为教师，自身要提高理性思维能力，学会全方面地考虑问题，增强判断力，能够审时度势，选择最有利的行为方式。合作既需要教师具有理性的判断能力，同时还需要有合作的胸怀，认识到合作者超越自己，从长远看是一种互利互惠。

如果一个人的收益与投入之比与另一个相同地位的人的比率大致相同，则符合公正原理，其在心理上比较平衡，社会交换过程也会继续；否则，一方会产生抱怨或愤怒等消极情绪，那这一交换必定不会持久和稳定，甚至会中断。在高校教师合作中，合作者对利益分配的合理性和公正性的感知，很大程度上影响其合作的积极性和合作态度。因此，在高校教师合作中，应该力求让合作者尤其是合作中处于主导的一方理解并遵循这一原理，让所有合作者都能在合作中有公正感知，包括利益公正的感知（对所得的利益公正程度的感知）、程序公正的感知（决定利益分配的程序公正程度的感知）、关系公正的感知（人际关系行为是否公正的感知）和对信息享受公正的感知。

在科研合作中，对于利益分配不均、权责利不统一的问题，我们需要更好地运用和遵守这几个原理。在相关研究的访谈中，有受访教师提出关于组织者应分配好经费的建议，科研合作最好能建立子项目，分散经费。这也就是教师提出要明确权责，课题负责人要履行好自己的义务。还有受访教师提出关于合作中的约定，“尽管高校没有明确的要求，但是在合作中我们可以事先协商约定好”，这样，“真的遇到了问题了就先会进行协商”。按照付出有所收获，明确责任和权益，达到合作者的认可，然后再按章办事，各有所得，互惠互利。

在教学合作中，教师通过与同事、同行和学生相互交换经验和思想、合作学习，能够获得自身能力的增强和水平的提高，实际上就是通过教师之间的合作而互惠。如果充分利用好了教学团队这一合作平台，互通信息、交流体会、相互切磋和分享经验，教师就能在一种相互帮助、互惠互利的环境中获得自身的发展，最终形成知识与智慧的共享。

在这样的前提下，教师之间就会逐步形成以合作为核心的日常学术活动参与方式。在教师无须考虑利益分配、全身心投入学术活动的情况下，在科研合作中，教师努力形成彼此默契，经过长时间的沟通交流，会形成默会知识，在不自觉中相互影响，使教师容易领会彼此的意思，使合作过程更加舒适，提高合作效率。在教学团队中，教师之间将平等互助，交流教学心得，一起努力提高教学团队实力，于是在潜移默化中形成一种惯有的行为方式，不论是正式的或者是非正式的，都无形中影响并规范着教师之间的合作。无论是组成教学团队还是科研团队，都能够形成一个有效的常规行为方式，这种方式反过来又约束着教师的行动，规范着合作过程中的权责利关系。同时，这也为教师合作提供了一个可供参考的标准，指导他们如何参与、明确方向、良性地循环，从而形成规范性的合作机制。因而，一种理性的互利互惠行为，将不自觉地导向一种合作的机制，成为教师心目中习以为常的常规行为方式。对此，还需要高校尊重教师之间的自由合作，让教师合作最优化。

（五）高校促进教师合作的制度建设

促进教师之间的友好合作以及互惠互利，能够使得高校的整体利益得以实现。因此，高校也应该在规章制度上为保证公正原理创造条件。高校在合作中，应该合理发挥其作用，高校应当认清自我角色，把握好自身在合作中所承担的作用，在自己的职责范围内切实保证合作的顺利进行。为促进教师合作，应在教师管理制度和评价机制中适当淡化竞争，为合作提供宽松的制度环境，而不应该运用行政权力对合作过程进行过于刚性的规定。由于高校教师有强烈的自主发展愿望，将教育工作看作一种责任与使命，这就需要高校给予教师们充足的发展空间，为其在学术活动中的合作提供支持，让他们有条件去实践、有空间去体验。这样才能让教师焕发出更大的合作的积极性，通过彼此的合作，掌握好自己学科专业的专业知识，并带动学生的专业发展和在研究领域获得成功。

1. 从组织角度，为教师跨校、跨地区合作创造条件

高校可以从制度设计上，鼓励教师参与跨地域的学术活动、与跨地域的同行联系以及增加与社会精英的联络。这相当于从组织角度进行社会资本投资，建立广泛而和谐的内部与外部关系，从而增加高校的资源。社会资本理论认为，连接不同群体的纽带对于获得信息和资源是非常重要的，因为在一个群体中，信息在本地普遍共享，因而具有重复性，而新信息来自非重复性联系。因此，仅仅注重高校内的教师合作，对教师专业发展和高校学术发展都是限制，教师个人和高校必须打破群体封闭的界限，不断与外部发生信息交流。何况教师对专业的忠诚往往高于对高校的忠诚，跨越高校和地区的行业内的合作本身就对教师更为普遍。很多教师为累积社会资本而展开的跨高校、跨地区的交流活动，事实上，可以为高校、院系获得教育和研究资源，继而促进高校、院系的学术发展。例如，教师与校外同行的交流，能够捕捉到新的学术信息，便于把握某专业的发展机遇。高校从组织的角度考虑进行社会资本投资，将促进教学与研究工作的开展，需要采取的措施可以是在院系一级制度化地为教师提供学术交流的机会、为教师跨高校和跨地区的学术交流提供物质条件、分配政策向跨高校和跨地区的合作倾斜等。

2. 构建一定的组织形式提高合作剩余，促进校内教师合作

校内合作者的比例取决于合作剩余，那么，以一定的组织形式来提高合作剩余，将是引导校内教师关系走向合作的重要途径。合作所带来的收益之所以能够大于独立劳动带来的收入，是因为建立在分工基础上的协作能够产生集体力从而产生合作剩余的结果。制度经济学的重大发现之一是：选择组织一个团体进行合作，可将交易成本内部化。因此，形成一定的研究基地、组成科研团队将促进教师的关系走向合作。如果这种团队能够创造出最大化的合作剩余，从而给各个要素所有者带来最大化收益，它就将有助于打造一种推进教师合作的制度环境。知识经济迅速发展也恰恰需要这种组织的产生。科学研究日趋复杂，综合性和交叉性越来越强，以往狭隘的专业划分已远远不能适应这种趋势，必须组建跨学科跨专业的科研团队，使不同学科背景的成员在思想方法上相互启发、相互配合，产生工作者独立科研所达不到的效果。降低合作成本也能提高合作剩余，促进合作行为。通过合作能够产生合作收益，但是维持合作需要合作共同体支付合作成本，只有合作收益超过合作成本并形成合作剩余，合作才是有效率并能够稳步推进的。教师在参与高校的教育研究活动的过程中，存在信息不对称问题，以致达成交易的信息、谈判、维权等方面成本高昂。为降低合作成本，使教师与高校利益一致化是较好的出路，这需要高校在制度安排上，了解教师的需求，尊重教师的选择，与教师群体共同研究、讨论而进行决策。

3. 量化标准，完善合作

比较水平和可选择性比较水平会影响合作关系选择。为了能让合作者在众多关系

中选择并保持满足教师期望而又稳定的关系，我们可以通过量化这两个标准，影响合作者对合作关系的选择。量化高校教师在各种具体合作行为中所期望的收益以及最低收益，以促使教师合作更平稳、有序地进行，完善教师合作。最为理想的，是使教师通过合作所获得的报酬能高于这两个标准，这样，高校教师就会愉快并稳定地接受这一合作结果。次之，就算不能让所有的教师都满意，但是期望能够通过标准的衡量，至少接受这一合作关系，并愿意继续维持下去。也就是要将通过合作能够获取的报酬始终处于比较水平和可选择性比较水平之间，这样，合作关系仍然可以维持。最后要努力避免的，就是使教师所能获得的收益都低于两个标准，使合作关系解散。当然，也会出现获利报酬总是低于这两个标准的情况。因为回报总是或至少是经常少于所期望的，需求总随着环境的变化而改变，所以矛盾总是长期存在。我们将标准量化，却不能一劳永逸，要适时适当地对标准进行调整。同时，量化标准也是从另一方面对于权责利的明确。由于有了量化的标准，高校教师在合作时有章可循，有标准可依，在合作之初就能够清晰地明确责任，合理分配权益，从而避免合作中由于利益分配不均所产生的矛盾与争端，保证合作的顺利进行。量化标准需要规章制度制定者的努力，包括高校及上级部门，以及合作的主导者和支持方。因此，这也对他们提出了更高的要求，因为制定标准本身也是需要监管的。

总之，为了达成促进教师合作这一目标，高校在组织制度上需要有专门的支持。高校教师合作，一方面需要教师自身有合作的意愿，另一方面制度环境应建立科学民主的管理机制、设立全面可发展的评价机制、创立公正和谐的竞争机制。这样，两者相互补充、相得益彰，才能促进高校教师的合作，并规范教师既合作又竞争的行为。

第五章　高校治理现代化视域下教师育人质量保障与改进

第一节　高校教师育人质量保障体系建设

高校要处理好新形势下规模与质量、发展与投入、教学与科研、改革与建设的关系，牢固树立人才培养的质量是高校生命线的观念，高校党政一把手作为教学质量的第一责任人要亲自抓教学质量，定期召开教学工作会议，及时研究解决高校教学工作中的新情况、新问题，不断推进高校的观念创新、制度创新和工作创新，将高校教育质量提高到一个新水平。权力必须行使，职责必须履行，否则就会出现怠政无为、失职无责的严重后果。奖励尽责者，问责失职者，才能政令畅通、激励改革①。高校要把提高育人质量作为教育改革发展最核心最紧迫的任务，始终贯穿人才培养、科学研究、社会服务、文化传承创新各项工作之中。

一、育人质量保障体系建设

高校教学质量保障体系，包括高校内部自身教学质量保障体系和政府、社会通过对高校认证、评价等措施而建立的外部质量监督机制。高校内部教学质量保障体系就是要建立一种推动高校自身教育教学质量持续改进与提高的机制，高校通过建立科学的教学质量标准、制度和规章，整合内部各类教学资源，从而确保人才培养质量能符合社会的需要，同时形成一个完整的培育组织学习系统，构成一个在质量上能够自我约束、自我激励、自我改进、自我发展的有效运行机制。

① 龚成．管办评分离与高校办学自主权的落实［J］．江苏高教，2018（10）：58－62.

（一）育人质量保障体系建设的理论基础

1. 全面质量管理理论

全面质量管理理论是由美国通用电气公司的费根堡姆博士和世界质量管理大师约瑟夫·莫西·朱兰博士最早提出，并在企业经营中应用，之后全面质量管理思想开始被教育界关注和借鉴，并最早应用于工程教育领域①。全面质量管理理论主要的特点可概括为“三全”，即全方位管理、全过程管理、全员参与质量管理，这“三全”是系统科学中“全局观点”和“全局最优”原则的反映。

2. 组织理论

组织理论是一个庞大的理论体系。从20世纪初开始，大致经历了传统组织理论、行为科学组织理论和系统管理理论三个阶段。任何组织都必须以某种形式的权力作为基础，没有某种形式的权力，任何组织都不能实现自己的目标。组织的结构是一层层控制的体系。在组织内，按照地位的高低规定成员间命令与服从的关系。组织理论中首先应注意人与工作的关系。成员间的关系只有对事的关系而无对人的关系。成员的选用与保障。每一职位根据其资格限制（资历或学历），按自由契约原则，经公开考试合格予以使用，务求人尽其才。其次要了解专业分工与技术训练。对成员进行合理分工，并明确每个人的工作范围及权责，然后通过技术培训来提高工作效率。最后是成员的工资及升迁。按职位支付薪金，并建立奖惩与升迁制度，使成员安心工作，培养其事业心。凡具有上述特征的组织，可使组织表现出高度的理性，其成员的工作行为也能达到预期的效果，组织目标也能顺利达成。

3. 教育评价理论

教育评价过程在本质上是确定课程和教学大纲实现教育目标的过程。教育评价主要包含两个要素，即事实判断和价值判断。此外，我们还可以从教育评价的概念中，发现其内在的两种评价手段，即定性方法（质的记述）和定量方法（量的记述）。教育评价的发展历史始终以对教学的评价为发展主线。随着教育评价研究的深化，教育评价的范围逐步扩大，由最初单纯对教学的评价发展到对教师、高校、教育管理人员等的评价。但其评价的核心仍然是教学评价。从当前世界各国教育评价的发展来看，教育评价理论主要有以下几个发展趋势：由强调减少教育投入成本，转变为重视提高当前投入的教育产出；地方性评价活动逐渐增多，不再局限于大规模的全国性评价；评价不再局限在量化方法上，更加注意引入质性方法，强调结果解释的人性化和民主性；重视发展性教育评价理念和被评者的参与；等等。

---

① 郭臻琦，宋晓奎，刘海涛．基于全面质量管理的新工科教育质量提升路径研究［J］．邢台学院学报，2024，39（1）：138－144．

（二）高校育人质量保障体系的内容

根据教学全面质量管理理论，从教学质量产生环节来说，高校教学质量保障体系的内容应该反映教学质量生成的全部环节；从学生培养环节来说，高校教学质量保障体系的内容应涵盖学生从入学到毕业的全部教育教学环节；从工作范围来说，高校教学质量保障体系的内容应覆盖高校工作的全部和全校师生员工，既包括教书育人的教学质量，又包括管理育人的工作质量，还包括服务育人的服务质量。教学质量保障的内容应覆盖教学活动的全过程，包括高校定位、培养目标、培养计划、教学管理、教学目标、教学过程、课程考核、学籍管理等，从学生入学至毕业的整个培养过程。

二、育人质量管理队伍保障

（一）育人质量管理队伍的现状与问题

1. 队伍结构不合理

结构合理是指管理人员数量充足，没有缺位；管理队伍具备多种专业知识结构，老中青年龄结构比例合理，男女比例合理（异性不少于20%）。但是当前高校教学质量管理队伍不仅年龄结构失调，而且专业知识结构也不完善。相当数量的高校在引进教学工作的管理人员时，往往会迫于高校毕业生的就业压力等种种原因，倾向于优先选取高校应届毕业生，这就使得高校教育管理队伍教育类专业人员相对匮乏，教学管理人员的知识结构不协调，对教育学、心理学的特定学科领域的知识认识不多，难以对教学过程进行有效、科学的管理。

2. 队伍素质有待提高

素质不仅指专业素质，还包括服务意识和协调能力。高校教学管理队伍不仅要拥有教育学、心理学、管理学等方面的理论知识，还需要系统学习和掌握教学管理的基本知识。当前高校教学管理人员的专业素养都比较高，但是服务意识和协调能力还有待提高。

（二）加强育人质量管理队伍建设的政策举措

1. 提高认识

提高认识包括两个方面：一是重视教学质量管理队伍建设，二是提高管理人员的自我认识。高校教学管理人员并不缺乏管理能力，而是缺乏将以人为本的理念贯穿教学过程管理的管理意识，管理人员如果不能正确定位自己在教学质量监控体系中的角色，而以管理者、领导者、监督者自居，则必然使教师、学生对其产生距离感，影响质量监控体系的正常运行。

2. 优化队伍结构

高校要建设一支德才兼备、结构合理、高效精干、充满活力的教学质量管理队伍，就应着眼于优化队伍的结构，使队伍的年龄结构、职称结构等逐步趋向合理。同时，使队伍整体结构达到和谐，实现以结构的优化来推动高校的进步与发展的目的。

3. 提升队伍素质

高校应分期分批安排管理人员学习深造，充实提高教育学、心理学、管理学、行政学、高等教育管理学等方面的知识，并将理论运用于工作实践，提高管理水平。高校之间可互派管理人员学习与交流，使相关人员在工作实践中得到提高，以弥补自身不足，促进高校发展。

三、高校教学基本状态数据库建设

（一）教学基本状态数据库的概念

教学基本状态数据库是本科教学质量监控体系的基础，为推进学校信息化建设，开展自我评估，诊断教学问题，助力本科教学建设等方面提供了重要的数据支撑①。教学基本状态数据库利用信息和网络技术，按照教学工作的基本规律，把高校与教学工作密切相关的数据按照一定的逻辑关系组织起来，以数字化方式呈现出来，形成系统化的反映高校教学运行状态的数据集。

教学基本状态数据是反映高校教学工作运行状况和教育质量的重要依据之一，也是一所高校的办学水平、办学实力的重要体现。建立校级的教学基本状态数据库系统，并以此为平台服务于高校教学水平评估工作，将更有利于提升高校的管理水平，增强高校在教育改革中的内涵建设与核心竞争力。

（二）建立教学基本状态数据库的意义

从高校教学水平评估视角探讨高校建立教学基本状态数据库的意义，主要体现在以下三个方面。

1. 为高校自身的教学质量管理和监控提供保障

通常数据库收集的大多是原始的数据，要使其变得真正有价值，就必须有一个加工和处理的过程，即依据一定的指标体系，对现有的数据进行比对分析，从而找出问题与差距。因此，应根据教育部的教学基本状态数据库系统的数据项要求、教学评估指标体系的指标和观测点的要求，结合高校的教学管理和自评的需要，建立起校级的数据分析和监控系统。这样，才能及时有效地发现各种规律和问题。同时，可以建立起高校内部的自我评估机制，设立预警点，分析趋势，查找问题，达到适时监控的目的。

---

① 秦君，胡鹏．高校内部本科教学基本状态数据库的建设与实践——以中南民族大学为例［J］．湖北经济学院学报（人文社会科学版），2020，17（11）：145－148.

2. 为上级主管部门决策和社会监督提供信息服务

通过建设教学状态数据库，实现数据信息积累，高校就不必再为接受评估而准备大量的文字材料，有效减轻了高校接受评估的工作压力；同时，利用常态数据，可形成教学基本状态数据分析报告供高校和专家使用；专家通过审读教学基本状态数据和教学基本状态数据分析报告便可了解高校教学工作的基本情况，确定进校考察的重点，提高进校考察效果，降低进校考察工作强度。

3. 为各级各类的评估提供依据

建立校级教学基本状态数据库，并以此为平台建立起适应于各级各类评估指标体系的教学评估系统，使教学评估工作变得简单、适时、效率高。如对于上级管理部门的评估，可以直接登录系统对有关数据材料进行检查，并依据系统提供的功能生成各类报表备查和存档；而高校也可使用本系统参照有关评估指标体系及要求，不定期地对自身的办学情况进行比对和测评，发现问题，及时整改。从而有效地避免各部门为了评估而评估、为了评估而临时找数据或凑数据，甚至弄虚作假的现象。

（三）教学基本状态数据库的选取原则

教学基本状态数据库建设的关键是数据的选取。选取教学基本状态数据的原则有科学性、系统性、操作性、导向性。

1. 科学性原则

数据库所采集的数据应真实、客观、准确，并具有原始性。尽量不采集衍生数据，如增长率或比率，而是通过采集原始数据后，由数据库系统自动生成各项工作中所需要的衍生数据。

2. 系统性原则

数据库指标体系应反映教学工作的全貌和规律，包括教学工作的环境、条件、主体、状态和效果。

3. 操作性原则

数据库指标应可测量，易采集，获取方便。同时要尽量减少数据采集和管理的工作量，通过国家和高校两个层次的合理分工，将国家层次数据库的指标数量控制在一定范围之内。

4. 导向性原则

数据库指标体系应反映教学工作的时代特点和要求。例如，在指标中加入高校教学改革与教学质量工程的内容，以推动“质量工程”相关工作的开展。

（四）教学基本状态数据库建设的基本要求

高校教学基本状态数据库建设的基本要求应当体现在以下三个方面。

1. 与全国高校教学基本状态数据库系统相衔接

全国教学基本状态数据库的内容较之以前变得更加丰富和全面。因此，作为校级的教学基本状态数据库系统，应与国家层面的数据库系统相衔接，以方便数据及各种报表的链接和上报。

2. 与各类评估指标体系相对应

校级教学基本状态数据库系统研制的主要目的之一是为高校教学工作评价服务，因此，数据库的各项指标应根据各校自身的实际情况，充分参考各级各类教学工作评价的数据要求，如教学工作合格评价、水平评估、专业评估及高校内部的院系教学评估。在实现与上级评价指标体系相一致的同时，更能满足高校自身日常的教学评估及质量监控的需要。

3. 以高校的信息化管理系统为依托

随着现代信息技术的发展，各高校都在加紧数字化校园建设，把各种原来相对独立的办公系统、人力资源系统、教学管理系统、学生管理系统、资产管理系统、图书管理系统等有机地整合，形成了规模庞大的网络数据资源和信息化管理系统。校级教学基本状态数据库的建设，就应该以此为依托，提取相关的信息资源，直接成为数字化校园的一个重要组成部分，这样可以充分发挥网络数据及信息资源的共享功能，有效地避免数据的冗余、冲突和矛盾，提高数据的准确度。

（五）教学基本状态数据库的内容

从层次结构来看，全国高校教学基本状态数据库作为国家层次的数据库，是各高校校级数据库建设的蓝本和依托，采集的数据是包括院系和专业等宏观层次的数据；微观层次信息的数据库（教师库、课程库、教学运行库、学生库、成绩库、设备信息库)，是各高校信息化建设的重点，由各高校自行建设和管理。国家层次数据库以高校管理信息化为依托，与高校层次数据库通过网络互联并进行数据交换，以此保证国家数据库的高效率和低成本。

从数据内容结构来看，数据项覆盖了教师、学生、教学管理与建设、教学效果、教学条件、学科建设与科研、校园文化 7 个方面内容。在实施数据项报送时，则根据高校部门设置和管理体制，将数据信息划分为高校基本信息、师资队伍、教育教学、教育经费、科研仪器、教学条件、学生基本情况、学生课外活动、科研情况、学科建设和补充说明 11 个大类。

1. 初始化数据

高校基本情况、校训、办学思想、院系情况、高校专业结构与布局、高校面积、高校发展规划、校友会与社会合作等是高校的基本信息。

2. 动态数据

动态数据部分有 10 类内容：第 1 类反映师资队伍的情况，第 2 类反映专业设置、教学管理和教学效果等情况，第 3 类反映经费情况，第 4 类反映固定资产和分院（系）教学科研仪器值等情况，第 5 类反映教学条件情况，第 6 类反映在校生基本情况，第 7 类反映学生社团、课外活动及素质教育等情况，第 8 类反映科研情况，第 9 类反映学科建设情况，第 10 类为高职高专信息补充表和特殊情况的说明。

高校上报的数据，主要用于实施常态监控和辅助教学评估，在实际采集和管理时，将其分为两类，以作不同处理。一类是反映高校办学基本状态的数据，主要用于监控高校日常教学状态，称为年报数据，约有 700 项，每年定期上报；另一类是与高校教学评估工作密切相关的数据，主要为评估服务，称为评估数据，约有 100 项，高校应在接受评估前三个月内上报。

四、教学质量信息管理

（一）教学质量信息的采集

教学管理部门通过查看教学质量信息能够正确分析高校的教学状态，发现问题并及时调控改进，其前提是，收集的信息必须是全面、准确和及时的。教学质量信息收集的全面性，包括信息收集的内容和信息收集的渠道两个方面。教学活动是一项复杂的活动，其影响因素众多，要准确地了解高校教学状态与质量，必须在信息评估的基础上，根据既定的信息收集内容及其权重广泛收集资料。信息的来源渠道也应是全面的，包括学生、教师、教学管理部门、专家、领导、校友、用人单位等。信息收集的方法有学生信息员制度、师生座谈会、各项检查评估、领导专家听课调研、毕业生追踪调研等。

1. 院校宏观教学质量信息采集系统

院校宏观层面教学质量信息采集系统的组织机构由院校教学督导部门、教务处、就业处及聘请第三方（中介评价公司）等组织实施，信息来源主要有学生（在校生、毕业生）、教师、企业相关人员、行政部门等。信息采集的方式有学生和企业相关人员的问卷调研、访谈、网上调研、实习基地现场考察、院系教学秘书会议、学生学习委员座谈会、审阅教学材料、观看教学录像等。内容涉及学院专业设置的合理性、新生基本素质、毕业生就业率（含对口就业率）、就业质量、毕业生可持续发展能力、岗位迁移能力、教师教学水平，以及学院人文环境和图书馆、实验及实训条件等，整体反映学院教学实力及教学质量。

2. 专业教学质量信息采集系统

为了更好地发现专业教学过程中存在的问题，高校应当建立分专业教学质量信息采集系统。信息来源主要有学生（在校生、毕业生）、专兼职教师、企业管理人员、学生家长等，信息采集的方式有问卷调研、访谈、网上调研、实习基地现场考察、随堂听课等，内容主要涉及学院专业人才培养方案设计的合理性、教学内容的实用性、教师教学水平和实践经验、学生学习情况、本专业实训条件，图书资料、网络学习资源、顶岗实习等实践教学的管理组织，以及职业技能鉴定的组织实施、毕业论文指导、就业指导、本专业毕业生就业质量等，整体反映专业教学实力及专业教学质量。

（二）教学质量信息的处理

教学质量信息的处理分析可以分为定性分析和定量分析两种方法。定量分析常用算术平均数、算术加权平均数、几何平均数、正态分布曲线和偏态分布曲线等方法。定量分析的优点是可比性强，适合于对教师、教学的等级评价。量化处理信息后，可以对教师教学情况进行排序，有的高校还实行了末位淘汰制、停止下学期开课等方式惩戒出现问题的教师。定性分析是一种纯经验的传统方法，但这种方法也不是完全可用现代化的定量分析方法代替的。对原始信息进行分类、排序、分析、评价等逻辑处理，其优点不仅在于所反馈信息对教师或学生具有说服力，更在于它明确指出问题之所在，适合于改进教学过程，提高教学水平。在进行定性分析时，宜先进行主题分类，即由教务处或教学秘书对教学监控过程中获取的关于不同教师、不同课程的信息进行综合整理，按照事先划分好的主题，如“多媒体教学”“教学内容”“教学方法”等进行分类登录，每个主题之下还可再分为不同的问题。对于不同问题提出的频率也要进行标注，以展示其普遍性或特殊性。这种主题分类处理信息的意义在于可以将全校教学过程中存在的问题分类归档，教师可以经常查阅，以便有针对性地改进个人教学方式和方法。

（三）教学质量信息的反馈

将收集到的教学质量信息经过科学的分析、整理后，及时、客观、准确地反馈给相应部门；各部门依据教学反馈信息，调控相关政策规定，研究、落实教学整改措施，这样才能有效地避免、纠正教学环节中的漏洞、偏差，保证教学质量和高校教育教学目标的实现，即实现反馈的预警、纠偏和发展功能。教学质量信息反馈，根据不同的情况可采用不同的反馈形式，可以口头反馈，也可以书面反馈；可以立即反馈，也可以延后反馈。以对教师教学的检查为例，教学督导专家在督导过程中，发现教师在教学过程中存在的问题，下课后可立即与教师进行口头的沟通，提出改进建议；而教学质量管理部门，则是通过对得到的专家、学生、领导的信息进行分析、重组，以书面的形式反馈给教师。反馈的教学信息在内容上应做到准确、及时、有针对性，且语言易懂易读、直观醒目。此外，要充分发挥教学质量信息的调控和发展功能，还需不断完善激励与约束并举的教学奖惩制度，加大对教学成果、精品课程、优秀教师、优秀班级、优秀管理人员和部门等的表彰与奖励力度，引导全校教职员工把主要精力投入教学工作，以推动校风、教风和学风建设，促进教学质量的提高。

1. 质量信息反馈的目的

教学质量信息反馈系统是教学质量保障系统中的重要组成部分。就教育决策者而言，通过教学信息的反馈，将教育结果和教育目标进行对照，能够准确地把握系统运行状况，及时发现问题，总结经验，调整系统，并逐步实现系统的不断优化。就教学管理者而言，通过查看教学信息能够及时掌握教学第一手信息，对信息进行分析、筛选、评价，并依据教学信息对教学管理的每一阶段和过程进行纠偏和调整。就教学实施者而言，教学质量信息反馈能促使教师更关注教学质量，规范教学行为，履行教师职责，不断改进教学方法和手段，提高教学水平和教学效果。

2. 质量信息反馈系统的构成

高校的教学质量信息反馈系统有四个主体，即学生、教师、教学管理职能部门、社会，将这四个主体融为一体，对高校教学过程进行全方位立体式的信息收集及反馈，为高校的教学质量调控提供信息依据。

（1）学生教学质量信息反馈系统。教师教学对象是学生，学生对教师的教学情况最有发言权，因此高校应十分重视基于学生的教学质量信息反馈工作。高校基于学生的教学信息收集的主要方式有：一是组建教学信息员队伍。通过教学信息员收集教学信息反馈表，对教师教学态度、教学水平、教学效果等情况进行如实反馈。二是定期召开学生座谈会。高校每学期可在期初、期中、期末召集各学院学生干部或学生代表进行座谈，了解高校教学运行情况，收集学生对教师教学、教学管理、课程建设等方面的意见及建议。由教务处和教学督导负责对收集来的信息进行分析整理，并通过文件、报告、简报等方式反馈给有关教学单位和职能部门，督促及时解决各类问题。

（2）教师教学质量信息反馈系统。建立基于教师的教学质量信息反馈系统的目的是掌握专业培养方案、课程设置、课堂教学、实训（实习）安排、教材选用等方面的实践效果，了解学生课堂学习效果、学风情况。主要的反馈渠道有高校不定期召开的高校教师座谈会、二级学院教师座谈会、专业教师座谈会、教师之间的交流学习（如听课活动）等。

（3）教学管理职能部门教学质量信息反馈系统。教务处、教学质量管理部门、二级学院、教研室处于教学第一线，是教学活动的直接组织者、实施者和管理者，也是教学质量保障的直接责任者。一方面通过对教学全过程的组织协调，进行日常教学管理、收集教学质量信息。制定高校听课评课制度，规定高校各级领导，包括校领导、教学管理干部、二级学院管理干部走进课堂对教师的教和学生的学进行评价。听课后对教、学两方面进行评议，并将评议结果及时反馈给教学管理职能部门和教师本人，帮助教师扬长避短，不断提高教学质量。另一方面通过日常教学巡查、定期阶段性教学检查和不定期的教学抽查、组织考试和成绩分析等形式收集、提炼有关教学质量信息，并将检查的信息通过一定的渠道，如通报、简报、教学工作会议等形式及时反馈给相关教学单位，使发现的教学问题能得到及时地纠正或改善。

(4) 社会的教学质量信息反馈系统。一是借力网络渠道，打造开放信息平台。高校网站教务处网页专设“意见反馈”栏，向社会收集各种反馈信息。二是联系用人单位，跟踪调查毕业生质量。高校各教学单位、学生处或者就业处应当定期向用人单位发放毕业生质量跟踪调查表，或派专人到各用人单位进行毕业生质量实地调查，了解用人单位对毕业生的工作适应性、知识结构、技能水平以及综合素质等方面的反映和评价，并听取用人单位对高校教育教学等工作方面的意见和建议。三是启动第三方评价，对毕业生质量进行客观分析。为了更好地了解人才培养质量，高校可以与有良好公信力的第三方教育数据咨询和评估机构进行合作，对高校毕业生的就业能力进行客观的测量与评估，内容主要包括毕业生的就业竞争力、就业半年后的去向、就业质量、薪资收入、用人单位特色、地区特色和优势、基本能力满足度、创新能力、核心知识满足度等方面。

高校教学质量信息管理系统的结构如图 5 - 1 所示。

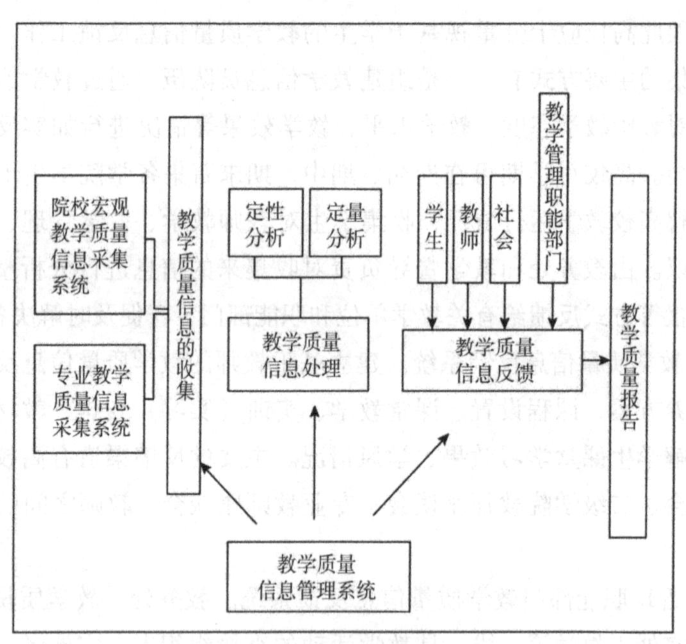

图 5 - 1　高校教学质量信息管理系统

第二节　高校治理视域下完善教学督导体系

本科教学督导是高校教学质量监控体系的重要组成部分，是促进本科教育教学质量提升的重要途径①。教学督导专家的基本工作大致可以分为常规督导、专项督导与专题调研三大类。常规督导工作主要就是课堂听课评课、教学问题反馈等，这些属于质量监控工作领域；有的单位的督导专家还定期组织教学示范课、教学研讨等，这些属于教师教学发展领域。专项督导则主要是相对固定的教学环节督导，如开学初的教学秩序专项督导、期中期末考试期间的考试考核专项督导、实习实践课程的专项督导、毕业答辩季的答辩与毕业专项督导以及涉及学位的论文质量专项督导等。专题调研这种形式的督导工作方式被部分高校重点采用，一方面在高校里，传统的听课评课、监督指导方式工作阻力较大，被督导对象抵触情绪比较大；另一方面采取专题调研的方式，能够更深入集中地把一类或者一个问题调查清楚，从而解决起来问题更有针对性，而且专题调研能发挥督导专家的学术研究优势，部分问题的调研报告调查数据扎实、学术理论水平高，有很高的学术价值与应用价值，权威性与说服力强。专题调研方式的督导工作将在高校教学督导工作中占据日益重要的位置，相信会在越来越多的高校特别是高水平研究型高校的教学督导工作中发挥更广泛和积极的作用。

一、常规督导工作

常规督导工作主要是课堂教学评价。强调教师教学发展的教学督导工作还包括教学示范课和教学研讨研究。常规督导工作应注意以下几项。

第一，教学示范课不妨与教学研讨紧密结合，这样能够及时总结经验教训，强化示范效果；同时示范课程应以公共必修课或专业基础课为主，这样示范作用明显，受益面大。

第二，参加示范课与教学研讨会的人员除教学督导专家外，最好还包括高校主管领导、高校教学职能部门领导及工作人员、学部学院主管教学领导以及教师代表，特别是青年教师群体。这样能够扩大示范课影响力，并且通过示范课后的教学研讨及时研究讨论和解决教学过程中的各种问题。

第三，教学研讨会的发言交流应是鼓励为主、建议或意见为辅，这样能让示范课教师更加虚心接受和改进课程教学。相同或相近专业的专家评价时侧重专业内容，而跨领域专家侧重教学技术与教学经验交流。

第四，教学示范课除了听取专家学者的评价之外，也应征求课程学生的意见和建议，从学生角度了解课程整体教学效果。课堂教学首先是教与学的问题，然后才是教师教学发展的问题。

第五，对教学示范课与教学研讨会的情况记录应及时整理归档，方便课后回顾以

---

① 叶晓力，夏玲丽，蔡敬民．高校本科教学督导的现状、问题与改进策略［J］．中国考试，2024（3）：37－45.

及之后开展进一步的教学研究工作。

二、专项督导工作

专项督导工作主要是集中力量进行主题性的监督和检查特定的和教学相关的重要过程和环节，以深入了解相关过程和环节的真实情况。

（一）试卷专项检查

试卷专项检查是教学督导常见的专项督导工作之一，可以包括考试前的命题专项检查和考试后的试卷评判专项检查及试卷管理归档检查等。高校进行的考试后的检查，有以下几个要点和注意事项。

第一，试卷检查工作必须依据教学部门相关管理规定，并有相应的检查明细表，方便被检查单位平时参照、规范开展试卷相关工作。

第二，试卷检查工作中，应明确具体问题和隐患，避免谈问题“虚、浮、大”，这样方便被检查单位事后及时、有效地改进。

第三，在专项工作报告中，指出问题的同时应该提出解决问题的方法建议，并且建议应该目标明确，属于教学管理部门的问题应明确要求教务处或者研究生院改进，属于二级教学单位的问题应明确要求二级单位改进，属于教师个人的问题则应明确要求教师个人改进。

第四，专项工作报告应该公开披露，并呈报相关主管领导及相关部门。

（二）课堂教学专项巡视

课堂教学专项巡视是高校教学督导工作的一项创新尝试，是将教学的“督教”和学风的“督学”紧密结合的重要改革之一。这项工作让高校首次定性又定量地掌握了日常教学运行秩序情况。开展这项工作有以下几条经验和注意事项。

第一，教学巡视专项工作的数据务求精确。数据说服力最强，有关学生迟到、教师早退的情况屡见不鲜，但是翔实的数据远比泛泛的定性说明要有说服力得多。

第二，此项专项检查工作也应明确具体问题和不足，应直截了当地指明问题并落实到具体单位和个人，例如，教师早退可以具体到是哪天哪个教室的哪位教师，方便被检查单位和个人及时、有效地改正。

第三，在专项工作报告中，指出问题的同时也应该提出解决问题的方法建议，教风和学风问题离不开人事部门和学生工作部门的共同参与，所以应及时和相关部门沟通，采取有效而让各方都易于接受的方法。

（三）毕业论文与设计专项检查

毕业论文与设计专项检查是高校教学督导工作的一项重要工作，日常的课堂听课与培养环节督导都是着眼于“过程”，而对毕业论文和设计进行检查则能从“结果”

全面了解真实的教学与培养质量，学位论文抽查也是国家教育行政部门检查高校教学质量的一个重要手段。开展这项工作有以下几条经验和注意事项。

第一，规范性检查是基础。即毕业环节程序正确、格式规范、体例达标、材料齐全是这项工作的基础，如果连这些要求都达不到就是不符合基本要求，必须改正。这是“规范性”层次的督导，也是毕业论文与设计专项督导工作中最基本的工作要求。

第二，学术水平评价是主体。对毕业论文与设计作品的学术水平评价是此项专项检查工作的主体和重点，因为我们正是要通过这一培养的最终成果回测过程的质量。而且教学督导专家大多具有较强的学术话语权，能对论文与作品的学术水平给予比较权威的学术认定。学术评价也能凸显高校教学督导专家的专业水准，能增强督导专家的职业荣誉感，激发其参与督导工作的积极性。

第三，提出的问题与不足以及相关改进建议应该侧重于规范性层面，因为对于学术水平的评价一是容易引起争议；二是问题难以深入或者说难以直接促进改正；三是学术水平评价牵涉的方方面面比较多，问题或者建议难以落到实处。但是督导专家的学术评定结果应该整理成工作报告呈报给主管领导，让高校管理层从督导专家的角度掌握高校教学与人才培养的真实状况，这也是督导专家发挥决策咨询功能的重要方式。

第四，毕业论文与设计专项检查工作容易忽视教学管理部门的缺点与不足，事实上规范性问题往往出在管理环节，因此需与教务处和研究生教学管理部门合作开展此项工作。

（四）考试专项督导巡视

考试专项督导巡视工作是高校教学督导工作的学期末或者重大国家考试期间的一项例行专项督导工作，目的是监督考务部门合格达标的组织好考试，同时检查教学培养单位考试组织及命题相关工作的规范性。开展这项工作有以下几个要点和注意事项。

第一，监督、检查考务管理与考试组织的管理工作是关键，考试期间的巡视与试卷抽查是主要工作手段，从上面的示例中可以看到，督导巡考主要发现的问题基本都是考务管理工作与考试组织工作的问题，涉及考风、学风的甚少。

第二，试卷抽查主要是检查命题的规范性，如格式、错别字、分值统计等；对于试卷的内容，一般不做过多评价，避免引起工作争议。

第三，考试环境与后勤保障也是专项督导巡视工作的一个方面，如医疗保障、环境卫生、监控设备等。

第四，考试结束后，应尽可能与教学单位及教务考务部门召开工作总结会，及时解决相关规范性问题，避免提出的问题反复出现。

三、大学生学业指导工作

（一）实施大学生学业指导的意义与价值

“以学生发展为中心”的高校教育质量观是当前中国高等教育界的主要潮流，强调从“学”的角度评价高等教育质量，以学生在高校四年的成长和发展的“增值”评价高校的教育质量和学生服务质量。简言之，高校的人才培养质量将会成为其核心竞争力的重要来源。

大学生在相当多的人的眼中，还仅是作为被教育的对象，因此尽管当前高校在课程、教学、教师等方面下了很多功夫，但就是很少去研究学生和了解学生。即使偶尔关注学生，也难免认为是琐碎的、繁杂的事务，或是微观的研究领域，因而很难看到大学生与高校人才培养的各项行动与制度安排之间的系统性及互动关系，从而忽略了从大学生的在校学习经验的视角进行行动规划和制度设计。高校提高人才培养质量，可以有很多的思路和办法，如抓好教师及其教学质量、搞好课程建设、做好学习制度和资源的顶层设计等。所有这些，都不可忽视。但所有这些层面的努力如果只是单向的而不是互动的和系统的，如果学生不知道高校的制度和资源的安排、不知道或者只是被动地参与高校的教育教学活动甚至在学生有学习上的困惑和问题时不知道从哪里去寻求支持和帮助，那么，无论高校的制度设计、教师质量、教学质量和课程建设有多完美，它们的效果有多大则是不得而知的。其实，部分学生直到高校快要毕业时才明白高校的学习是怎么回事，到高校毕业那一天回顾自己大学生活时会感叹如果重新来一遍大学生活，他们绝不会像他当初那样过大学生活。高质量的学业指导对学生发展和学生成功起到关键作用。由此看来，探索如何开展学生学业指导，能够将高校的教育质量行动与学生的学习行动联结起来，实现“1 +1 >2”的效果，对高校的发展具有重要意义。

（二）高校大学生学业指导的特点

1. 大学生学业指导的特点

（1）学业指导的使命从诊断性到发展性转变。诊断性的学业指导是一种单向的信息流动，学业指导教师与学生之间的关系类似于医患关系，指导教师负责为学生列出各种行为要求及注意事项，恰似医生给患者开出的处方；而学生必须严格遵守这些要求，并接受学业指导教师的监督。发展性的学业指导是双向的、互动的，是以学生为中心的，它根据高校的学术使命和人才培养使命，确定学生发展的目标和任务，以此为依据对大学生进行学业指导，促进大学生的全面发展。高校教育的目的是帮助个体形成一种坚固的自我意识和内在的掌控感与归属感。大学生发展包含发展能力、管理情绪、从独立自主到相依共存、发展成熟的人际关系、形成认同、培养目的感和塑造品格七个向量。

（2）学业指导的组织模式多样化。高校学业指导的组织模式主要有分散模式、集中模式和共享模式三个大类。这三大类可细分为如下七种：①教师模式；②分散模式；③独立模式；④补充模式；⑤分工模式；⑥双轨模式；⑦整体模式。教师模式和分散模式是由高校教师与高校内部的学业指导中心负责，学生的指导工作由各自所在的高校负责，属于分散型；由高校层面的学业指导中心统一负的独立模式属于集中型；由学生所在高校和高校学业指导中心共同负责的模型属于共享型，包括补充模式、分工模式、双轨模式和整体模式。这些模式是高校根据自身的规模、专业设置、学生构成等方面综合考虑形成的。

（3）学业指导队伍的多样化和专业化。高校教师是高校学业指导的主要组成部分。但是随着各高校规模的扩大、高校教师教学和科研任务的加重，以及学生群体的多样化，以高校教师为主开展学业指导已经无法满足学生的多样化需求。因此，许多高校逐步加大对学术咨询与指导领域的专业人员的聘请力度。同时，许多高校还吸收在校高年级学生担当大学生学业指导的任务。许多高校对学业指导人员的学历、咨询经验都有比较明确的要求。高校学业指导协会规定，大学生学业指导人员的工作原则包括：①主动为学生提供指导；②平等和价值中立；③尊重学生的自主选择权；④信任学生；⑤尊重学生的个人隐私。

（4）学业指导内容涵盖了学术和生活的各方面。学业指导最初是配合选修制的实施，指导学生进行课程选择。当下已经发展到包括学术与非学术、课内与课外、高校学习与终身学习，乃至心理健康、职业生涯规划等在内的，全方位的学业指导内容体系。主要有帮助学生掌握正确的学习方法、制订合理的学习计划和方案、了解校内外的各种资源、探索未来的职业方向、明确人生的目标和方向等。

2. 高校导师制的特点

导师制是高校在学院制基础上对高校学习制度的发展和创新，经历了自发状态到制度化模式的演变。高校导师制在学院和系的层面实施。早期导师制要求导师对学生行为、道德与经济等多个方面进行管理和监护，后来发展为以教学和人才培养为中心对学生进行单独的与个性化的学习指导。导师根据学生的特点与学生一起制订个性化教学计划，每周与学生见面一次，进行面对面的针对性辅导。在辅导课上，导师首先会询问学生最近的课题进展，并要求学生做单方面的简要陈述。其次是论文研读，学生在朗读自己的论文同时还要阐明写作思路和主要观点，导师则会在学生无法继续进行的时候开始介入，师生之间针对该问题和困惑立即进行详细的讨论，学生在导师的帮助下“求得”答案。最后一个环节就是导师给学生布置一篇论文和写论文需要阅读的书籍列表，学生需要在一定时间内将它完成并做周全的准备。

如今在高校偏重科研，走向大众化发展，学科和专业分化以及财务和经济压力等因素的影响下，高校导师制呈现出多元化发展特点。

(1) 导师职业角色的多元化。导师既是负责学生学习的学者和专家，也是学生日常生活、道德行为、心理健康等各个方面的指导者、建议者和监督者。

(2) 导师不再局限于其所在学院内，为学生安排导师时兼顾了可选择性和稳定性，如果学生所在学院没有相关专业的导师，学院就会在其他学院为他安排导师教学。导师享有教学自主权，学生也享有一定的自主选择导师的权利。

(3) 导师教学课已经发生了从传统上的“一对一”模式到“一对多”的“小组教学”模式转变，同时结合讲座、实验和班级等方式进行教学。

(4) 导师课教学环节也呈现出多元化发展。导师课论文作为导师制的一个最基本的构成要素，对学生的论文要求不再完全是结构严谨规范的论文，也可以是学生的读书笔记，或者是学生对某个问题的片段性思考。论文须在课前提交。在课堂上，学生除了朗读自己的论文之外，更多的是向导师阐述自己论文的主要观点或就自己在学习中遇到的问题与导师进行讨论。导师对论文的评价时注重引发学生对新思想、新观念的讨论。在自然科学的导师课上，主要是以解决问题为核心，集中讨论那些最难解决的问题。

(三) 对高校实施大学生学业指导的建议

从高校大学生学业指导的发展历程和现状来看，大学生学业指导体系的建设涉及高校对自身教育理念和目标的确认，学习制度的顶层设计，学业指导的理念、目标和内容的确立以及资源和组织队伍的调配等方面。总结起来，需要追问四个关键问题：为什么指导？谁来指导？谁需要指导？指导什么？我们的建议也是围绕这些问题而来的。

1. 审视人才培养的价值观，重塑学生发展的教育理念

缺少理念往往会让人的行动没有方向。“学生发展”的理念不是一种口号，也不是可有可无的装饰品，它需要得到高校里各个主体的真正认同，并用一以贯之的行动去践行。促进学生发展，是大学生学业指导应该坚持的最重要的理念。将这个理念落实的第一个行动，就是研究“学生发展”的内涵。坚持学生发展的理念，需要着重研究传媒高校要培养什么样的人，这些人应该具备哪些核心能力。对这些问题的切实研究，能够让大学生学业指导体系的建设有方向。

现在，越来越多的国家和国际组织尝试以通用（核心或关键）能力为切入点建构高校学生能力框架。建构大学生能力模型在标准框架方面面临着对时间维度（面向当下、面向未来）和空间维度上（面向高校与面向市场、面向国际与面向国内）等多重因素的选择。在主体方面面临着是基于个体属性（情感、动机、价值、兴趣等）还是基于社会需要（职业资格、标准）的平衡，同时，它也体现了不同利益群体的诉求。这些不同方向上的不同取向背后体现了现实主义的人文主义的价值冲突。现实主义强

调教育要服务于学生未来的生活和职业；人文主义则主张知识本身即为目的，重视学生心智教育，培养学生形成一种以自由、公平、冷静、克制和智慧为特征的终身思维习惯。

总之，建设大学生学业指导体系，前提是需要审视自身的人才培养价值观。应将对“传媒领域精英人才”的素质和能力结构的反思，作为重塑学生发展理念的重要行动方案之一。

2. 再造组织制度，整合人力和物质资源

可以说，一个高校绝大多数的行政和教学机构的设置，都与学生的学习生活相关。是否有一个有效的、联动的、互通有无的组织机构和组织制度，是大学生学业指导工作能否顺利开展以实现促进学生发展的重要因素。学生的学业指导工作涉及学生在高校的全方位生活，因此，大学生学业指导必须有适当的组织机构和管理制度。就高校的实际情况来说，与学生的学习生活关联性比较大的行政机构主要有学院层面的学生管理部门、学生处、教务处、团委、就业指导中心、心理咨询中心、图书馆、后勤管理处等。与学生学习生活关联性比较大的教师群体主要有辅导员、班主任、课程教师等。如何让承担不同管理任务的机构、承担不同教学任务的教师构成一个协调、联动、相互支持的学生学业指导的网络组织体系。人们提出如下逐步推进的方式。

（1）围绕“传媒领域精英人才”的目标和素质结构要求为中心，在部门内部、部门之间以及辅导员、班主任和课程教师之间，就各自已经发挥、可能发挥的作用和承担的责任进行广泛的探讨、反思，形成共识，提出各自的行动方案之后，再进行深度会谈。这或许是最费时费力的一步，但是必需的一步。许多所谓的行动方案之所以到最后流产，是因为行动方案总是外在于个体的，而不是从个体内部生发出来的。

（2）遵循分散模式—集中模式—集中与分散相结合模式的建设路径。分散模式是指在各个部门（行政和教学）层面上建立起自己的学业指导体系。每一个部门与学生相关的许多工作，都可以从管理转变为服务、转变为指导。集中模式是指建立一个高校层面的学业指导中心。建立高校层面的指导中心，有两种方式：第一是新建，第二是将已有相关部门进行全面整合或局部整合。这个中心的职责：一是研究，包括对各个部门或层面的学业指导工作情况进行调查研究、对高校大学生学习经验的调查研究（其目的是诊断问题、调整指导方向和内容）、追踪学业指导研究的最新进展并探讨将研究中的理论或观点运用到高校实践中的可行性等；二是协调，协调校内学业指导的项目和资源，引进校外的人力和物力资源等；三是咨询，有条件的时候，也可以直接进行咨询。研究、协调和咨询相结合，尤其是重视以研究为基础，是学业指导能够取得有效结果的保障。分散与集中相结合模式，在前期分散模式和集中模式的建设经验基础上，进一步探索分散与集中相结合的模式中的协调、联动和相互支持等问题。此外，要对现有的辅导员、班主任和课程教师的工作制度进行梳理，规范流程。首先，逐步建立辅导员、班主任和课程教师之间的定期会面制度，建立课程教师与学生的定期见面制度。其次，加强对辅导员队伍的培训。最后，逐步建立专职和兼职指导教师制度、引入学生志愿者、校友等人力资源进入到学业指导队伍中来。

3. 分类指导、普遍提升，让学业指导惠及每一个学生

对大学生的分类，最常见的是根据学生入学年限为标准。理论上的假设是，不同阶段的学生面临的实际问题的不同。例如，大学一年级是学生发展中的关键期。个体对新环境的认知模式与他同周围环境、任务和人物的第一次接触中形成的经验有相当大的关联。确实，大多数学生对高校的印象、对教师和课程学习的判断、对自身学习目标的确立和学习行为的调整，在他们第一年的学习过程中就已经形成了。这种心智模式一旦形成，将很难改变学生今后三年的思维方式和学习行为。因此，大一新生的适应性指导尤显重要。学生刚入学时，高校应精心设计专题讲座，邀请校内外知名专家教授和业界领军人物传授他们的人生经历、治学理念、治学方法以及成功之道。同时，邀请高年级优秀学生传授他们的大学生活经验，营造高年级学生和新生之间的互动氛围。从而使学生了解高校的文化和精神、认清高校学习的特点、尽早规划自己的四年生活，以尽快适应高校的学习和生活。大学四年级，是学生发展的又一关键期。但现实的情况是，进入大学四年级之后，学生在校园里的时间变少了，大学对他们的影响逐步减小了。如何让学生充分利用好大学最后一年的时间，是学业指导中至关重要的一环，近因效应会直接影响学生对高校的情感。毕业论文、实习和就业指导，应是这个阶段的重点。对于大二、大三的学生的指导，则需要结合高校的学习制度的设计和他们所面临的问题，进行有针对性的、区别化的设计。

除了这样的分类外，学生在现实中生活于不同的学院、学科和专业之中，各自所面临的学习和生活问题，又会存在一定程度的差异。另外，学生在大学的学习经验中，也会形成自己的偏好和行为习惯，同样会面临不同的问题情境。例如，大学生主要有五种类型：全面发展型、普通型、不努力型、社交型和学习型。全面发展型的学生在校期间的学习参与是比较全面的。普通型学生在校的学习参与表现得比较平常。不努力型的学生则是属于在学习参与的各个活动中表现都很不好的，游离于高校学习生活之外。社交型的学生乐于参与人际交往和社团活动。学习型的学生则专注于学习，对人际交往和其他方面的参与和投入都不多。这些又都表明，常见的以年龄或阶段的分类指导，还是过于笼统。而应根据对学生的充分了解，加强过程性干预和指导。

4. 以项目为依托，以问题为导向，拓宽学业指导的范围和内容

学业指导的内容确定一般有两种方式。一是高校根据自己的教育目的以及学习制度的设计和安排等，旨在引导学生实现特定方向的发展，而进行自上而下的内容设计和安排。二是在不断地追踪学生在校学习经验中呈现的需求和问题，进行自下而上的内容设计和安排。实践中往往表现为自上而下的内容设计和安排的吸引力、学生的参

与度方面会存在一定的问题。自下而上的内容设计则往往在前期的时间、精力投入成本比较高。最好的办法是两者相互结合。但无论哪种方式，都需要强调学生和高校的双向互动，深度沟通，达成一定程度的共识基础，再推进到行动中，并不断根据行动效果积极调整。这样能够在一定程度上保证意图和行动之间的匹配性，以达到预期的效果。

这实际上要求在内容确定时将项目依托和问题导向的学业指导结合起来。项目为依托的学业指导属于常规性的，问题导向的学业指导属于变动性、非常规性的。两者相互支持，不可或缺。从指导内容的性质方面看，项目依托和问题导向的学业指导大致会涉及学术指导、服务和非学术指导及服务两方面。

项目依托的学业指导的行动路径主要有以下几个要点。第一，根据高校教师科研项目的需要，鼓励教师在全校范围内招募大学生作为科研助手，在教师指导下进行研究方面的相关辅导。第二，设立大学生科研的专项基金，由学生自己提出研究项目、组建研究团队、开展学术研究。第三，梳理当前高校大学生社团及其活动在组织、内容、方式等方面的经验和问题，对大学生社团活动进行进一步的规范、拓展，加大教师在学生社团活动中的指导作用，建立教师与学生社团活动之间稳定的互动机制。第四，设立大学生实践机会项目。高校应梳理校内外可供利用的资源。校内资源，如高校电视台、广播台、校报等，校外资源主要是与学校有合作共建的单位和机构。整合当前大学生实践的制度流程，建立公正、公开、透明的筛选机制。对学生实践的时间、要求、预期达到的目的提出明确的规范和要求，以保证有更多的学生能够有机会参与和利用校内外的实践机会和资源。建议从大二开始，鼓励学生在假期和业余时间参与实践机会项目。

问题导向的学业指导则需要长期的经验调查资料的追踪、积累和研究，以及发现一些具有普遍意义的问题并找到破解之道。问题导向的学业指导既可以是具有特殊性和差异化的团体咨询与辅导，也可以是具有隐私性的个体咨询与指导。当前许多大学生存在的许多问题中最重要的是“迷失”、“焦虑”、“困惑”和“空心化”。他们有许多精力和能量，但是不知道他们“在哪里”和“去哪里”，不知道“做什么才算是好”。之所以如此，原因是多方面的，但其中最关键的原因可以总结为“外强内弱”。学生个体在强大的外部环境中，被现实空间的各种指令、威逼利诱塞满，同时也被虚拟空间中浩瀚的信息与知识杂处的情境迷惑，从而失去了自我认同和自主性，学生心灵内在的意义感也就因此走散了、迷失了，焦虑、迷惘、困惑也就随之而来。

因此，如何围绕培养学生的自我认同、自我领导能力，开展学业指导和服务，这是需要首先考虑的最关键的问题。以往的教育任务重在“社会化”，让学生学到符合社会需要的态度、行为和必要的技能，这尽管也很重要，但当它走上形式化的道路上时，教育的“工具化”意识也就凸显了。这样的教育最终会压抑、浇灭学生的自由意志和创新精神，这样的恶果最终不得不让我们现在和将来的整个社会来承受。这不是一个有良知的人愿意看到的结果。在21世纪的全球社会中，教育的核心目的和任务应该转变到对学生“坚固的自我意识”的培养上来，养成学生个体内在的掌控感和归属感，铸就学生自我领导、自我管理的能力。作为教育者则需要有能力全面地看待学生并相信他们自身的核心价值。在以自我管理、自我领导的培养和塑造为根基的学业指导当中，那些关注学习方法、学习技能、高校时间管理、课程选择指导等与学术相关的学业指导内容才能获得它们在学生那里的真实意义。

大学生学业指导体系的建设，是高校人才培养中最关键的一个环节，是提升高校人才培养质量的最重要途径之一，是一项为学生谋福利的实实在在的行动。但如果走到形式主义道路上，只将其看作一种“表演”，以一种“功利”的心态去做，那么它的结局就是一种“摆设”。简言之，如果决定要做这项事业，就要摆脱形式主义，让这项事业真正惠及学生、教师和社会，这样才能让高校发展更为可持续。摆脱形式主义需要做到以下几点。

一是全员参与。这里的“全员”是指与建设大学生学业指导体系有关的部门和人员（包括教师和学生）。在决定着手这项工作之初，这些相关人员就应保证全身心投入。

二是深度会谈，达成共识。建设大学生学业指导体系的目标、措施、方案、可能遇到的问题和障碍，都需要进行深入的沟通和交流。深入沟通和交流中特别要注意的是破除习惯性防御机制，真实地摊开自己对相关问题的内在想法，抛开狭隘的局部利益，从大局出发。这是一个费时费力的过程，却是凝聚共识的关键环节。很多设想、规划或方案的流产，都是在这一环节中没有达成真心的、广泛的共识，很多时候流于形式主义的会谈和沟通，达成的只是假意的、局部的共识。

三是实现从个体学习到组织学习的转变。建设大学生学业指导体系，不仅是一项工作，更是一个学习的机会。但不是某个所谓起主导作用的个人独自学习，而是全员参与的组织学习。深度会谈是组织学习的一种形式。除此之外，需要破除局限思考，不应只从自己的立场和位置来看问题，以片断的视角看外在世界，而是应从整体出发系统地分析问题，寻找问题的根本解决方法。同时，出了问题，不要一味地归罪于外在世界，而应看到自己的行动的影响。

四、学风建设督导：“督学”工作的纳入

教学督导，顾名思义，不光要“督教”，也应该“督学”。近年来，无论是国内，还是国外，教学督导工作都与教师教学发展工作紧密结合起来，尤其重视教师教学水平的提高与教师个人职业发展。我们的督导工作中对教师的评价比较重视，评价体系相对完善，考核指标也具体细致，甚至可以说，教学督导工作是以教师教学评价为中

心的。然而，教学活动是一个复杂的系统活动，很显然不应该只有“教”这一端，还应关注“学”这一端。当我们以信息传播理论中的拉斯韦尔5W模式的角度来观察教学活动时，我们会发现，“学”是至关重要的一个因素，而且，所有教学活动的效果最终都体现在学生身上。这也就为我们开展“督学”工作提供了理论基础。

一是“督学”督什么。学生的学习活动既有学生个人主观能动性的方面，也有外界客观因素影响的方面。作为督导工作中一部分的“督学”工作，主要是创造有利条件强化学风建设、改善学习环境。具体来说，在课堂教学环节强化出勤考核和课堂纪律，在学业评价环节强调学业成绩的多指标综合衡量，在学习环境与学习条件方面，协调各部门为学生学习提供后勤保障等。一个高校的“学风”既体现一个纵向维度的历史积淀，又展现一个横向维度的当代特点。一所“严谨、扎实、积极向学”的高校和一所“浮躁、功利、一心功名”的高校显然是两种截然不同的状态。督导工作虽然不能改变历史，也不能消除当代影响，但是通过在高校内部倡导高校教书育人责任与学生好好学习义务，也能多少消除负面影响，引领优良学风的形成。

二是“谁来督”的问题。很显然，教学督导专家必然是重要的督学工作执行人，然而，更重要的是要把高校学生工作人员也纳入督学工作队伍。制度设计层面，高校层级的教学督导组织除了应包含主管教学工作的校领导之外，还应该包括主管学生工作的党委副书记；二级督导组织则除了包含负责教学工作的领导与工作人员外，还应有分党委副书记、辅导员等学生工作负责人。学风建设是一个牵涉各方面的综合问题，也只有学生工作系统能够比较深入、全面地接触学生的学习、生活等诸多方面，因而，学风建设工作应该是督导专家参与，学生工作系统全程加入的系统性工作。

三是“怎么督”的问题。“怎么督”是一个方式方法的操作层面问题。最理想的督学与学风建设模式是结合学生思想政治工作、身心健康关怀工作等同步开展，宏观层面通过结合各类学生工作创造校内的一个良好学风大环境，微观层面则是根据学生个人特点，因人而异，激发学生积极向上的学习动力，引导学生进入良好的学习状态。

（一）“督学”工作的微观与宏观层次

学生学业水平进步与人才培养质量提高是教学督导工作成果的主要体现形式之一。督学工作因而可以划分为微观与宏观两个层次。从微观层面讲，学生学业水平进步包含具体课程成绩、论文质量总体水平提高等。而宏观方面，则主要是指人才培养质量，包括学生社会适应程度、全面素质发展程度乃至生活满意与幸福感知等，其实就是通过校园生活促进学生人生成功的层面。教育，一方面是让学生掌握知识、学习技能；另一方面，也是更重要的，即帮助学生直接或间接体验各种人生经历，最终获得自己满意的人生。因而，督学工作的微观层面就是前者“监督学习”的层面，而宏观层面则是后者“引导人生”的层面。督学工作这两大层面的功能发挥都离不开教学部门与学生工作部门的参与，更准确地讲，督导专家在督学工作上是处于相对辅助和支持的位置。

（二）督导反馈机制的建立与工作闭环的形成

“决策、执行、监督、反馈”是系统论的经典模式，教学督导工作在此模式中主要发挥“监督、反馈”的作用。如果回到督导工作自身，我们也能将督导工作的功能设想成“开展工作、发现问题、反馈建议、督促解决”的经典工作回路或者工作闭环。

教学督导工作闭环形成的关键在于最后一环，即“督促解决”。无论是正常的开展教学督导工作，在工作过程中发现教学相关问题，还是教学督导专家集思广益，提出解决问题的建议与意见都是各大高校督导工作过程中能顺利完成的，然而教学督导工作经常遭遇“发现的问题屡提屡犯，反馈的意见无人重视”等窘境，这显示了工作闭环缺失所带来的必然恶果。“督促解决”这一环节之所以关键，在于只有把问题解决了才能展示督导工作成果，并且切实地促进教学及教学相关工作的改进。如果问题不能得到有效重视和解决，督导工作就会越来越被边缘化。

督导工作闭环的形成有赖于高校领导的重视与兄弟单位的配合，然而更重要的是督导工作必须建立有效的工作机制。有的高校领导提出，教学督导工作应该成为高校的“巡视组”，有强大的震慑作用和奖惩功能，这可能需要多方面的配合以及较长时间的发展才能实现。更为实际的一点是督导工作不妨把工作透明化，把开展工作过程中发现的问题、责任单位以及督导专家的建议意见完全透明地向校内定期发布，同时更重要的，把过往已经解决问题的情况和改进了工作的责任单位进行表扬，而对于长期忽视、拒绝改进问题的单位进行批评。大多数高校的教学督导工作部门基本不具备较大行政权力，因而进行定期的信息发布是较为可行的工作思路，当然这仍然需要教学督导专家与相关部门工作人员能够顶住一定的压力。

第三节　高校治理现代化视域下教师聘任制度的改善

高校教师聘任制是指在双向选择的基础上，以聘任合同的形式把岗位设置、任职资格、招聘过程、任用管理、争议处理等环节同高校和教师双方的责任、权利、义务组合而形成的教师管理和任用制度系统。

一、高校教师岗位设置的现状与改善

（一）高校教师岗位设置的现状分析

高校实行教师聘任制度的基础是岗位设置，高校充分发挥自身优势、实现战略发展目标的前提条件是科学合理的设岗。高校的学科发展规划和人力资源配置的基本情

况是岗位设置工作的重要依据，高校应在政府部门行政规定和定编定员的基础上，统筹规划不同类型和专业的岗位以设计出结构合理的岗位体系，为各岗位制定一套完整的工作规范与职责要求，不断优化高校教师队伍的内在结构，从而有效提升高校人力资源配置的效率。就我国目前情况来看，高校教师的职务岗位可以分为正高级（教授）、副高级（副教授）、中级（讲师）与初级（助教）这四类。教育行政部门根据高校的办学水平与招生规模来核定其岗位总量以及各级职务的结构比例。通常来说，重点高校的高级岗位比例高于一般院校，而一般院校的高级岗位比例又高于高职专科院校。教育行政部门规定高校必须按照上级主管部门核定的岗位总量与各级岗位结构比例来进行岗位设置，该制度出台后政府对高校的岗位总量及内部比例控制得更为严格。该制度的具体核定办法是：第一，岗位总量依据一定的师生比来核定，不同类型院校之间的师生比不同；第二，各级职务结构比例由教育主管部门根据高校层次和办学水平的不同分别下达；第三，同一级职务之间的岗位等级比例由国家统一核定；第四，高校根据岗位总量、各级职务结构比例及同一级职务内各级岗位等级比例来测算出高校的各级岗位数额；第五，高校编制岗位设置的方案，并拟定教师的岗位职责和任职条件。高校用于岗位设置的方法主要包括三种：学科法、任务法和结构法。一般来说，高校多将学科法作为岗位设置的主要方法，同时适当结合任务法和结构法。即高校会依据各院系的学科专业的建设发展情况和教学科研工作任务，来确定各院系的教师职务岗位，再由高校与各院系共同制定出岗位任职资格与工作职责。

从当前情况来看，国内各高校都较为重视岗位设置且在研究如何科学设岗，当然在此过程中也或多或少地出现了一些问题。

其一，岗位设置受行政性干预过多。当前情况下，各高校对于岗位设置的自主权仍然有限，这主要是由于我国将高校教师聘任岗位纳入了国家统一编制管理，遵循定编、定岗的管理方式，由国家和各级人事、教育主管部门审核各高校的聘任岗位，以此进行岗位总量和各级岗位之间比例结构的控制。这制约了高校根据自身人力资源需求变化做出相应调整的自主性，容易造成高校的人力资源管理缺乏弹性。《高校教师职务结构比例指导标准》中对岗位设置就有相关规定：高等专科高校与高等职业高校教授、副教授占专任教师定编总数的比例分别控制在2%～3%和13%～22%；以本科教学为主的高校教授、副教授占专任教师定编总数的比例分别控制在5%～7%和25%～33%；教学科研型高校的教授、副教授占专任教师定编总数的比例分别控制在10%～15%和35%～40%，在经过批准的情况下，少数国家重点建设的高校教授占专任教师定编总数的比例可以达到20%。高等教育大众化带来了高校入学人数的大量增长，科技进步与产业升级催生交叉学科与专业的兴起，高校教学、科研与社会服务的职责也随之加大，政府对于高校实行的定编、定岗的管理方式限制了高校按照实际的人力资源需求自主聘任教师，束缚了高校的办学自主权，不利于高校学术自治与学术自由的实现。因此，高校岗位设置的科学性还需加强。

其二，“因人设岗”的现象依然存在。因为传统的“因人设岗”历史遗留问题的持续性影响，加之高校学科建设方面的战略调整，高校的一些教师岗位需要精减人数甚至撤销岗位，但在实际的人事调整过程中却因为种种原因而阻力重重。科学合理地设置岗位是教师职务聘任工作的前提保障，然而，“因人设岗”的情况在高校教师聘任的实践工作中却依然可见，这迫切需要高校采取有效措施以改善岗位设置中的缺陷。“因人设岗”的做法由于缺乏科学合理的设岗依据，容易导致岗位与高校实际发展需求不匹配、高校内部岗位结构比例的失衡、岗位职责与分工的界定不明晰等问题的出现。就目前情况来看，一些高校“因人设岗”的做法造成聘任与岗位职责严重脱节，仅以分指标的方式来核定岗位数而没有严格的设岗程序，岗位设置在一定程度上变成了走过场的形式。教师职务晋升之后，高校就理所当然地聘任并给予相应的待遇，导致高级职称越评越多而教师质量却滑坡的尴尬局面。这种做法往往导致事职不符、人浮于事现象的产生，不利于激发教师履行岗位职责的内在动力，难以充分发挥教师群体的人力资本，也就难以提升教师学术工作的质量，导致人力资源的利用效率将处于较低的水平。总而言之，高校教师聘任制度正逐渐从以往的“身份管理”向“岗位管理”转变，高校“因人设岗”的现象已有所改观，但在一些高校中依然存在，仍需引起高校管理者的重视。

其三，岗位设置没有充分考虑学科发展差异。一些高校主要基于教师职务结构比例来核定各院系岗位指标数量，而相对忽视了不同院系与专业之间在学科发展上存在的客观差异。比如，基础学科与重点学科之间的发展现状与目标是不尽相同的，其教师队伍内在的学历结构、学缘结构、职称结构都有差异，高校在岗位设置的过程中应充分考虑到这些因素。高校在对各院系进行岗位设置的流程是：先将岗位指标分配到各院系，各院系再在指标限额之内来开展职务聘任程序。这就导致了两种截然不同的情况：第一种情况是，在岗位指标充裕的学院，教师只需刚好达到职务申报的基本条件，即使教学科研成果不突出也能顺利申报岗位；第二种情况是，在岗位指标受限的学院，由于学院内部教授、副教授指标饱和的原因，教师即使完全符合职务申报条件、教学科研成果突出也因受指标限制而无法申报。这两种截然不同的境遇势必导致不同院系聘任人员的学术水平相差较大，引起教师产生不公平的心理感觉，也对高校人力资源配置产生不利的影响。正是由于高校内部学科发展的不均衡，教师专业技术职务聘任的实际岗位需求情况也各不相同，高校在对不同院系分配指标时需认真考量各学院的人力资源需求特点，着力研究在岗位数量总额有限的条件下如何做好教师专业技术职务聘任中岗位指标分配的工作。

（二）改善高校教师岗位设置的策略探讨

岗位设置是实行高校教师聘任制度的重要前提。岗位设置直接影响到教师的工作积极性和工作投入度，是实现高校人力资源合理配置中的关键环节。在岗位设置时应注意以下几个方面。

1. 适当扩大高校岗位设置的自主权

在高校人事制度改革的过程中，作为办学主体的高校处在实践探索的前沿阵地，容易发现高校内部人事制度改革中岗位设置的实际问题，也最有可能在日常实践工作中摸索出解决问题的方法。所以，在岗位设置以及教师聘任的全过程中，必须保障高校的自主决策权力并调动高校管理者、教师的主观能动性和集体智慧。就政府而言，其对高校的管理模式应以宏观调控为主，避免直接管理高校微观的具体事务。也就是说，政府的职责应该是负责制定粗线条的高校聘任制度，而无须过多参与高校聘任制度的具体事务，尽量减少运用强制性行政手段对高校岗位设置进行干预。在高校自主开展岗位设置的过程中，应该充分发挥学术委员会的学术权力在推进高校教师聘任制度改革中的作用。具体而言，学术委员会应充分利用委员会内部的专家智力资源，鼓励他们积极参与高校教师的岗位设置、岗位人员的选聘以及岗位工作的评价等具体事项，使高校岗位设置工作在实践中不断优化。与此同时，高校管理者应该意识到岗位设置是一个双向交流的过程，教师的主动参与是必不可少的。激发教师的参与热情，进而逐步取得教师群体的配合，才能推动这一工作的顺利进行。从岗位设置方案的起草到岗位设置方案的实施，在整个过程中，都应通过各种渠道调查清楚当前教师岗位设置存在的问题，收集教师群体对岗位设置工作的改进意见，使得岗位设置工作日趋科学化，从而为教师的职业生涯发展营造良好的制度环境。总之，为了促进高校发展和提升教师质量，政府应在宏观管理的基础上扩大高校岗位设置的自主权。

2. 坚持“按需设岗”的原则

高校教师职务聘任制的基础是按需设岗，按需设岗是指高校以学科发展建设需要和各学科所实际承担的教学、科研任务为依据，按照“精干、优化、高效”的原则，制定出科学合理的教师职务岗位设置方案，明确各级职务岗位的任职资格和工作职责，并处理好任务与岗位、岗位与职务之间的关系。高校的岗位设置是否合理直接关系到高校各类资源是否能得到合理配置，也关系到教师职务聘任制的成败。一方面，高校应科学设置教师职务结构比例和岗位数量；另一方面，依岗聘任的具体实施过程中，应该综合考察应聘者的思想政治素养、学术水平和教学能力是否符合岗位要求，从多方面严把教师聘任的质量关。随着高等教育国际化进程的迅猛推进，我国高校所面临的外部竞争环境更加激烈，社会公众也对高等教育质量提出了更高的要求。实现更高层次的发展，既是高校自身的需要也是社会的要求。高质量的教师队伍是高校实现跨越式发展的宝贵智力资源，岗位设置作为教师聘任制度的重要一环也必须服务于高校未来发展战略的总体要求。进行岗位设置时，在考虑现时工作需要同时，还要预测高校未来发展对人力资源的需求，为高校的未来发展做好人才储备，不断适应高校动态变化的发展环境。“因人设岗”会破坏高校的学术生态，高校应遵循“按需设岗”的原则，在系统分析高校当前和未来一段时间的人力资源需求的基础上，设计出一套职责清晰、结构合理的教师岗位体系。

3. 发挥岗位设置促进学科发展的作用

每所高校的学科布局结构都各具特点，其学科发展规划也是各有侧重，高校内部既有优势明显的重点学科，也有实力一般的普通学科。高校的岗位设置应结合高校的学科战略发展规划：对于传统优势学科，在岗位设置上给予重点支持和倾斜，以进一步维持学科优势并带动相关学科群的整体发展；对于需要加强的普通学科，高校在岗位设置时应予以适当扶持，给予一定的预留岗位以引进相关专业人才，为学科发展做好人力资源储备；对于与高校学科战略发展规划不一致的学科，要根据高校的整体规划相应调整岗位设置，引导教师向相近学科岗位或行政岗位合理流动。高校的岗位设置应与高校的学科建设和发展定位紧密联系，有针对性地设置各个学科的岗位，以科学的岗位设置来优化高校的学科结构和提升教师队伍的素质。在岗位设置时，要注意为高校优先发展的学科提供支持，加大对重点学科的人力资源投入，推动重点学科的发展以形成高校的学科特色和核心竞争力；岗位设置又要统筹兼顾高校内部各个学科的协调发展，要配备好各学科完成基本教学、科研工作任务所需的教师团队，进而丰富高校的学科结构并且推动新兴学科、交叉学科的发展。

二、高校教师招聘制度的现状与改善

（一）高校教师招聘制度的现状分析

做好高等院校的教师招聘工作是提升高校教师质量的一个重要前提。随着我国高校教师招聘制度的逐步推行，许多高校在引进专业人才方面的竞争意识不断提升，同时也较大程度地转变了传统的论资排辈的用人观念。在高校教师招聘制度实施之后，我国很多高校根据自身发展情况招聘了一批优秀教师。这不仅为高校的教师队伍充实了新鲜血液，还在很大程度上提升了高校的教学质量和科研水平。经过多年的实践探索与经验总结之后，我国的高校教师招聘制度有了较大进步，但高校在教师招聘管理的过程中仍然存在一些问题，需引起重视并予以改善。现就其现状进行如下分析。

1. 学术近亲繁殖现象有所改善

为了从根本上改善学缘结构，原则上不从院系单一学缘的应届毕业生中直接招聘教师。因此，我国高校教师队伍的学术亲近繁殖问题已在一定程度上得到了改善。

2. 招聘管理中的行政化倾向较为明显

行政权力和学术权力共同构成现代高校的内部权力，但在实际操作中却过分强调行政权力的运用，这使得学术事务的决策被行政权力过多干涉，从而很大程度上削弱了学术权力。所以，教师招聘中的“由谁来聘”这个问题一直都是我国高校在实行聘用制时所讨论的焦点。学术评审的主体是各级学术委员会，在职务晋升中引入“教授会议”评议机制。行政审核由院系和高校两级负责。在聘任过程中，院系学术委员会面试并写出学术评议书，院系党政联席会审议并向高校提出聘任意见。由于我国高校管理的“泛行政化”这一弊端，在教师聘任管理中，院系学术委员会的评议意见只是高校人事部门决定聘任人选的依据之一，其行使的学术权力要经由高校行政权力的确认以后方才生效。所以，归根结底，教师招聘的决策权还是集中在高校的人事部门。然而，高校是作为学术组织而存在，其学术权力不应过多受到行政权力的干预。但是根据我国目前的状况来看，在高校中学术权力并没有充分发挥其应有作用，行政干预充斥在高校教师招聘的各个环节之中。在一开始的招聘准备工作中，各院系就要将此次招聘的人员需求数量、学术水平要求和招聘考察形式等向上级行政领导汇报并请示批准；在决策聘用人员之时，上级行政领导的意见则往往起着决定性的作用，这个阶段，学术权力的话语权就显得更为弱小。由此可以看出，在教师招聘管理的一系列工作中，行政权力严重削弱了学术权力的作用，甚至主导着某些招聘环节的进程，学术权力的式微逐渐导致高校教师招聘管理工作中的行政化倾向。

3. 聘后管理工作有待加强

聘后管理包括对招聘的总结评价和对被聘人员的职业生涯规划指导等，属于整个招聘流程中的一个重要组成部分。但是从目前来看，我国高校对教师的聘后管理还不够重视，聘后管理工作有待加强。

第一是忽视对招聘工作的效果评估。高校如果不重视聘后评估这一项工作，不以认真严谨、实事求是的态度来对待教师聘后管理的话，那么，招聘效果与预期目标是否相一致、所聘用的教师与岗位工作是否相匹配等问题将难以保证。一些高校在与教师签订完劳务合同之后就结束了整个招聘工作，但事实上却忽视了招聘工作流程中的评估环节。其实，在高校教师的招聘工作之中，招聘工作分工是否明确、岗位职责的描述是否清晰、招聘宣传工作是否到位、所聘用的教师是否达到预期要求以及被聘教师是否胜任岗位工作等问题都直接影响着招聘工作的最终成效，都应该得到客观评估。注重聘后评估能够使招聘工作不断完善，也有利于提高人事部门的工作效率。

第二是对被聘教师职业生涯规划的指导不够。一些高校在招聘工作结束之后，疏于对聘用人员进行聘后管理，对聘用教师进行职业生涯规划的管理理念和服务意识还有待增强，缺少对人力资源优化配置和学术梯队整合组建的专门研究，导致高校内部的人力资源没有得到充分利用。因此，高校应重视教师招聘的聘后管理工作，使招聘工作的效果和教师的职业生涯规划得到更好的保障。

（二）改善高校教师招聘制度的策略探讨

科学合理的招聘制度，能为高校吸纳一支高质量的教师队伍。不断改进和提升我国高校招聘工作，进一步完善高校招聘制度，是各高校提升教师质量的基础性工作。

1. 进一步优化教师学缘结构

高质量的教师队伍应具备良好的学缘结构，其重要性就如同教师质量之于高校的学术实力，因此，优化教师学缘结构就显得尤为重要。我国高校在师资队伍建设时比较重视的是教师的学历和学术水平，相对忽视学缘结构。欧美高校对学缘结构之于师资队伍建设和高校可持续发展的重要性的共识较强，在评价一所高校的师资水平时就特别重视学缘结构的合理性。通常来说，单一的学缘结构缺乏多种学派和多种学术风格的交流与互动，这容易导致知识结构单一、思维观念刻板、学术氛围沉闷等问题，还可能导致学科发展因缺乏新生力量而发展缓慢，对于高校的长远发展是较为不利的。多元化的学缘结构则具有优化知识结构、活跃学术思想、加速学术创新、促进公平竞争等优势。

优化高校教师学缘结构应注意以下三个方面。第一，防范学术“近亲繁殖”现象。第二，克服学缘结构本地化倾向。学术“近亲繁殖”是学缘结构本地化中程度最高的，简单地说，就是学缘结构高校化。除了学术“近亲繁殖”现象外，我国不少高校的学缘结构本地化程度依然较高，一些高校的教师队伍主要来源于本省，本地化的学缘结构不利于增强教师与外界的学术联系，也就不利于教师学术思想的交流和学术视野的拓展。正因为学缘结构本地化的弊端明显，高校在招聘教师时应扩大地理范围，不能仅仅局限于本地和本省，而要多从外省甚至国外的知名高校和研究所引进人才。这既在很大程度上优化了高校教师队伍内在结构，同时也扩大了高校在外地的知名度和影响力。第三，注重提升学缘结构的层次。很多重大的学术创新性成果都集中于一流高校，一流高校培养的学生在接触学科前沿知识、发展学术研究能力方面优势明显。各高校在教师招聘中应有计划地引进一流高校的人才，以提高高校的教学及科研质量和服务地方经济发展的能力，进而提升高校的办学水平和社会声誉。高质量而又多元化的教师来源不仅为高校师资队伍注入了新生力量，而且将从整体上提升师资队伍学缘结构的层次。

2. 突出学术权力在招聘过程中的地位

引进优秀的教师人才是推动高校发展的重要人力资源支撑，因此，高校应采取相关措施提升招聘工作的质量。为了推动招聘工作的公开化、制度化和专业化，招聘委员会的设立是十分必要的。招聘委员会应制定出符合高校实际情况的招聘制度及其具体操作办法，提高招聘工作的规范性和透明度。招聘结果的最终确定，应充分尊重高校招聘委员会的意见，经招聘委员会协商所讨论出的集体决定应予以贯彻。为保证招聘委员会不受行政权力的过多干预，招聘委员会的成员都应该保持独立性，这种独立性主要是指招聘委员会成员价值判断的独立自主。具体而言，招聘委员会的主要成员应该是在专业领域学术影响力较大的知名教授，招聘委员会要严格控制行政人员的比例。如果“双肩挑”的人员以学术身份参与招聘过程的话，也只能作为招聘委员会的普通一员，而不能凭借自身行政权威干扰委员会中其他成员的判断。招聘委员会的所有成员应该严格基于自己的学术判断来对应聘者发表意见和投票表决，不应受其他因素的干扰而影响自身价值判断的纯粹。学术自由、高校自治与教授治校是现代高校制度的核心内涵，以学术为主导的理念来管理高校有利于学术发展和学术自由。然而，当前高校的行政主导模式破坏了高校自治的传统和健康的学术生态。因此，在教师招聘管理中，高校应充分发挥招聘委员会的学术权力，将学术管理的权力赋予教师群体，将招聘中甄选和聘用的决定权真正交由招聘委员会，使学术权力在教师招聘中拥有更多的自主权并占据主导地位，使高校教师招聘管理日趋科学化。

3. 不断完善教师的聘后管理工作

完善聘后管理能够帮助新进教师尽快融入高校环境并进入工作状态，因此，高校应对教师的聘后管理工作引起重视。

首先，积极开展教师招聘后的总结评价。招聘后评价是指在一定时期内，对已经完成的招聘工作的目的、过程、效率、效果、质量及影响等进行全面、客观的分析，并对整个招聘工作过程进行总结，评估招聘预期目标的实现程度。一般来说，高校的招聘后评价可以从各种招聘方式的效果、新进教师对招聘工作的满意度以及用人院系对招聘工作的满意度等方面展开。就招聘方式而言，高校应主要考虑每种招聘方式的成本、每种招聘方式所录用教师的数量和质量、每种招聘方式的优点与不足等，这有助于为高校探寻到经济且实用的教师招聘方式。

其次，加强对新进教师职业生涯规划的指导。职业生涯规划是在对一个人职业生涯的主客观条件进行测定、分析、总结的基础上，对员工的兴趣、爱好、能力与特点进行综合分析与权衡，根据其职业倾向确定最佳的职业奋斗目标，并为实现这一目标做出行之有效的安排，最终使员工的个人目标和组织目标高度协同一致。高校应尽可能地帮助新进教师做好科学合理的职业生涯规划，在确定好发展方向之后，尽可能为新进教师实现其职业目标提供条件。组织的支持将使新进教师较为顺利地步入职业发展的正轨。同时，对新进教师进行职业生涯规划方面的指导也是高校与教师进行的一种沟通互动。从高校与教师的关系来看，高校应指导新进教师把个人发展目标和高校发展目标紧密结合，对影响新进教师职业生涯的个人因素和环境因素进行分析，制定新进教师个人职业发展的规划，并创造条件促成这一规划得以实现，从而促进高校和新进教师的共同发展。

三、高校教师工作流动现状与合理流动环境的建立

随着经济改革的深化，特别是市场经济制度的建立与发展，我国的人才市场建立并逐步走向完善，人才在地区、国家和职业间流动，并且流动趋势越来越明显。高校

是人才的集中储备地，随着高校逐步融入市场经济的发展浪潮，高校教师的价值观逐渐更新，高校教师存在着在校际、地区间、职业间进行流动的现象。对高校而言，在教师流动过程中优化教师人才结构，在动态平衡中打造一支高质量而又充满活力的师资队伍日益成为高校发展的关键性因素。高校教师是高等教育活动的主体，实现高校教师资源的合理配置和有序流动具有重大意义。高校引入市场竞争机制可以对师资进行有效配置，高校人才的合理、有序流动可以实现高校的良性竞争和跨越发展，还能充分挖掘高校教师的潜力，调动高校教师的积极性和主动性，从而为提高我国高等教育事业的办学质量贡献力量。

（一）高校教师工作流动的现状分析

为了解高校教师工作流动的意愿与流动状况，我们采用问卷调查的方法收集数据进行统计分析。我们从教师流动的动因、教师流动的信息来源与信息成本以及教师流动的意愿和结果三个方面，对高校教师的流动现状进行分析，基于此来探讨如何建立高校教师合理流动的制度环境。

1. 高校教师工作流动动因：受经济因素驱动

根据高校教师对下一份工作所能够接受的最低工资的描述性统计，发现经济因素是高校教师进行工作流动的重要动因，其对工资要求高于或与现有工资持平。经济因素即物质保障是高校教师进行工作流动时所考虑的一个重要现实因素。高校教师作为学术职业群体，同时，他们也是“经济人”，他们也有经济压力和负担。因此，从“经济人”这点出发，高校教师不可能不考虑其经济收入和福利保障。一般人只会转换到比现有工作收入更高的工作岗位，这样才会达到心理上的满意。因此，驱动高校教师进行工作流动的经济收入会要高于或与现有的工资水平持平，并且一半以上的高校教师不愿意降低这一最低期望值。

2. 高校教师工作流动的信息：来源与成本

首先，同行推荐、亲友介绍是高校教师收集工作信息的主要渠道。高校教师收集工作信息的来源渠道主要有同行和同事推荐、家人亲朋介绍、公开考试、招聘会等。高校教师收集工作信息的过程与大学生、一般务工人员有所不同。高校教师的工作信息收集是一种在职搜寻，教师的信息更多的来自其所在的学术圈，即同行或同事给予的推荐。在这个学术共同体里，高校教师有着自己的话语体系，高校教师追求的并不只是物质待遇，更多的是一种学术氛围和环境，追求心灵寄托之处。具有良好的学术氛围的场所会对高校教师形成一种吸引力。同时，学术追求高、学术成果多、教学成绩好的高校教师会受到高校和社会的青睐。

其次，高校教师收集工作信息的目标会较初次搜寻者更加明确，他们的信息更多的来自学术共同体和亲朋好友。相比于后两者，高校教师较少通过招聘会、职业介绍机构、网络报纸等途径进行工作信息的查找，这些信息来源所起的效果也不明显。培育社会资本的费用是高校教师收集工作信息的主要成本，高校教师收集工作信息成本主要包括金钱、时间等直接成本，还有机会、风险等间接成本。高校教师会花费一段时间进行工作的搜寻，主要是由于高校教师在工作了一段时间后，熟悉了本职业及其所在的环境，对于转换工作，无论是跳槽去其他高校还是不再从事教师这一职业，高校教师都会谨慎对待。而且在这一过程中，高校教师会考虑自身条件、物质、工作环境、转换风险等诸多因素，或是对于多个新工作机会进行比较等，这些考虑因素必然需要花费高校教师一定的时间进行决定。此外，由于高校教师工作信息是一种在职搜寻，所以一般不存在急于获取一份新工作的情况。

（二）高校教师工作流动意愿和流动结果

其一，大多数高校教师的工作流动意愿不是很强，部分教师有潜在流动倾向，但是成功流动的比例很少。现有的高校环境支持也比较有利于其事业发展，高校教师还是会继续留在现在的高校。高校教师也会考虑到风险，在就业相当饱和的劳动力市场环境下，对待是否流动这一问题，高校教师会相当谨慎和理性，因此不会轻易选择离开现有的工作岗位。客观上，高校实行聘任制，高校教师还要遵守相应的规章制度，也不可能轻易地进行校际和职业间的工作流动。

其二，高校教师的工作流动意愿是理性的，其工作流动结果不由工作信息收集现状所决定。

结合高校教师工作信息收集结果的描述性统计分析以及工作流动与工作信息收集现状的关系分析，可知，高校教师个人的工作信息收集过程是理性的，而工作流动结果却不由信息收集现状所决定。这与高校毕业生、务工人员等人群的工作信息收集情况有很大的差异。高校教师的工作信息收集过程是不同于毕业生和务工人员的，这种在职搜寻具有特殊性。在现有的制度和市场环境下，高校教师劳动力市场相对饱和、信息不对称、制度约束、高校教师风险承受力低等才是影响其工作流动结果的重要因素。由于高校教师实行聘任制度，聘期是固定的，在聘期内高校教师难以进行工作流动。产生工作流动意愿的教师，最终会因为聘期未满等相关制度约束而不能成功流动。高校教师在收入、待遇、风险估计的驱使下产生流动意愿，在理性的驱使下教师想流动，制度却会约束教师的流动。这样，高校教师的工作积极性会降低，不将全部精力投入本职工作，产生兼职等隐性流动的结果。有些教师从事兼职活动以后，不认真承担教学工作，不专心于科研工作，对于高校的工作事务不积极参与，对高校的正常教学秩序和管理工作造成冲击，最终影响校内教学、科研工作的有序运转。

（三）促进高校教师合理流动的策略探讨

在劳动力市场，流动是必然的，合理的流动可以促进高校教师积极提升自身的竞争优势，给高校和教育事业带来更多的益处。根据教师流动的现状分析，可以看出，高校教师个人的工作信息收集是理性的，而工作流动结果却不由信息收集的情况所决定。在理性的驱使下教师想流动，制度却会约束教师的流动。这种矛盾状态下，高校教师隐性流动的问题就产生了，而隐性流动显然不利于教师学术水平的提升。基于这些问题，提出如下策略。

1. 提高高校教师职业认知，增强职业认同感

高校教师的职业认知、职业期望、职业技能、职业情感和职业价值观构成了高校教师的职业认同感。职业认同感影响到高校教师的工作投入和工作积极性，从而影响高校的教育教学质量、师资队伍的建设。高校教师还可以通过正确自我定位和提高职业道德等途径，增强自身的职业认同感，促使高校教师群体合理、有序地流动。

（1）正确自我定位，加强教师职业生涯管理。在我国，教师特别是高校教师成为令人羡慕的职业，因为教师是学问和德行的象征，因此有许多热爱教育事业的人投入其中，也有只是觉得教师职业“很好”而盲目进入最终却发现自己不适合这份职业的人。因此，高校教师正确的自我定位和进行自我职业生涯管理，对于提高职业认知和增强教师职业认同感具有重要的作用。

高校教师要从自我认知出发来进行自我定位，即剖析自己的个性、职业兴趣和职业期望与教师职业之间是否可以达到契合。如果达到很高程度的契合，则可以将教师职业作为自身的长期职业来规划。一个人如能从事符合自己志向的职业，则能发挥自己的潜力，并取得成绩。如果从事不符合自己志向的职业，不但不能获得工作的乐趣，反而会感觉痛苦。因此，当高校教师在进行自我分析评估时，要充分考虑这一点，如果认为自身实在不喜欢高校教师这一职业，可以在不影响高校教育教学的前提下，得到高校的允许，通过积极收集工作信息来进行合理的工作流动。正确定位自我之后，在从事高校教师这一职业期间还得进行自我职业生涯管理，并且随着时间的推移不断进行修正。高校教师自我职业生涯管理围绕自身基础和高校发展定位，从自我分析评估开始，进而进行高校环境分析、职业定向、明确目标路径以及制订目标和计划，然后采取措施和行动，在此过程中，不断开发自己的能力。

（2）提高教师职业道德，挖掘内在自觉。教师职业的对象是学生，教师自身的形象会影响学生，所以教师的责任充满了深刻的道德意义。高校教师职业本质上，一方面是研究、传播高深学问；另一方面，也是社会行为和价值的示范者和捍卫者。高校教师不仅要在教学、研究和管理中具有良好的形象，还要不断发展和完善自己，提高自身的职业道德修养，用自己的态度、行为和性格引导学生、感染学生和发展学生。高校教师提高自身的职业道德修养，可以促进自身的内在自觉，提高对学生和工作的热情，减少工作倦怠和离职率，从而保持教师队伍的合理、有序流动。教师职业的道德性价值和个体示范性作用，还具有积极的社会意义。

首先，高校教师要热爱教育事业，热爱学生。在教育领域，教师首先必须有对教

育事业的热爱和热忱之心，由此，教师才能从中体会到教师职业的内在价值。教师要分析自身的兴趣与个性是否符合教师职业的发展要求，从而规划自身的职业发展路径，决定是否继续待在教育领域。一旦决定从事教师职业，就要抱有对教育事业的高度热忱，同时，要关注学生的需求、维护学生的利益。高校教师要尊重学生、理解学生、关心学生。不仅对学生进行“言教”，还要进行“身教”。为人师表，高校教师要严于律己，言行一致，遵守学术规范，处处用道德规范来要求自己。其次，高校教师要敢于创新，锐意进取。在改革和创新的新时代，高校教师不仅要做默默奉献的“老黄牛”，还要在严谨治学的基础上锐意进取。教师在掌握自身专业知识的同时，还要不断更新知识，掌握最新的科学知识和信息，用科学的态度和方法进行钻研和学习，以自强不息的毅力去创新。高校教师应该利用现代的科学技术和工具充实自身，同时，对自身职业生涯进行规划，积极参与继续教育和培训。最后，高校教师要遵守聘任合同，做到诚信流动。高校教师在与高校签订聘任合同之前，要就相关权利与义务和高校达成共识，在合同中明确工作职责、工资福利待遇、教师培训费用承担、合同期限、非正常流动的违约责任等事项。高校教师和高校都必须严格遵守聘任合同的相关规定，进行诚信流动，减少无序和不合理流动给教学秩序带来的不良影响，降低违约风险。

2. 高校提高教师保障，降低教师承受的风险

（1）完善高校教师聘任制度，降低流动风险。人岗匹配是最大程度发挥人力资源作用的追求目标。在高校内，教师聘任制是实现这一目标的重要手段。实行高校教师聘任制，就是要求高校与教师在自愿平等的基础上，由高校根据其需要设置一定的岗位，按岗位的职责、条件和任期，聘请具有一定任职条件的人员担任相应职务。实施高校教师聘任制，引入市场化的竞争机制，破除了职务的终身制，从而促使高校教师不断积极进取，在竞争中提升自己的教学科研水平，形成“能上庸下、优胜劣汰、合理流动”的高校用人新机制。我国的高校教师聘任制的改革与深化，在解决高校教师队伍缺乏活力、资源配置不合理等问题上发挥了较大作用。但还应看到，由于历史和现实的问题，我国的高校教师聘任制度仍存在许多问题，比如过分强调职称而忽略教学水平、岗位设置不合理、聘任模式僵化等。由于现有聘任制度的不合理因素，高校教师的显性流动存在障碍，就有可能会产生隐性流动的问题。因此，应该要营造人才有序流动的环境，完善我国高校教师聘任制度。

针对存在的问题，高校要淡化高校教师“铁饭碗”的观念，树立竞争意识和流动意识，破除陈旧观念，使全体教职员工对教师聘任制形成正确的认识。这样可以使高校教师具有工作的积极性和紧迫性，获取更多新的知识、理念和信息，与时代同步发展。同时可以使高校教师在职业间有更多工作转换的可能性和成功率，提高了教师的风险承受力，相应地降低了流动风险，使高校教师不至于“谈流动而色变”。切实贯彻“按需设岗”的岗位设置原则，对重点学科，高校要重点关注，在软件、硬件和人才方

面均予以倾斜，充分考虑其战略发展的需要，以吸引优秀的教师进入。而对占用和浪费大量教师资源，却长期得不到发展的学科或专业，要减少和限制其岗位的设置，以使其教师转入校内其他岗位或在校际和职业间进行流动。根据聘任教师不同的具体情况，采取更加灵活多样的聘任模式。对于学科带头人，可以在双向选择的情况下长期甚至终身聘任；对于年轻教师，可以先签订人事代理合同，后根据高校和教师的情况确定聘任合同的期限。还可以采用联聘、互聘、外聘等模式吸引优秀人才，实现师资共享。

（2）提高教师的物质和非物质保障，减少隐性流动。高校教师隐性流动问题产生的原因主要有三个方面：第一，高校教师待遇过低；第二，社会变革引起的价值观念的变化和心理失衡；第三，高校缺乏能充分激励教师积极性的政策与措施。促进高校教师的合理流动，高校要提高教师的物质和非物质保障。

对此，相应的应对措施可总结如下。

一是构建有吸引力的薪酬激励制度。高校教师以教师职业作为自身的谋生手段，首先要满足最基本的生存和安全的需要，才能进入下一个层次的需要。我国高校教师薪酬待遇的竞争力还不强，这会造成人才从较低收入的高校流入较高收入的高校，或者由收入较低的教师职业流出至收入较高的其他职业。因此，高校要想留住人才，必须先构建有吸引力的薪酬激励制度，提高高校教师的整体薪酬和待遇。同时，各高校可以本着“竞争、公正、公平”的原则根据其实际情况确定基本工资、职务津贴和岗位绩效工资的比例，制定相应的薪酬模式。青年教师月收入较低，但是面临的教学科研压力却较大，薪酬水平与其劳动付出不成正比。近年来，新进入高校工作的青年教师，一方面都具有较高的学历；另一方面，他们受到多元文化的影响，职业价值观更新，较之年长的高校教师，其流动倾向明显。如果青年教师感到付出和回报不成正比，感到不公平，必然不能安心工作，就会产生流动的意愿。为稳定青年人才队伍，高校要采取有针对性的措施，如实施青年教师最低年薪制，对青年教师的收入设一个下限，再根据年终考核情况给予相应的物质奖励，从而提高青年教师的工作积极性和凝聚力。

二是构建和完善高校非物质保障制度。高校教师拥有高深知识和强烈的自我实现需求，除了作为“经济人”去追求经济利益外，更追求良好的学术氛围，希望可以实现更高层次的精神需求。因此，构建和完善高校非物质保障制度，给予高校教师相应的非物质保障，将极大地提高高校教师的群体归属感和成就感，从而吸引和留住人才。具体表现为以下几点。首先，要尊重高校教师，将教师的需求和利益当作教师管理的出发点和归宿，尊重教师的人格、权利、选择和劳动，关心教师的身心发展，满足教师的合理需要。其次，要发展教师，积极给予高校教师继续教育和培训的机会，提高其教学水平、业务能力和个人兴趣。由于目前高校教学科研任务普遍较重，部分管理者忽略了高校教师的发展问题。对高校教师的培训力度不够，教师继续教育的资金投入不够，影响了教师的积极性发挥。高校管理者需要充分考虑不同年龄阶段教师的需要：要为青年教师提供良好的成长环境，可以安排资历和经验丰富的老教师带青年教师，消除青年教师的不安感，让青年教师尽快成长起来；积极支持中年教师在学术领域的研究工作，让他们在教学和科研领域走在教师队伍的前列，发挥其中流砥柱的作用；肯定老教师的贡献，给予相应的荣誉和尊重，可以请他们来指导青年教师的教学和学术活动，让老教师感觉到自我价值的充分实现。针对不同年龄段教师的不同需求，高校应给予他们在学术追求、人际关系适应、生活工作条件等方面的持续改善，使高校教师全面而自由地发展。最后，要依靠教师，发挥教师的主体作用，让高校教师参与高校事务的民主管理，增强教师队伍的群体凝聚力。

3. 政府提供良好的环境支持，促进有序流动

（1）转变观念，重视合理流动的必要性。当今时代是一个开放、自由和竞争的时代，因而要求政府也要相应地转变传统的观念。教师是履行教育教学职责的专业人员。在过去，教师的聘用是无期限的，从进入教育行业起，除非转入其他行业，教师一般工作到退休。这期间没有聘用制度和配套的监督考核制度，也缺少激励机制，教师的工作缺乏必要的竞争和激励，导致教学质量和学术水平的下降，进而影响整个高校的教学水平和综合实力，不利于国家教育事业的发展。随着教师聘任制度的落实和改革，政府逐渐认识到高校教师不应只是一个“铁饭碗”，而应建立相应的进入、激励、考核和监督机制，最终实现人才的合理流动。高校教师的合理流动是指在市场公平竞争的条件下，高校教师通过流动去到最适合自己的岗位上，发挥自己的作用，实现自身的价值。高校也通过教师的流动来吸收优秀人才，提高教师队伍质量，双方最终达到利益最大化。高校教师在物质、精神等动因的驱使下产生工作流动的意愿，并花费一定的时间和金钱成本，从而获取工作流动的机会。高校教师的合理流动必须是理性的、有序的和动态平衡的。另外，我们不应该对高校教师进行道德绑架，认为教师就应该甘于清贫，一旦表达了工作流动意愿就是为了物质利益，从而对高校教师的合理流动也给予批判。我们应该认识到，教师职业是教师的一种谋生手段，教师通过教学工作和对高校的心理认同来满足自身的生理和安全需要。同时，高校教师是以研究学问、传播知识为主要工作内容的，教师职业具有正向的外部性。

（2）推进高校教师市场建设，形成市场竞争。高校教师如果具备了工作流动意愿，他们收集工作信息的来源渠道主要是同行和同事推荐、家人亲朋介绍。这种来源渠道我们可以称作高校教师的社会资本。这些社会资本对于提高高校教师收集信息和工作流动的快速性、准确性和成功率有较大的作用。但是，我们应该也要看到这种社会资本的积累是需要金钱和时间的，对于财力不足的高校教师或社会经验不丰富的青年教师而言，他们的社会资本是相对稀缺的，这样在某种程度上就会限制高校教师进行合理流动。进行高校教师市场建设，使教师与高校在聘任时实现双方的信息对称，可以

拓宽高校教师流动时的信息渠道，降低工作流动的成本。现阶段，我国高校教师市场面临着供大于求的状况，有大量的人才想要流入高校，在这种情况下，高校处于优势地位，人才处于劣势地位。一方面，高校会提高教师的准入门槛；另一方面，人才对于自己的求职处境也会形成一定的心理落差。政府相关部门要积极推进高校教师市场建设，形成高校间、高校与教师间及教师间的互相竞争。这样才能促成教师队伍的合理流动和教育质量的提高。

高校教师市场主要可为教师合理流动提供以下服务。①收集、整理、储存人才信息，形成高校师资信息网。高校教师师资信息网将本地区的高校教师的个人信息、工作期望进行登记、整理和发布，相应地，要将本地区的高校工作岗位空缺情况、任职要求与求职程序进行登记和公布，使信息网内的教师和高校双方互相了解对方的情况和要求，以达成双方的双向选择。这样，可以拓宽双方的信息来源渠道，有效降低双方成本，对于双方都是有益的。②对高校富余的教师和人才进行管理，组织培训、再安置，可以安排其进入非教师职业，进入合适的岗位。政府相关主管部门要及早成立地区或省级的高校教师市场，并努力进行建设，使高校教师市场具有促进本地区的人才交流、科研合作、信息沟通等功能，为实现高校教师的合理流动提供良好的服务。③政府要制定相关的政策保障和规范高校教师市场建设，特别是对高校教师市场中违约现象的监管与防范。在建设高校教师市场前，要充分考虑违约的可能性，专门设立对违约现象的监管和防范部门，根据相关政策及时处理违约问题，减少违约纠纷带来的风险。

四、高校教师薪酬制度及其优化策略

由于绩效工资制度的推行，近年来，我国高校教师薪酬制度改变了传统的单一职务等级工资制论资排辈的特征，在薪酬水平提高的同时，越来越注重绩效：激励教师提高教学投入和科研产出、促进行政系统的高效率运行。绩效工资改革意在为教职工增加收入，并以此鼓励教职工更为高效地投身于学术活动。但是，薪酬制度如何改革、教师共同努力获得的成果如何分配，事实上也为高效决策带来困境，如增加对绩效的激励，或许会减少对弱势群体的关注；提高行政效率，可能会产生对学术的冲击。因此，薪酬制度改革何去何从，是值得深入探讨的问题。

（一）高校教师薪酬制度的现状与问题

高校教师薪酬水平一直是社会热议的话题，一种观点认为，高校教师属于高收入人群；另一种观点则认为，高校教师的薪酬水平与其社会价值相比尚偏低。究竟高校教师薪酬水平如何，下面主要从行业比较分析这一问题。

1. 高校教师薪酬的总体水平

从行业水平来看，教师（教育类）工资水平在行业比较中居中，但平均工资远远落后于金融、通信、电力等行业水平，故教师并不属于高收入人群。近年来，教育类行业的工资水平稳步提高，教师职业越来越受到社会青睐。当教师收入较低以致增加的收入不能抵销成本时，将可能导致以下两种后果。其一，对高校教师的整体素质有较大冲击。高校教师薪酬水平低较时，高素质劳动力则会更愿意选择其他高薪职业，不利于高校教师整体素质的提高。其二，较低的薪酬水平也会导致高校教师人力资本的隐性流失。当教师认为其收入过低而不能与其投资于自身人力资本的成本相抵时，他们极有可能保留部分人力资本使用权用于与高校工作无关的事务。

2. 高校教师薪酬的内部差距

薪酬制度改革并不仅是做大蛋糕，同时还需要合理分配。高校教师的薪酬水平随着职称的升高而升高，保持一定梯度的职称差距，这种现象是普遍存在的。不同职称之间的教师群体薪酬差距的现实状况是怎样的，是否合理，还需以数据描述和理论分析进行阐述。

3. 高校教师薪酬的构成

在我国，大多数高校的教师收入是十分复杂的，大致可以分成制度内与制度外收入两个部分——前者包括工资、政策性补贴、高校津贴等，这三项也就是通常意义上的薪酬，在高校人事处都有备案。工资和政策性补贴是原有薪酬制度的保留；高校岗位津贴和奖金是校内分配制度改革的主要成果，由高校自定政策发放。制度外收入主要是院系办班、科研创收等带来的收入。其中，有些也被纳入薪酬，作为院系的年终分配——在不同组织，其高低由其创收能力决定；在同一组织内，则主要取决于任职者的专业技术职务和绩效考核结果。有些则又不是，如科研论文、评优等的奖励以及教师个人所参与的社会事务所得报酬。

教师薪酬还应包括福利一项，包括医疗保障、在职培训、福利分房或住房补贴、养老保险金或退休生活费等，其中一些项目体现于制度内收入的工资体系中，如住房补贴、养老保险金等，计算时是体现在工资单上的，但在职培训等并未计入薪酬。

（二）完善高校教师薪酬制度的建议

1. 以行业水平为主，参照国际水平来确定高校教师薪酬水平

在经济学里，教师薪酬是教师劳动力价值的货币表现，取决于生产和再生产教师劳动力所必需的生活资料的价值。高校教师的薪酬水平应该反映高校教师的人力资本投入和人力资本价值，不仅包括他们成为高校教师之前接受相应教育，成为高校教师之后职业发展需要进行的培训和自我成长，及其他与职业相关事务所进行的人力、物力和财力方面的投入，还应包括他们传播和创造知识，以及他们教育培养出来的优秀人才给社会发展带来的正能量和价值、贡献。就高校教师人力资本的成本—收益进行

分析可知：高校教师（一般需要获得博士学位）的现时收入，与高校毕业后即就业的人员对比，高出的程度应能抵销成本，包括机会成本（放弃直接就业而接受研究生教育）和直接成本。由于累积人力资本的成本偏高，因此，与劳动密集型行业比较，知识密集型行业的员工薪酬在理论上应较高，高校教师薪酬水平也应当处于社会中上水平比较合理，这也是发达国家的共同现象。

尽管各国的教师薪酬水平受到国家经济水平的决定性影响，但是，出于高校教师学术活动的高度国际化性质，在确定高校教师薪酬水平时，国际上高校教师的薪酬水平也是需要考虑的。目前，我国各研究型高校纷纷在人才招聘、学科带头人引进项目上，加大对教师国际化的支持力度。当然，在国家工资给定的前提下，如果提高教师薪酬水平，也会为高校带来财政压力。因此，既要考虑教师方面的成本问题，又要考虑其作为高校的资本。国际经验是进行任期制改革，在减少高校用人成本的同时，保障教师的经济收益，使有限的资金得到优化配置。

2. 纳入社会资本因素实现薪酬的激励价值

分配制度对教师的行为选择具有较强的导向作用。教师如果认为高校的薪酬分配将会促使其增加对社会资本的投资量，就会倾向于加大对社会资本投资。但是，我国当前以校内实行岗位津贴制为特点教师薪酬分配制度，主要是以学术产出为依据进行津贴分配。教师之间因教学工作量、科研经费获得以及论文发表等的不同而在收入上形成差距，这样的分配制度是将教师导向竞争而非合作的。

社会资本不同于物质资本和人力资本：物质资本是有形的，表现为各种工具、机器和其他生产设备等物质形式；人力资本是无形的，存在于个体所掌握的知识和技能中；社会资本也是无形的，但是它依赖人与人之间的关系。高校认同教师社会资本，并促进教师社会资本升值，分配就不仅仅针对人力资本。那么，如何将社会资本纳入分配呢？比较现实的办法，一是提高教师基本工资收入，不以计量劳动成果作为唯一分配依据。这样的分配更具有包容性，可以减少教师因过多积累人力资本、忽视社会资本所造成的远离合作行为，教师之间的关系走向和谐。二是以股份分配的方式吸纳风险资金。当前教师所承担的大型横向课题主要来源于企业，所吸纳风险资金可视为在与企业的联系时进行社会资本投资的结果，高校若考虑给予这种社会资本以股份方式的分配，则可以鼓励教师社会资本的增值，从而促进产学研的发展，为高校获得更多的社会声誉以及经济利益。

3. 强调合作的分配使薪酬内部差距趋向合理

高校教师的合作和互惠对于高校学术发展有着非常重大的意义。对于大部分高校教师（特别是青年教师）个体而言，个人资源是非常有限的。而人与人之间的合作，将联结组织中其他成员，获得个体不具备的其他个人资源和位置资源，降低实现目标的成本。可见，教师合作网络的构建，是现有薪酬制度为教授带来较高收入的合理依据。我们也可以将其作为未来薪酬制度改革的依据之一，即在处理不同职称教师的薪酬差距时，以合作行为作为分配的依据。获取社会资源的交往态度、行动意愿支配着高校教师在社会关系网络中交流与互动。因此，可以发挥薪酬分配的激励作用，改变学术职业个体独立的历史传统，鼓励教授领导团队、发起并维持合作。当前薪酬制度以及与其密切结合的业绩考核制度偏重的是产出，对于教授而言，其逻辑是：教授享受高工资，但应该有高业绩，于是，教授往往受到非常严格的考核指标控制。该制度的优势在于激励教授不断进取，而不是懒散地享受待遇。实际上，这是缺乏理论依据的，而且过于严格的考核还可能导致制度缺乏延续性，最终削弱制度对教师的引导和调控作用。如果教授薪酬的依据采用合作，即教授对团队建设的领导，则将促使有益于合作的组织形式构建和发展。合作建立在分工基础之上，其所带来的收益是倍增的，这是制度经济学关于交易成本内部化的主张。因此，教授以一定的项目领导团队并进行组织分工，自然会产生合作论著发表、合作研发、吸纳源于企业的风险资金等，这都可以作为薪酬分配的依据。这样的薪酬分配方式将鼓励合作的普遍化。

4. 根据高校发展实际调整薪酬构成

薪酬制度改革中应当关注对薪酬构成的调整，令其趋向合理。由于绩效工资制度的推行，高校教师薪酬的构成在各高校之间具备了多样化的特征，高校在一定程度上拥有了对薪酬构成的调整权。在伦理学中，义务论、后果论、美德伦理学形成三足鼎立的基本理论，是政策分析的主要伦理学依据。伦理学的选择是一种价值判断，而薪酬制度改革中，自然不乏决策者和受众的价值判断。运用这两大理论，可以就薪酬构成问题进行分析，为政策制定者提供依据。如果决策者意欲从义务论的角度来判断薪酬构成，那么“尊师重教”的中国传统美德就是其决策的基础。同时，基于义务论，偏重于教学的薪酬在理论上很容易得到广泛的接受，而无须高校再进行宣传，也无须等待某一制度的理念向群众缓慢渗透，因为此观念本来就已深入人心，成为传统。一般而言，在非研究型高校中，高校教学是高校学术工作的主旋律，这些高校的教师薪酬构成中教学业绩权重较高，这是合理的现象。基于功利主义，对薪酬制度改革中薪酬构成的变化，关心的是这种变化会带来什么效益。上述薪酬构成的数据描述中，科研创收成为拉大教师薪酬差距的关键因素，这说明薪酬制度改革显示了对效果的偏爱。无论科研业绩高还是不高的教师，个人也可能倾向于接受科研权重较高的薪酬制度。科研业绩高则会为教师个人带来更多收益，科研业绩不高的教师，也可能因为考虑到集体收益的提高而最终有益于个人，也对这样的薪酬结构感到满意。但教师不一定是会考虑集体与合作，因此，该制度虽然将被接受，却并不一定能在教师心目中达成共识。侧重科研业绩的薪酬对于研究型高校更为适宜一些。当高校处于发展的稳定时期时，较为平均地为每一位教职工增资，而不论其哪方面的业绩如何、贡献多大，也是具有相应理论依据的，即美德伦理学。教师对薪酬的感受，大多是水平上的，较少是构成上的。实际上，业绩本身与职称有关，职称的薪酬水平差距如前所述已很显著。从情感主义出发，本身收入较低的人群以年轻的新进教师和教辅人员为主体，给予一定的同情、关怀，也是制度设计所需要考虑的。职称越高，教师的收入水平越高，教师对薪酬的满意度也就越高，而具有中低级职称的教师对薪酬水平不满意。在高校，薪酬水平在不同职称、学科、工作类别之间已经存在差距，如果据业绩、职称而再次分配增资的部分，差距将拉大，弱势群体的薪酬满意度将进一步降低。令弱势更弱势的制度，无疑将损伤人们对于高校制度在情感上的期待。与之相反的是，较为平均的增资则更能体现制度的人文关怀。

从不同的角度，调整薪酬构成有不同侧重，这不仅取决于决策者的风格，还取决于高校发展的不同阶段、当前迫切需要完成的任务以及高校整体的发展风格。例如，亟待提高高校实力的高校，可以采用科研业绩权重较高的薪酬构成，来提高高校的发展速度；而处于稳定阶段的高校，则可以用较为平均的增资来营造良好的校园人际氛围，从而有助于留住人才。高校教师薪酬制度关乎的不仅是高校教师的收入，更是教师的教学质量和学术质量。因此，薪酬制度的优化是保障和提升高校教师质量的一个不可忽视的环节。

参考文献

[1] 张念宏，徐仁声．教育百科辞典［M］．北京：中国农业科学技术出版社，1988.

[2] 平冢益德．世界教育辞典［M］．黄德诚，译．长沙：湖南教育出版社，1989.

[3] 俞可平．治理与善治［M］．北京：社会科学文献出版社，2000.

[4] 让-皮埃尔·戈丹．何谓治理［M］．钟震宇，译．北京：社会科学文献出版社，2010.

[5] 卡尔·雅斯贝尔斯．大学之理念［M］．邱立波，译．商务印书馆，2022.

[6] 王宇波，于辉，张京京，等．新时代行业特色高校治理模式与创新发展研究［M］．北京：科学出版社，2023.

[7] 翟华云．高校内部治理结构及其评价体系研究［M］．北京：中国社会科学出版社，2019.

[8] 蔡劲松．科技自立自强与高校科技治理［M］．北京：人民出版社，2023.

[9] 宋香丽．网络舆情与高校治理研究［M］．北京：人民出版社，2019.

[10] 丁兵．当代高校教育管理研究［M］．西安：西北工业大学出版社，2019.

[11] 蒋明军，史佳华，王宏．高校治理能力现代化［M］．上海：东华大学出版社，2020.

[12] 褚瑞莉．激励理论视域下高校师资队伍构建研究［M］．北京：九州出版社，2019.

[13] 卢虹．应用型教师发展研究［M］．上海：同济大学出版社，2020.

[14] 黄志兵．基于战略管理的地方高校办学绩效治理机制研究［M］．杭州：浙江大学出版社，2020.

[15] 储著斌．现代大学治理的地方高校实践研究［M］．成都：西南交通大学出版社，2018.

[16] 丁超峰，林萍．应用型本科高校“双师型”外语教师培养研究［M］．北京：光明日报出版社，2018.

[17] 郗厚军．新时代高校青年教师思想政治工作研究［M］．北京：社会科学文献出版社，2021.

[18] 于颖．高校青年教师工程实践的探索与创新［M］．北京：光明日报出版社，2018.
[19] 李文翎．卓越教师培养的模式与实施探索［M］．广州：广东人民出版社，2018.
[20] 张振飞，范明英．应用型高校文化建设创新与实践［M］．北京：光明日报出版社，2018.
[21] 张芹，侯红璆，吕萍．全科型教师教学基本技能实训教程［M］．昆明：云南大学出版社，2018.
[22] 袁川．改革与探索［M］．武汉：华中师范大学出版社，2018.
[23] 曹喜平，刘建军．高等教育视域下高校人力资源管理研究［M］．石家庄：河北人民出版社，2018.
[24] 石猛．民办高校治理能力及其现代化［M］．青岛：中国海洋大学出版社，2017.
[25] 王立娟．治理现代性视角下高校宣传思想工作［M］．沈阳：东北大学出版社，2017.
[26] 徐绪卿．我国民办高校治理及机制创新研究［M］．北京：中国社会科学出版社，2017.
[27] 吴宇．高校学术诚信治理体系研究［M］．成都：四川大学出版社，2017.
[28] 陶元磊．基于财权配置的高校网络治理研究［M］．北京：经济科学出版社，2017.
[29] 刘彦平，田光．提升高校教学质量的信息治理机制［M］．北京：中国社会科学出版社，2017.
[30] 曾凯，高亮，王新颖．大数据治理及数据仓库模型设计［M］．成都：电子科技大学出版社，2017.
[31] 祁占勇．高等学校法人外部治理结构研究［M］．西安：陕西师范大学出版总社，2017.
[32] 刘淑华，敬乂嘉．数据治理与政府能力［M］．上海：上海人民出版社，2017.
[33] 顾建亚．现代大学治理的内部监督制约机制研究［M］．杭州：浙江大学出版社，2017.
[34] 李小丽．微时代高校思想政治教育话语分析及发展前沿问题探究［M］．北京：新华出版社，2017.
[35] 郝庆波，张晓楠．大数据时代高校教师教学能力提升策略研究［M］．长春：吉林人民出版社，2020.
[36] 吴春莺．新时代高校思想政治理论课教师队伍建设研究［M］．南京：江苏人民出版社，2020.
[37] 李培隆，潘廷将，唐霄．高校教师跨文化能力培养研究［M］．长春：吉林大学

出版社，2020.
［38］奥尔特加·加塞特．大学的使命［M］．徐小洲，陈军，译．杭州：浙江教育出版社：2001.
［39］李洪深．应用型高校教师绩效管理［M］．北京：经济管理出版社，2020.
［40］王晓辉．全球教育治理：国际教育改革文献汇编［M］．北京：教育科学出版社，2008.
［41］约翰·S. 布鲁贝克．高等教育哲学［M］．王承绪，郑继伟，张维平，等，译．杭州：浙江教育出版社，2001.
［42］王英杰．美国高等教育的发展与改革［M］．北京：人民教育出版社，1993.
［43］罗璇，谢园梅，黄悠恋．普通心理学［M］．苏州：苏州大学出版社，2022.
［44］肖海涛．大学的理念［M］．武汉：华中科技大学出版社，2001.
［45］周景坤．教学型高校教师区分性评价研究［M］．北京：中国社会科学出版社，2020.
［46］伯顿·R. 克拉克．高等教育系统：学术组织的跨国研究［M］．王承绪，徐辉，殷企平，等，译．杭州：杭州大学出版社，1994.
［47］弗兰斯·F. 范富格特．国际高等教育政策比较研究［M］．王承绪，译．杭州：浙江教育出版社，2001.
［48］克尔．大学的功用［M］．陈学飞，陈恢钦，周京，等，译．南昌：江西教育出版社，1993.
［49］郭名，廖赣丽．高校青年教师职业成功研究［M］．北京：北京交通大学出版社，2020.
［50］李青．高校师资管理研究［M］．天津：天津大学出版社，2019.
［51］唐大光．专业发展视角下高校教师教学的理性思考［M］．长春：吉林科学技术出版社，2020.
［52］余江舟．创新文化视角下的人才培养模式研究［M］．沈阳：辽宁大学出版社，2019.
［53］李燕．新时期高校教师能力培养与专业化发展探究［M］．成都：四川大学出版社，2018.
［54］王一涛．民办高校的内部治理与国家监管基于举办者的视角［M］．北京：中国社会科学出版社，2019.
［55］谭正航，尹珊珊．教育治理现代化进程中高校办学自主权落实主体自觉研究［J］．教育评论，2024（4）：40－46.
［56］蒲蕊，沈胜林．中国特色高等教育治理体系现代化建设的内涵与路径［J］．黑龙江高教研究，2024，42（3）：39－45.

[57] 高向杰，韩琼玉．高校治理体系和治理能力现代化政策文本研究［J］．河北大学成人教育学院学报，2023，25（4）：78－84.
[58] 张继明，武航．高校教师队伍建设中地方政府的治理能力现代化［J］．北京教育（高教），2023（12）：18－20.
[59] 伍伯妍，王建康，肖威威．中国式高等教育治理现代化的内涵、逻辑与路向［J］．教育评论，2023（11）：43－49.
[60] 李振峰，尹丹丹，郭飞扬．信息化助力高校治理现代化路径分析［J］．中国教育网络，2023，（11）：78－80.
[61] 杨浩．以内部制度建设推进高校治理体系和治理能力现代化［J］．甘肃教育研究，2023，（10）：39－42.
[62] 朱广军．论中国式高校治理现代化［J］．贵州社会科学，2023（10）：94－99.
[63] 张宝歌．中国式高校治理现代化发展逻辑及价值取向［J］．社会科学战线，2023（9）：239－249.
[64] 刘惠玲，陈啸，陈玉书．治理现代化视域下民办高校多元主体治理的价值目标、模式构建与实践路向［J］．教育与职业，2023（14）：53－58.
[65] 胡宝伟，米华全．党建引领高校治理现代化的现实困境与优化路径［J］．学校党建与思想教育，2023（10）：32－35.
[66] 史静寰，叶之红，胡建华，等．走向 2030：中国高等教育现代化建设之路［J］．中国高教研究，2017（5）：1－14.
[67] 张应强，张浩正．从类市场化治理到准市场化治理：我国高等教育治理变革的方向［J］．高等教育研究，2018，39（6）：3－19.
[68] 周南平，贾佳．大数据背景下的高校信息化建设路径研究［J］．中国电化教育，2018（9）：75－80.
[69] 钟秉林，朱德全，李立国，等．重大疫情下的教育治理（笔谈）［J］．重庆高教研究，2020，8（2）：5－24.
[70] 钟秉林．“十四五”期间我国高等教育发展的基础与关键［J］．河北师范大学学报（教育科学版），2021，23（1）：1－8.
[71] 余鹏，李艳．智慧校园视域下高等教育数据生态治理体系研究［J］．中国电化教育，2020（5）：88－100.
[72] 张飞龙，于苗苗，马永红．科教融合概念再构及研究生教育治理［J］．中国高教研究，2020，（11）：31－37.
[73] 高书国，李捷，石特．新时代中国高等教育结构调整的战略研究［J］．高校教育管理，2019，13（3）：1－9.
[74] 贺祖斌．论高等教育高质量发展的十大要点［J］．高校教育管理，2020，14

(5)：42－48＋124.
［75］袁占亭．治理体系和治理能力现代化："双一流"大学建设的重要保证［J］．中国高等教育，2019，(22)：7－9.
［76］白宗颖．以高校绩效管理推进高等教育治理现代化［J］．现代教育管理，2019(7)：42－48.
［77］陈亮，石定芳．新时代高等教育现代化的政策逻辑与实践路径［J］．高校教育管理，2021，15（1）：97－106.
［78］张衡，眭依凡．大学内部治理体系：现实诉求与构建思路［J］．高校教育管理，2019，13（3）：35－43.
［79］刘国瑞．国家重大战略转换期高等教育现代化的定位与思路［J］．高等教育研究，2020，41（5）：1－9.
［80］肖国芳，杨银付．管办评分离背景下高等教育第三方评估的价值意蕴、实践困境及突破路径［J］．高校教育管理，2020，14（5）：49－57.